U0625856

名
三
百
八
公

夫
三
百
八
公

行
三
百
八
師

仲
鳴
登
進
士

諱
遠
字
文
通

川
先
生
私
淑

南
渡
粟
官
太

內
勸
農
賜
金

第
宅
因
勸
考

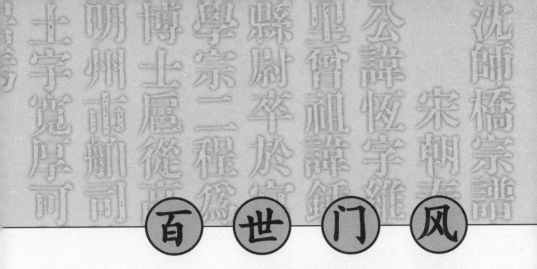

百世门风

历史变革中的沈·陶家族

美／沈宁 著

中国青年出版社

（京）新登字 083 号

图书在版编目（CIP）数据

百世门风——历史变革中的沈、陶家族／［美］沈宁著.
-北京：中国青年出版社，2005

ISBN 978-7-5006-6641-7

Ⅰ.百... Ⅱ.沈... Ⅲ.①沈钧儒（1875—1963）-家族-史料
②陶希圣（1899—1988）-家族-史料 Ⅳ.K820.9

中国版本图书馆 CIP 数据核字（2005）第 125207 号

北京市版权局著作权合同登记 图字：01-2005-6558

书　名：百世门风
作　者：［美］沈宁

责　编：吴晓梅
出版发行：中国青年出版社
社　址：北京东四 12 条 21 号（邮编 100708）
网　址：www.cyp.com.cn
营销中心：010-64010813　010-84027892
编辑部：010-64033813
印　刷：三河市君旺印装厂
经　销：新华书店
开　本：660×970　1/16
印　张：16.5
插　页：2
字　数：200 千字
版　次：2006 年 6 月北京第 1 版　2007 年 8 月北京第 2 版
印　次：2007 年 8 月河北第 2 次印刷
印　数：5001-10000 册
定　价：26.00 元

本书如有印装质量问题，请凭购书发票与质检部联系调换　联系电话：010-84047104

目录

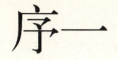

序一

吴文津

家谱或称族谱或宗谱始于宋代，为记一姓世系及其代表人物事绩的谱籍，不时修辑，以示后裔，是一种重要的史籍。沈宁这本《百世门风》，虽有些地方采用家谱的格式，但不是传统的家谱，也不是纯粹沈氏的家谱，而是根据沈氏家谱及沈氏近亲数种家谱合编，用以表彰以沈氏为主之各家历代重要人物之事绩。但本书的宗旨恐不止于此。我想同等重要的是作者借历代沈氏及其近亲之建树，来阐明珍惜家庭传统和文化传统的重要性。沈宁认为，表现在"威武不能屈，富贵不能淫，贫贱不能移"的中国人文传统精神"只能来自家族历史的深层积累，代代承传的家教传统，潜移默化的文化影响"，如果"没有深远的家族传统，缺乏强固的文化根基，就如浮萍飘叶，东风强了跟东风，西风烈了随西风"。他的看法在当今社会是具有很大的启发性的。因之，《百世门风》除了为沈家后世讲解沈氏祖宗的丰功伟绩和书香世家的家庭传统外，也是一部醒世良言。

这本书还有另外一种教育意义，特别是对一般对中国历史不十分熟悉的青年人。比如说，书中对中国历史上的改朝换代通过沈氏祖宗的事迹都有简要的叙述，其他如清朝的科举制度和职官衔名、戊戌变法、民国初年的中国政治环境、北洋军阀时代等都有相当详尽的说明。同时，对在中国近代史上具有影响的一些政治和军事代表人物，如康有为、梁启超、袁世凯、张勋、于右任、张季鸾、褚辅成、沈钧儒、陶希圣、万耀煌等也有扼要的介绍。所以，这本书也有它的参考价值的。

书的内容显示了作者严谨的写作态度。他除熟读了沈氏、陶氏、褚氏及万氏的家谱外，还参考了大批有关的资料和他自己访问的口述记录。沈氏浙江绍兴的老家，陶氏湖北黄冈的老家他也曾亲自走访，以存叙述的真实性。这种治学的态度是值得青年人学习的。作者尊先贤往圣的精神以及他对文化复兴的呼吁，也值得我们深思反省。

二○○五年十月于美国加州门罗公园

序二

何兹全

上个世纪六十年代发生的史无前例的"文化大革命",摧毁了自小到老几代民族精英——知识分子。其中受害最大的是当时应受中小学教育的一代。那是他们一生最重要的年龄段。

沈宁就是属于这个年龄段的人。由于他特殊的家世,他又是受害比较大的一群中的一个。

沈宁很有才华。以前读过他写的《唢呐烟尘》。在那部书里,沈宁写了他母亲陶琴薰坎坷的一生。现在,又读了他的这本《百世门风》,都写得很好。

沈宁的母亲陶琴薰,是我的老师陶希圣先生的女儿,早年就读重庆沙坪坝中央大学中文系,很有文学天才,不幸在"文革"中受折磨而死,未得展其才华,有子沈宁继其志业,天上有知,琴薰当可极为欣慰了。

"文革"后,一批批上山下乡的青年回学校读书。其后不久,涌现出一批青年文学家,出现一批很有生气、很有水平的文学作品,小说、杂感之类,形势极为可喜。也许是我孤陋寡闻,这批青年文学家以后大都寂然无闻,创作也没有下文。其所以出现这种情况,我想主要原因大约是他们青年时期失学,文化修养底子薄所致。如果我想的不错,我希望沈宁能跳出这个怪圈,吸取教训,在文化修养方面多做努力,把失去的补起来。"士不可不弘毅",要在"弘毅"上下功夫。

拉杂写来,好像不是为书写序而是为人写序了。也就如此吧。

二〇〇五年十一月于北京小红楼

引言

祖母去世了，在一个没有太阳的早晨。

房门虚掩，窗上蒙着厚厚的窗帘，屋里很暗，空气浑浊。祖母安祥地躺在她的床上，好像仍在熟睡，但已没有呼吸。

祖母的脸是熟悉的，几乎每一条皱纹，每一块黑斑，都认识。她的嘴唇，曾吐出许许多多的故事，现在终止了。她的眼睛，曾投射热热切切的期望，现在紧闭了。她的双手，曾拍去我身上层层叠叠的灰土，现在不动了。

面对再无声息的祖母，我哭了。但那个时刻，我还不能明白，失去祖母意味了什么。直到二十五年后，当我人在海外，费尽心血，追寻自己家族之根的时候，才真正体会到，祖母就是历史的纪录，就是文化的遗产，就是过去苍茫岁月与今天生活的链接。失去祖母，就失去这一切，是多么的沉重和不幸。

父亲奉调，我们全家从上海迁往北京，就苦了祖母。住过十年，祖母至死没有学会一句北京话。言语不通，她无法出门办事，在院里也难跟邻居交流。父亲母亲每天上班，早出晚归，很少有时间陪祖母。于是我们兄妹三人，便成了祖母惟一日日交谈的对象。

刚到北京头两年，我们住北京东单马家庙一座老旧的小洋楼，是父亲任职的外文出版社宿舍。院门斜对面是评剧大师新凤霞的家，黑漆门外，总停一辆三轮车，发亮的大铜铃，是新凤霞的包月洋车。我读小学二年级时，搬到北京西四颁赏胡同，也是外文出版社宿舍。一个四合院，东西南北房，分住五家人。院门砖砌飞檐，石狮两侧，红漆大门，对刻古联：忠厚传家久，诗书继世长。院门斜对面，是当时九三学社总部，门口有配枪的卫兵站岗。胡同西口，过马路，斜对过，是砖塔胡同。据考证，砖塔胡同是北京城里屈指可数的几条老胡同，至今保持元代首建都城时使用的名称，砖塔胡同这名字已经用了七百多年。

我记得砖塔胡同如此清楚，是因为里面有个小人书店。我和弟弟两人小学时候，几乎每星期要跑去两三趟。祖母要租小人书来看，消磨时光，或用小人书引诱我和弟弟听她讲话。我们喜欢看小人书，听祖母读小人书的说明，也爱听她讲许多古朝故事，顺便解说一些做人的老道理。北京城里当时的小人书很好看，大约三寸长两寸宽，彩图封面，黑白内里，每页主要是图，画得十分精致，武将铠甲的金锁，都一片片画出来，图下端有两三行文字说明。租小人书当时是二分钱一本，两天还，过一天罚一分。那些年间，一边看小人书，一边听祖母讲解，我们兄弟自小熟知了《三国演义》、《水浒传》、《西游记》、《聊斋志异》、《封神演义》、《三言二拍》、《红楼梦》、《岳飞传》、《隋唐演义》、《东周列国志》等等历史故事。祖母还讲许多当时市面上读不到的古书，比如《三侠五义》等等。

祖母也喜欢讲浙江嘉兴故乡，那里的景色，那里的老屋，那里的乡亲。她常讲沈家祖先的故事，讲我的祖辈父辈十年寒窗的辛苦，讲他们金榜题名的得意。记得祖母常抓着我的手，翻开看说，你本是有福之人，看你手掌通红，贵人相，可惜生不逢时。直到二十年后，我才懂得祖母当时所讲的福和贵有什么样的意义，可惜我无法告诉她老人家了。

许多年，每讲家族往事，祖母总忘不了啰嗦：你们记牢，沈家书香血统，你们走出去，要像世家子弟，坐有坐相，立有立相，讲话有讲话的样子，写字有写字的样子。要记牢，沈家的子弟，自古三千年，世世代代，都是翩翩君子，到你们这一辈，不要辱没了先人的功德。

后来中国社会情况不好，砖塔胡同的租书店关了，祖母无书可读，只好更多讲她脑子里的历史给我们听。我们也大了，上学时间长，没功夫多听祖母唠叨。而且随着社会的动荡，我家如浪中小船，漂摇不定，总处在下沉的危机之中。父亲母亲终日忧虑，祖母也想方设法，分担我们一家七口人的衣食住行。那几年间，孤孤独独的祖母，只要有机会，就对我们反反复复讲：不要看我们现在这样穷困，衣服要补了再穿，没有东西好吃。你们记牢，沈家子弟，不许忘了读书人的规矩。什么是读书人的规矩？祖母讲过很多次，我们永远忘不了，那就是：威武不能屈，富贵不能淫，贫贱不能移。

一九六四年，父亲被派到乡下去了。祖母忽然叫我到她房间，关了门，落了窗帘，从床褥下面掏出一个布包，放在桌上，小心打开，封面大大印了四个字，我认得是《沈氏家谱》。祖母对我讲：你听好，这是我们沈家的家谱，已经三千多年，代代承传。祖母的脸是庄严肃穆的，她的眼睛闪烁着崇敬，她的话语充满殷切的期望。

我已经把你们兄妹三个补进去了，你看看。祖母喘了喘气，慢慢翻过许多页，指着一页上细细密密几处毛笔字，是我们兄妹三人的名字。祖母说：你是沈家言字辈的人，爸爸妈妈给你起名叫做宁，不合沈家规矩。我写到家谱上去，给你的宁字加了言字边。

我记得祖母这句话，后来在《辞海》中查过，确有言字边宁这个字。但常用铅字里没有，计算机字库里也没有，我只能继续用简单的宁字。

祖母合起家谱书继续讲：我年纪大了，不晓得还能活几年。我对你爸爸讲，他不要听，怕得要命。他告诉我，我们这样读书人家，现在存家谱是犯国法的事体。我舍不得把这本家谱丢掉，记了三千年，怎么可以一把火烧光。罪过罪过，我不可以做对不起沈家门风的事体。

我默默地听着，看着祖母又用那角旧花布，包好家谱，藏到床褥下。那年我读初中，学校里一天到晚讲地富反坏右梦想变天的事情，晓得自家存这本家谱，要惹祸。可是望着祖母布满皱纹的面孔，听着她真挚虔诚的话，我什么都不能讲。无论如何，八十多岁老人，必须得到尊敬。

你是家里的长子，这是你的责任，保留这本家谱，而且传给后人。你懂么？祖母对我讲。我点点头。你对我保证，祖母看着我，眼睛里都是热切的期望。

我保证，亲妈。我说。浙江嘉兴人把祖母叫做亲妈，我们至今还是这样称呼她老人家。祖母听了我的保证，伸手把我抱进她怀里，轻轻摸着我的头发，没有讲话，但我可以听到她喉间发出的声音。

安葬祖母之后，收拾她的房间，我没有找到曾经看过的那本家谱，也不敢问父亲。但我没有忘记祖母的嘱托，没有忘记自己的保证。越是长大，就越能够感到，家族的血液在我脉管里流淌，家族的情感在我胸膛间震荡，家族的荣誉在我头顶上照耀。

历史不能被割断，血统将继续承传，我保证。

01 沈氏家族之父

　　宫中灯盏辉煌，臣子们席地围坐，巨盅饮酒，大块吃肉，手舞足蹈，狂呼乱叫。宫前火堆熊熊，百姓们敲锣打鼓，载歌载舞，疯狂热烈，如醉如痴。晨星失去光亮，晓月也褪尽色彩。

　　席间主位，悄悄站起一个人，动作敏捷，转身迈步，迅速隐没在屏风后面，突然消失。庆宴已经进行了十个时辰，满宫百官仆从早喝得酩酊大醉，眼花缭乱，没有人发现他离席。宫前广场里的百姓，连望都望不到高大台阶上的宫殿，而且他们也都沉醉在自己的歌舞狂欢之中，根本顾不得别人的来去。

　　离席之人，独自一个，骑一匹枣红大马，踏着满地拂晓的银亮，走向茫茫的原野，把宫中的灯火和宫外的歌舞越来越远地抛在身后。

　　那是公元前一千一百年左右，商朝时代。此人姓姬名昌，族人称他为西伯。这个巨大的庆宴，就是为他而举行，百姓的歌舞还是他亲自创作的大武之乐。他知道那酒席和歌舞将要延续通夜，直到东方红日升起。

　　西伯昌乘着夜色晨光，慢慢走，直到再也望不见一丝灯火，听不到一缕歌声。他来到两座高大的墓冢前，翻身落马，对墓冢跪拜下去。

　　那墓冢一个埋葬着他的祖父亶父，一个埋葬着他的父亲季历。整整七年，西伯没有到这里来祭祀祖父和父亲了。西伯是这个部落的首领，这些年商纣王一直把他囚禁在羑里。还是他的臣民费了许多心力，买通不少商朝大臣，到纣王面前替他求情。还送给纣王很多美女、好马和珠宝，才救得他重获自由，返回自己家园。

　　宫中那一场通宵达旦的歌舞庆祝，就是为此。这也是七年之后，西伯昌又一次跪拜在祖父和父亲的墓冢之前，向前人述说自己这几年的岁月，立志推翻商王的决心，乞求前人赋予他更多勇气和智慧。

　　天边隐约发亮，露出淡淡青光。西伯昌依靠父辈陵墓，立马张望。遥远的北部天空，东西走向勾勒出一道横卧起伏的黑色曲线，许多年不见，仍是那般的熟悉，好像从未曾离开过一分一秒。那是高大连绵的岐山，八十年前他的祖父从那里而来，走到脚下这片土地。

西伯昌闭上眼睛，从小听过无数遍的故事又响在耳边，脑中再次浮现出那壮烈的图画，激动着他的心——

寒风凛冽，狂雪如布，那一个冬日，数百人马，顶风冒雪，艰难行进，从北麓攀上岐山。他们已经在严寒之中，长途跋涉近半个多月。男女老少，赶羊拉牛，拖车携帐，但是连小孩子都在内，人人尽量保持安静，免得让背行异族部落发觉。他们是为了躲避蛮人的侵扰，才趁着风雪，悄悄地翻越岐山而南迁。

这人群中的男子们，大多头上扎着各种各样的兽皮，身裹形形色色的棉袍皮衣，手执长矛木棍或石块武器，骑在马上，拉紧缰绳，围绕在人群四周，边行进边警戒，准备随时应战任何袭击。群马都偏着头，鼻里喷着团团白气，在尺高的积雪中艰难迈步。

在男骑手们的保护下，两三行牛拖篷车，依次缓缓前行。大多人都环绕在车边徒步，也有若干老幼妇人坐在车上。不管是留着长须的老头儿，还是面皮干瘪的老妇，或是怀抱婴孩的女子，还有各种年龄的儿童，个个浑身裹满能够找得到的皮毛棉布，头上脸上也蒙着布巾，抵挡风雪和严寒。

长辈们曾反复告诉西伯昌，他们的部落最早发源于渭水之滨，始祖是帝喾元妃姜嫄的儿子，名叫弃。尧帝时代，弃担任农师，号称为后稷。因教导先民耕稼有功，被尧帝分封于邰。从此后稷家族世世代代承袭农师职务，数百年之久。直到大禹王夏朝，废除部落选举制度，兴起家族世袭，使朝政逐渐腐败，农业也日益衰落，后稷的后代无事可做。

暴政必亡，夏朝终于被商汤革命所推翻，新王朝建立起来。后稷的子孙公刘，率领部落，远迁到西北荒原一个叫做磁的地方，务农为生。

公元前一千三百年，商汤王朝第九代子孙盘庚东迁至殷，重建商都，史称殷商。西北地区狄戎族和狄族蛮人少了商朝压力，得以发展，日渐强悍，开始侵扰以农为业的部落，抢劫掳掠。多年之后，西伯昌的祖父亶父做了部落首领，后人叫他古公。古公亶父决定，带领族人，翻越岐山，迁往南麓，躲避蛮夷，寻找新生的土地。

那时古公亶父三十余岁年纪，高大强壮，骑马走在部落最前面。他身披棉袍，不戴帽，昂首顶胸，身板挺直。长长的头发和飘散的须髯，好像飞舞的光波。宽大的袍袖和飞扬的衣摆，好像展开的翅膀。圆睁的双眼和勇猛的目光，好像划破风雪的闪电。到了岐山峰顶，古公亶父下令安营扎寨，他的语声低沉，充满雄厚的胸音，响亮而坚定，不容丝毫的怀疑和抵抗。

已是黄昏时分，风仍然猛烈，雪却渐渐停了。天还是灰蒙蒙的，脚下枯草在雪埋下颤抖，四周枯木秃枝在寒风中瑟缩。这群迁徙的人，纷纷登上岐山峰巅，喘息之余，开始准备安营过夜。有人动手从车上解下营篷，寻找背风地点，在巨石和大树边刨雪扎帐。有人四处揽柴堆积，钻木取种，准备点燃篝火。有人则策马执枪，刺鹿捉兔，猎取晚餐。

古公亶父独自一人，立于岐山悬崖之侧，向东眺望，下定决心，要做一个如同黄帝的领袖。古公亶父听过很多关于轩辕黄帝的传说，特别是黄帝在东方的涿鹿打败炎帝，使得黄炎两族合并，所以有后人称自己是炎黄衣胄之说。

轩辕黄帝也曾在涿鹿地方战胜蚩尤。传说蚩尤是个很了不起的人，他有兄弟八十一人，个个人面兽身，铜头铁额，脸上各有花纹，能够吃沙吞石，而且都有八臂九趾，强壮无比。激战开始，冲锋拼杀，十分惨烈。传说双方各请鬼神助战，从早到晚飞沙走石，风雨交加。蚩尤见不能取胜，便作法掀起三日三夜弥天大雾。黄炎部队在雾中不辨东西，一时无法进退，而且相互失去联络，眼看面临战败的危机。轩辕黄帝当机立断，命人按天上北斗星的斗杓为准，制造指南车，在大雾之中，带领部队，摸到蚩尤大本营，一举歼灭蚩尤的人马，活捉住蚩尤，在凶黎之谷，砍掉他的脑袋。

那是古公亶父最爱听，也最爱讲给子孙们听的英雄史诗。

天色渐暗，大地昏黄，帐篷扎好，老弱妇幼都安顿进去歇息。一圈帐篷当中，点起熊熊的篝火，烈焰冲天。火堆边围了石块，火焰上长矛支架，挑着鹿腿兔身烧烤，油水滴落，吱吱作响，香味喷鼻。族人围着篝火，或站或坐，因为烤了火，都脱去外面的棉衣皮帽，取暖吃肉。妇人们解开衣襟，给婴儿喂奶。小孩子们跳跳蹦蹦，欢笑打闹。一些男人杀兽烤肉照顾族人吃喝，另一些仍在忙碌加固营帐，还有一些则手持各式武器在四周巡逻警戒。

古公亶父巡视过各处巡逻警卫的族人，安排好轮换接班，最后走回营帐。忽然间他停住马，静下呼吸，侧耳细听片刻，然后猛抖马缰，奔回营帐，对火边人众吼叫：你们听到么？北面山下有吼叫之声。

篝火旁的人群慌张起来，知道是戎族和狄族人看到山上火光，赶来侵扰。古公亶父挥舞手中长矛，大声呼喊：不要慌，他们在山下，我们在山上，居高临下。现在所有男子，不分老幼，全部拿起武器，跟我前去堵截蛮人。妇人婴孩都进帐躲藏，不准慌乱。

篝火熊熊，跳跃激荡，照耀着古公亶父的面孔和身影，雄伟而镇定，英勇而无畏。望着他，族人们安静了，得到了信心，纷纷按照首领的命令，行动起来。果然是古公亶父族人山上易守，那山下戎族狄族的蛮人举着火把，跳跃喊叫了一阵，敌不住山上如雨倾盆的石块砍砸和矛箭喷射，终于攻不上山顶来，只好撤退。

拂晓时分，古公亶父带领儿孙和族人武士，回到营帐边，在篝火旁稍事歇息，饱吃烧烤的鹿肉，恢复了体力，重新翻身上马，拔营装车，继续上路，顺南麓下岐山去。

他们历尽千辛万苦，越过岐山，由亶父带领，选择岐山南部一个叫做周原的地方定居下来，从此自称为周。古公亶父成了周国的第一代君主。他死了之后，儿子季历继位，是第二代周国君主。

周国在古公亶父和季历两代君主的领导下，驱逐夷狄，发展生产，繁衍子孙，渐渐强大起来，使得殷商王朝感到威胁。当时的商王文丁，派人潜至周地，偷偷摸摸把季历谋害了。季历的儿子就是西伯昌，继位做第三代周国君主，也就是世代后人所异常崇敬的周文王。

三千多年前古人部落中，那些身高体健，虎背熊腰，力壮敏捷的人，自然会受到众人尊重，成为头领。因为每逢部落外出狩猎，与虎狼搏斗，或迎战入侵者，保护部落生存，特别需要仰仗这些英雄的强壮和力气。

古公亶父的祖先，世世代代一直是部落首领，必然个个强壮英武。又因为惯于务农，其家族不仅有别人所羡慕的力气，还具备众人所缺乏的头脑。他们会思想，有远见，能组织，号召力强。

古公父子两个，都是一样的高大强健。他们都喜欢在头上扎一块布巾，长长的绳索飘在空中。他们经常身穿虎皮背心，斑斓的彩纹鲜艳夺目，粗壮的胳臂裸露在冰天雪地中，毫无抖颤。季历的儿子昌，出生于周原土地，从小也是膀大腰圆，而且头脑灵活，思维敏捷，善于思考，胜过他的祖父和父亲。

老子英雄儿好汉，作为一种优生学的自然选择，确有道理，特别是三千多年前，中华民族的祖先每日每夜在生死线挣扎的时候。部落要生存，种族要繁衍，下一代必须强壮。因此部落里的英雄男子，便得到优先选择权力，与部落里最健美的女子成婚而生育优选后代。

三千年前的英雄男子，并不一定俊俏，也不会儒雅，但必须强壮能干，而且性欲旺盛。三千年前的姣好女子，并不一定美貌，也不温柔，但必须同样的强壮能干，而且有足够的生育能力。用一句现代术语来说，所谓好男好女，就是具备比较优秀的基因。对于三千年前的古人而言，优秀的基因就是体魄强健，感觉灵敏，动作快捷，生存能力强，生育能力也强。到了现代，这种基因也许不再被认为优秀，而更加尊重人的智慧学识，头脑灵活，创造力旺盛。

现代科学证明，基因遗传也会退化。中国历代君王，开国一代都十分优秀，所以取得成功。他们的后代，特别三四代以后，往往不再具备开国大帝的才能，难免造成国势败落。这里面当然原因很多，但基因的退化也是其一。皇帝虽有嫔妃三千，可不见得都有好基因，整日关在后宫高墙里面，至少体格不够强健，而且见识短浅，可知皇太子大半都会何等的懦弱和无能。

不难猜想，远古年代部落中，一个英雄男子会同众多好女子来往，以求生育更多优选后代。同样道理，一个好女子也会同众多英雄男子成婚。那个时代，谈不上道德伦理的问题，种族生存和繁衍的需要，优生的自然选择，才是最重大的问题。根据文献记载，周文王一人有子十五个，女儿不记。想必那不是一个母亲所生育，但必定个个儿子体魄强健，优生遗传。

那些部落英雄的子弟们，自小能够经常听前辈讲述古人的传说故事，所以学识渊博，也惯于思想。远古时代，没有文字，历史只能通过人对人口述故事的方式传播和流传，就像现代人上学读书一样，成为青少年知识积累、智能发育、培养思想能力的主要途径。就算文字产生后的一段漫长时间里，因为字的艰涩复杂，也没有很多人能够阅读和书写，口述教育仍然非常重要。历史是前辈们生活的总结，有成功的经验，有失败的教训，是今天的借鉴。历史是人类世代智慧的结晶，有文化的积淀，有思维的发展，是未来的预示。远古之人，谁有条件多听历史故事，谁就学识渊博，会思想，谁就能够做部落的首领。

鲜红的太阳从东方升起来，把耀眼的光芒投放大地，把温暖的热力撒向人间。最后一颗寒星还在天边颤抖，眼前已是彩霞满天，新的一天到来。西伯昌立马远望，这广阔无边的土地，是他的土地。这勤劳勇敢的人民，是他的人民。这富强繁荣的家园，是他的家园。

他将不负于这土地，人民，家园所赋于他的使命，他将保卫这土地的完整，他将持续人民的幸福，他将扩大家园的版图。他下定决心，有朝一日，他将取殷商而代之，建立起统一天下的周王朝。

他是天授的君命，他就是天子。而这名垂千古的周文王，就是我们沈姓的老祖宗，是头一代沈氏祖宗的亲生父亲。我手边保存着一册一九一七年修订的《沈氏家谱》，头一行记载，沈氏第一代老祖宗聃季，乃是周文王第十子。

我仔仔细细地数过这本家谱所记录的世代，从聃季算第一代沈氏，到我这一辈，刚好是第一百世。难怪当年祖母一讲起周文王，神情就又是崇敬又是惶恐，她把我当做文王后世孙，君王贵族的血统呢。

按照周朝所制定的《周礼》记载：令男三十而娶，女二十而嫁。就是说，每三十岁算一代人，那么一百代折算为三千年，刚好就是从武王伐纣到我出生之间的年代总数。同为周文王的儿子，武王是沈家老祖宗聃季的大哥。

家谱与正史记录相符，我对自己身世的源头出自文王，不存怀疑，而且以自己血脉里留有文王遗传基因而感到骄傲和自豪。

02 远古沈国的兴亡

历史上所称的周文王、周武王等等，其实都是他们本人死后，子孙给予他们的尊称。姬昌或者他的儿子姬发活着的时候，做周国之王，并不自称为周文王或者周武王，也没有别人如此称呼他们。根据史料记载，当时周国臣子称后来的周文王为西伯。

中国三千余年的历史记录，一直如此延续。各朝皇帝的种种称呼，比如汉武帝或者唐太宗，都只是其子孙后代按照自周而延用的昭穆制度，给予先帝的谥号或者庙号，以表彰颂扬先帝的丰功伟绩。中间到秦始皇，认为给皇帝谥号是子议父，臣议君，予以废止。他给自己起了个始皇帝的称呼，他的儿子继位就叫二世。或许秦始皇自知一生专制残暴，得罪于天下人，很怕死后儿孙臣民给他送个暴君谥号，所以干脆不准后人给自己送谥号，免得灵魂永世不得安宁。可偏偏秦朝短命，不足十三年而终，秦始皇的命令没来得及成为制度。汉王一登基，马上恢复周朝确立的谥法制度，所以刘邦得到汉高祖的英名。

历代皇帝活着的时候，许多人虽然对治国安邦并不大关心，却对死后的谥号和庙号，十分在乎，因为那是后代对自己的总结，好了留芳千古，糟了遗臭万年。可按照周代先祖定下的制度，皇帝们权力再大，也不能于生前给自己规定谥号或庙号，那是做皇帝特有的无奈。

皇帝登基，不能自称高祖或太宗，顶多只能给自己定个年号。而且这年号，也是到汉武帝才开始时兴起来的。汉高祖刘邦就没有自己的年号，他的儿子汉惠帝刘盈也没有自己的年号。汉高后吕雉篡位，还是没有自己的年号。文景之治的汉文帝和汉景帝，只把自己统治的年代分为前元、中元和后元，不算是年号。汉代以前的秦，也没有皇帝年号。再往前推，战国时期，春秋时代，东周或者西周，都没有年号的记录。

周原地处后人所说的八百里秦川，土地肥沃，水源充足。周族自尧王时起，原本以农为业，得定居于如此一片沃土，当然是最合适不过。

在古公亶父、季历、西伯昌三王的领导下，他们开荒种地，建房筑屋，生息繁衍，发展壮大。富足起来后，周人便修建城郭宫室，设置官吏，规定制度，逐渐形成一国。附近许多小部落，见到周族如此强盛，也都纷纷或加入或依附，寻求保护或发展，如此一来，周国就更加强大。

商纣王登基，残暴荒淫，穷兵黩武，国势日弱，所以格外害怕西部周族的壮大，便设计捉拿周文王，囚禁于羑里，现今河南汤阴县西北地区。但天下暴君都一样，只懂得使用暴力来镇压人民，却永远不能理解人的身体可以被囚禁，心是绝对囚禁不了的。就是在牢中的岁月，周文王认认真真思索，更加深对殷商的仇恨，立下推翻商纣王改朝换代的决心，并且细致地做了计划。

周文王是个有雄心，也有谋略的领袖，出狱之后，他小心谨慎，对殷商朝廷表现得十分恭敬，而且表面上整日耽于酒肉游乐，可实际上一直在默默地发展周族的力量，而且广募贤人策士，辅佐王政，准备伐纣的大业。其中最成功者，是请到姜太公做他的军师。

姜太公钓鱼，愿者上钩，这句成语中国几乎人人都知道。说的是周文王有一次外出打猎，在渭水一条支流，看见一个老人，须发斑白，看去足有七十岁，坐在岸边钓鱼，嘴里不停叨念：上钩呀，快上钩呀，愿者快上钩呀。可他的鱼钩离水三尺，而且只是一根针，并没有钩，上面也没有鱼饵。那怎么可能钓鱼呢？文王奇怪，就同老人攀谈起来，马上发现这老人目光远大，学问渊博，雄才大略，便邀请他随车入朝，做自己的国师，后升为国相。这个钓鱼老翁，本名叫姜尚，因为文王称他太公望，表示记得自己父亲季历生前渴望找到如此大贤，而自己终于找到了。后人舍去那个望字，只称他姜太公。

消除了殷商纣王的疑心，又得到姜太公这样人材的辅佐，周文王便按照自己的雄心壮志，运筹帷幄。数十年间，攻城略地，扩大疆土，壮扩实力，最后占据了当时天下的三分之二。但他终于没有能够完成灭亡商王的壮志，便含恨死去。

周文王的长子姬发继承王位，就是几千年后仍大名鼎鼎的周武王。周武王牢记父王遗嘱，终于在文王死后第四年，发动对商纣王的讨伐。

中国有编年文字详细记录的历史，从公元前八百四十一年开始，已是周厉王在位，武王之后第十代子孙。所以武王伐纣的准确年代，现在还没有找到具体确定的文字记录。但根据中国史家对商周断代的研究判断，武王伐纣那场大战，发生于公元前一○四六年一月二十一日。

武王率军自孟津出发，朝东行进，先过出陕必经之路潼关，又过自古兵家大忌淆涵险道，都没有遇到伏兵或其它阻碍。过黄河时，不仅未遇阻力，沿岸部族甚至出人出力相助。得人心者得天下，周武王领军，一路所向披靡，很快就到达牧野。沿途各部落小国，饱受纣王压迫，恨之入骨，纷纷加入武王部队，支持伐纣壮举。牧野离殷纣王都城朝歌只有七十里路，武王军队不能再前进，必须在这里正式向商王发出挑战。

那天傍晚，武王召集全军和所有友邻部落，当众誓师。星光之下，火把遍地，烽烟四起，旌旗招展，人声鼎沸。三百战车隆隆作响，四万官兵刀枪出鞘。

身后一面主帅大旗冲天飘舞，武王立于中军战车，头盔高耸，两缕兽尾在耳边飘动。身着铠甲，片片金铜在火光中闪烁。他腰挂一把尺长护身利剑，手执丈八长矛，雄纠纠，气昂昂，对三军将士们说：

现在殷纣王昏庸至极，不祭祀祖先，不治理国家，连自己的手足兄弟和叔父长辈的话都不听，反倒四处收罗坏人和罪犯，让他们做官，鱼肉百姓。今天我奉上天的旨意，来处罚殷纣王。希望全军官兵，奋勇杀敌。作战勇猛者，自有重奖。临阵逃脱者，格杀勿论。

武王誓言，铿锵有力，摇日颤云。三军将士随之狂呼，旌旗挥舞，震天动地。

出发！好个周武王，长矛一指，令下如山。立时间，战车滚滚，刀枪铮鸣，伐纣大军，在弥天的征尘烟雾里，冲向殷纣王的都城。那时正值子夜时分，据载岁在鹑火，月在天驷，日在析木之津，辰在斗柄。用现代天文学语言讲，就是说木星居中，正在子午线，而二十八宿中的几星在侧。天时地利人和，武王伐纣，必夺无疑。

殷纣王此时还在朝歌鹿台上彻夜饮酒寻欢，忽闻军报，说武王大军已到城下，慌忙推翻酒桌，跳将起来，调兵抵抗。时间紧迫，来不及远调在外作战的正规商军，便只好临时把朝歌城里所有的奴隶和俘虏都集结起来，凑出七十万众，赶上前线。

两军在朝歌城外摆开阵式，金鼓齐鸣，万旗飘动。武王发一声吼，手中大旗一挥，周军将士个个勇猛向前，排山倒海一般，向商军冲去。对于王者，那是改朝换代的争斗。对于兵士们，那是你死我活的性命相扑。所有人马，都是同样的无一退路。武王伐纣，牧野一战，极为惨烈，战场上尸横遍野，血流成河，连许多铜铸的沉重盾牌，都被聚集涌流的鲜血漂浮起来，其景之壮，不堪想象。

商军阵中临时捉来充数的奴隶和战俘，平日早对纣王恨不得抽其筋，食其肉，此时一见商王末日将临，自己报仇时机到了，都纷纷倒戈相向，跟武王大军一起，反过来砍杀商军官兵。商军阵前一时大乱，纣王心知大势已去，独自逃进朝歌城，穿好心爱的宝玉衣，坐在鹿台上大吃一顿，然后命人点火，自焚身死。

武王听说纣王已死，挥军入城，赶至鹿台。待大火熄灭后，亲自对着烧焦的纣王尸体，连射三箭，算是替祖父季历之死报仇。然后拔出佩剑，朝纣王尸体连砍三剑，算是替父王西伯昌牢狱之冤解恨。最后举起铜斧，砍下纣王头颅，下令悬于城中旗杆之顶示众。

残暴腐败的商朝灭亡，新的周王朝建立，武王自称天子，万民朝奉。为了巩固周朝的统治，周武王想出了一个分封诸侯的办法。

周室家族传人，血统里本就不是残暴之人。武王伐纣立国之后，没有大杀商民，也没有灭绝商王九族。连商纣王的儿子武庚都没有杀，而且为了消除商朝遗民的敌对情绪，周武王甚至把武庚封在原来商都的土地上为侯，继续管理商朝遗民，仍可以祭祀商族的祖先。

可是武王当然也不完全放心，就把商国旧地划分出三块，一块叫做管国，封自己的一个弟弟鲜来管理，史称管叔鲜。另一块叫做蔡国，封自己的另一个弟弟度去管理，史称蔡叔度。第三块叫做邶国，封再一个弟弟霍去管理，史称邶叔霍。武王想用自己的三个弟弟，就近监视纣王的儿子武庚，史称三监。

分割完商地，武王又建立一批小国家，把自己的众多弟弟以及若干伐纣开国功臣，分封为公侯，在各自领地统治，以此分散实力，不使一国一地人马，足以与自己的周王朝对抗。各诸侯国中最大两个，一是齐国，周朝最大功臣姜尚受封为齐侯。一个是鲁国，武王最得力的四弟旦被封为鲁公，史称周公旦。中国古代贵族爵位分公、侯、伯、子、男五等。旦封公，姜尚封侯，想必是出于血缘亲疏的关系。

然后武王班师回朝，两年以后，武王不幸病故。他的长子姬诵，当时还在襁褓之中，被立为周成王，却不能理事。为了确保周室天下安定，武王最倚重的四弟鲁国公旦，把鲁国交由儿子伯禽去管理，他自己回到周朝都城摄政，辅佐小侄子成王。

不料武王封在殷商旧地的三个弟弟，管叔鲜，蔡叔度，邶叔霍三监不服周公旦摄政，勾结纣王子武庚，联合东方夷族，发动叛乱。周公旦扶佐成王，毅然出兵东征，平定叛乱，诛杀武庚和管叔，放逐蔡叔和邶叔，保住周王朝政权。

天下平定后，周公旦扶持成王，制订周朝礼仪，建立各种典章制度，确定以宗法为中心的政治体制。周礼的详尽，甚至规定：令男三十而娶，女二十而嫁，凡嫁子娶妻，入币纯帛无过五两。不仅规定了婚嫁年龄，还规定礼聘财物的数量，可谓细致。按照老祖宗的这条规定，三十年一代，刚好能够算清楚我手边《沈氏家谱》各世的年代，足见沈氏后人很知遵守先祖的规定。

从文王开始，周王室一直注重施善政于天下，广得民心，这种传统到周朝建立之后很多年，仍一以贯之，并明文写入典章，定为制度。如成王以后的周康王，勤于政事，平易近人，治内几十年不用刑罚。又如后来的周穆王，再次修订刑律，减轻对臣民的刑罚。也因此，周朝能够成为中国历史上时间最长的一个王朝，西周和东周两朝共历时八百二十五年之久。不过那都是后话，周公旦摄政，辅佐成王，还是周朝刚刚建立不足三年的事。

周公旦平定天下后，继续武王没有做完的分封大事。在中原地带又陆续建立起更多诸侯国，如宋国，晋国，杞国，陈国，谯国，卫国，把武王和自己所有的弟弟和开国功臣们都分封完毕。据说周朝初年分封的诸侯国，总计达到七十一个，其中武王兄弟十五人封为十五国，与武王同姓的周王室贵族四十国，其它则为各开朝功臣的封地。

周初大分封，一方面使得各诸侯国可以做为周王室的屏藩，一方面也有助于加强周王室对各地的控制。诸侯在自己封地里面，再分封卿大夫的领地，各卿大夫又在自己封地里面，进一步分封士的领地。

虽说分封国家数目如此之多，可各国土地面积都不大，远不及现今一省之广。三千年前中国地域面积，东西南北加在一起，至多不过中原地带，黄河流域而已。据史家研究，周代分封的齐、鲁、曹及宋，都位于今山东一省的地面之内。周代分封的晋、韩、赵、魏等诸侯，则都在今山西省境内。周代分封的燕和中山国，在今河北省界。比较远的吴，在今江苏及安徽一带，越在浙江及江西一部。春秋时代楚国版图最大，囊括湖北、湖南、安徽大部，以及江苏、浙江、四川、广西和陕西一部。

由于殷商国土大部在今河南省地区，此地人口最众，工农业最发达，故而周代分封也最为密集。卫、宋、蔡、陈、杞、郑等诸侯，都在今河南省内，其它如韩、魏、晋等诸侯也都分割河南各处一角之地。

在那场平定武庚三监叛乱的征战中，名叫季载的文王第十子，立了大功劳，被辅佐成王的四哥周公旦举为周王朝的司空，按现在的政治用语，就是工业部长，主管周朝的工业发展。当时的工业，当然只是手工作坊而已。后来成王执政，又把叔叔季载封于聃国为侯，所以后人称之为聃季，也有称他为聃季载的。远古字少，聃经常写做冉，所以也有称做冉季载的记录。

我手边有的这册《沈氏家谱》记载：周文王第十子聃季封于沈邱，是为沈子之国。

究竟先有沈邱那个地方，文王十子季载封于此而得名沈子之国？还是此地本无名，因封为聃国，而古时聃和沈二字发音相同，所以后人称之为沈子之国？或者那地方是因为聃季载受封于此，所以地名也叫做沈邱了呢？我做过许多研究和思索，终因资料缺乏，不得而知。

从找到的地图查看，聃季载受封的沈子之国，究竟在哪里，也确定不了。现今地图上，河南确有沈丘这个地方，那就是沈氏祖先的发源地么？我这个沈氏后代，自己就不敢肯定。据近代学者考证，有一说沈子之国，是在今河南省平舆县及安徽阜阳县西北地区。又一说沈丘于春秋时原名寝丘，属于楚国地界之内，唐代属颖州，在今安徽临泉西侧，后来移入今河南沈丘的境内。

总而言之，最初受封的沈子之国，在今河南省东部与安徽西北部交接之处，应该比较可以肯定。看来沈国夹在吴、越、楚、陈、郑、韩、蔡、宋等较大诸侯之间，地盘不大，人口较少，没有与其它诸侯争天下的能力，应该也可以肯定。

03 沈姓之由来

出于对周文王的崇拜，中国人都愿意把自己的家族说成是文王后代。事实上，文王有十五个儿子，武王和成王连年大兴分封，把自己众多家人族亲封于中原各地为公为侯，现代中国各地许多姓氏，很可能都源自于周王室血统。如果天下百姓，都是文王子孙，大家同源一宗，亲为兄弟姐妹，血浓于水，那才更好。

但是中国人都能够公认自己是黄帝子孙，却并不能都公认自己是文王子孙。毕竟分封的公侯之中，还有许多非周王室血统者，如齐侯姜太公，不是周王室成员，至少姜姓一族不能说是文王后代。

这就是家谱或族谱的重要之所在，记录各家族的血统源流。但愿三千年兵荒马乱，秦始皇焚书坑儒，"文革"浩劫，都没有能彻底毁灭天下百姓之家谱。据我自己的粗略调查统计，古今中外，现在尚存于世的中国各地沈氏家族谱记，至少有一百零八种，多出于江苏和浙江两地族人。其中浙江慈溪师桥沈氏家谱，也至少有六种。许多沈氏家谱，中国国内已经寻找不到，只存于海外，最多是在美国。想是前辈避战乱而迁美，其家谱族谱也幸而得以保存。

我得到的这册《沈氏家谱》，重修于公元一九一七年，其时虽已民国初年，但延续三千年的制度和观念，仍然主导着国民的意识和行为，特别是读书世家的遗老遗少。我想当时重编这本《沈氏家谱》的前辈，所抱持的虔诚和认真，一定与开始记录沈氏家谱的先人完全相同，如实记录沈氏家族繁衍，不会搀杂任何意识形态方面因素，乃至编造历史，或夸大事实，或歌功颂德，所以这本家谱值得信任。

这本家谱，首页标明师桥沈氏本支世系图，从第一世聃季开始，记至第九十世文雄自浙江慈溪迁嘉兴止，只记各代长子长孙，单线直系。页末特别加注：本图以挂线直系为准，每世旁支除与各迁徙分支有关系者，仍行著录外，概从删略。

自公元前一〇四六年武王伐纣成功，建立周朝，其十弟受封沈国，在我的这本《沈氏家谱》上，挂线不断，代代承传。之后三百年，经历十世，没有任何特别记载，可见天下太平，社会繁荣，沈子之国没有发生过什么特别事件，至少是国泰民安，没有特别大的祸事，也没有什么家人迁移他处发生，沈氏一族，始终聚集于沈子之国。

西周平平安安过了二百七十六年，到公元前七百七十年，周平王迁都洛阳而东周始，情况发生变化，各地诸侯渐渐坐大，不再那么绝对尊重周王室，也就是进入后人所说的春秋时代。

春秋时期，于周天子治下，诸侯国间，势均力敌，难分强弱高下，所以相互合纵联横，争盟也争霸，历经二百九十四年之久。其后的战国时期，与春秋之不同，在于诸侯逐渐分出强弱，弱肉强食，不断吞并，最后只余七雄，齐、楚、燕、韩、赵、魏、秦，各自致力于富国强兵，谋求取代周天子，一统天下，也经过漫长的二百五十五年。

春秋末年，约于公元前五〇六年，周敬王在位。中原诸侯在召陵聚会，商讨结盟伐楚。在春秋时代，楚国一直是中原诸侯的死敌，其因并不在其版图之巨，楚国的地盘也是后来慢慢打出来的。楚国之不得诸侯人心，根深蒂固，是因为楚国从一受封开始，就公开跟周王室闹翻。其因源于齐国、晋国、鲁国、卫国等诸侯分封，都有周王所授的宝器，以示隆重，而封楚国侯君时，独独没有授宝器，所以楚侯认为自己被周王冷落，便口出狂言，不尊周室，后又大不恭自称为王，完全不把周天子放在眼里，这就犯了众怒，群起而攻之。

可是跟楚国友好相邻的沈国侯没有按时到会，并且拒绝参加诸侯伐楚的联合行动。于是北方强大的晋国，以沈侯对诸侯不恭敬为由，大兴问罪，指使并支援与沈国为邻的蔡国昭侯，发兵进攻沈国。纵观春秋近三百年间，虽诸侯交战，征伐频繁，但各国每次兴兵，总还是要找一条理由，向交战国问罪，宣言于天下，才能名正言顺地出兵。从来没有过哪个侯君，莫名其妙，一句话不说，就发动十万大军，去打邻国的。如果真有人不宣而战，可就犯了众怒，诸侯都要联合起来，剿灭那个不知天高地厚的昏君了。问罪开战之理由，当然大可如楚之冒犯周王，或沈之不从盟约，小可如一个公主之婚嫁，或一块宝玉之借还，欲置其罪，何患无词。这也给后世中国历代君王定下规矩，可以打仗，但须师出有名，先宣而后战。中华民族之文明，就连打战的规矩，也远比西洋之纳粹德国不宣而战偷袭东欧，或者东洋日本倭贼无缘无敌进犯中国，要先进得多了。

周武王的弟弟聃季载，排行第十，虽然在帮助周成王平定武庚三监的叛乱中立功，但毕竟年龄较兄长们幼小，南征北战的经验也较兄长和周朝开国功臣们少得多，所以征战争霸从来不是沈氏的血统。经过十余代子孙弃武从文的演变，想必沈氏子弟的体格，也慢慢地不再像古公亶父那样高大粗壮，思想意识上也慢慢地没有了周文王那般强烈地称王于天下的欲望。

本来为了在那个诸侯征战烽火连天的岁月里繁衍生息，沈氏老祖宗总结上百年的经验，发现了在夹缝中求生的法宝：不与世争，读书持家。自西周封建之后，乃至到春秋时期，从来没见过沈国向诸侯发动战争的记录。而沈氏的书香世家传统，却绵绵流长，传了几千年。

身体修长，迎风独立，手握卷起的竹简，箭眉直竖，目视苍穹，高声吟诵，啸音缭绕，在我想象中，那就是春秋时代沈氏祖先的图影。头顶束发的髻冠，不是金，也不是银。齐眉勒压发的抹额，非镶珠，亦非嵌玉。身披一领齐髁布袍，宽大松散，长袖飘摇。脚下蹬着手制的布鞋，可行千山万水。沈氏书香血统，即始于此。

这样的沈国之侯，惯以与邻国相安无争而求取生存，一旦面临晋蔡两国大军压境，自然无力应战，很快就失败。沈国之地一片焦土，满目断壁残垣，沈国之民尸横遍野，幸存者都被蔡国掳去为奴。沈国从此灭绝，文王第十七代孙世袭沈国侯子逞，刚过中年，仓惶之间，带了年幼的儿子和家人，日夜兼程，西逃楚国，躲进零山，隐居起来。

国破家亡，血海深仇，铭心刻骨，无法释怀。在零山老林间，亡国的沈侯子逞，拾起丢弃许多世代的宝剑，重新开始教习子孙练武，研读兵书，图谋日后重振军力，打败蔡军，恢复沈国。

三十年后，丢失沈国的子逞早已亡故，叶落不得归根，遗体也未能归葬沈国祖坟，就埋在楚国零山的土地。可他的孙儿尹戌，却长成一个出色的小将军。身高七尺，挺拔健壮，拳脚凌厉，枪术出众。特别是舞得一手好剑，或端庄遒丽，招式分明，或骨气深隐，柔润舒缓，或灵动通畅，舞鹤云天，或兽立蛇盘，诡形奇特。凡见之者，无不叹为观止。

他的祖父子逞逃到楚国不久，忧国伤民，一病不起，很快就死了。辞世之前，他把儿孙叫到病榻前，对他们说：你们要记得我为什么死，蔡国不仅灭亡了我们的国，而且杀害了我。这一笔家仇国恨，不管过多少年，你们要为我报这个仇，为沈国雪这个恨。他又将自己精心保存了一生的宝剑，赠予尹戌，说：有朝一日，你用此剑砍下蔡国侯的首级，祭到我坟前。

子孙们都知道，那剑是早年沈侯子逞专门派沈国最好的一个匠人，到吴国学习多年之后，回到沈国铸造的。春秋时代，吴国铸剑天下第一。那个沈国匠人花一生心血，铸出这把沈剑，剑身修长流畅，平整光滑，两侧剑锋弧曲，对称优雅，足以与吴剑比美。

尹戌双膝跪地，举臂过顶，郑重接过这把剑，用童稚的声音对祖父发誓道：爷爷，您放心，我一定会报这深仇大恨。说过以后，他慢慢站起，扎个势子，便舞起剑来，神态矜从容持，身形潇洒矫捷，剑光扑朔迷离。病榻上的子逞看了高兴，连唤三声：沈子有望，沈子有望，沈子有望，然后瞑然而逝。

自古凡出阵战敌，兵戎相搏的武将，大多使刀枪戟斧，很少舞剑。剑本只是短兵器，防身而已。沈家逃楚的祖父两代长辈，虽有克蔡复国之志向，但终脱不去书香世家的祖传，并不想把孙儿尹戌培养成一个坐于马背出入军阵的武将，而想让他长成一个文武双全，能够运筹帷幄，决胜千里之外的儒帅，一个军事指挥家。

在祖父和父亲的亲自教诲下，尹戌不仅武艺高超，而且学识也异常渊博。他最崇拜的英雄，是纵横江南数十年无往不胜的伍子胥。伍子胥原是楚国贵族后裔，其祖伍举历事楚庄王、楚共王、楚康王、楚灵王几代朝廷。其父伍奢是楚平王的太傅，就是王者之师。

可楚平王荒淫残暴，不仅残杀兄长灵王和许多亲人，夺取王位，还抢夺太子之妻，据为己有。而且为灭口，诱杀伍奢和长子伍尚。伍子胥是伍奢幼子，怀着杀父杀兄之仇，逃离楚国，千辛万苦，投奔吴国，做了吴王的重臣，领军打败越王夫差，壮大吴国实力。二十年后，伍子胥终于说服吴王发兵，千里长驱，一举打败楚国，占领楚国都城郢都，在今湖北江陵西北地区。

那时楚平王已死多年，伍子胥为报杀父之仇，杀兄之恨，命人挖开楚平王之墓，开棺取尸，挥动钢鞭，狠狠抽打平王尸体三百鞭，然后抽出钢刀，砍下平王的头，才算罢手。伍子胥有个朋友，名叫申包胥，责备伍子胥为报家仇，不惜看到自己国家沦丧，这仇报得太过份。伍子胥对此话想了许久，叹息道：没有别的办法，如果家国不能共存，忠孝难以两全，也只好先家而后国，取孝而舍忠了。

或许由于自己的家仇国恨，沈氏尹戌对伍子胥格外崇拜，非常赞同伍子胥在家国和孝忠之间做出的选择。春秋战国那个时代，因为还没有建立中央集权的专制制度，在人的心目中，国的观念远没有后世那样绝对化。有人此观念比较强烈，愿与自己所在的诸侯国共存亡，如屈原。也有人此观念比较淡漠，常在各诸侯国之间奔波，四处为家，如苏秦和张仪，如伍子胥，如沈国子逞及其儿孙。

尹戌很能理解伍子胥，有人说先国后家，没有国哪里有家。可伍子胥则想，先家而后国，没有家哪里有国。国是由千千万万的家组成的，国是由千千万万的家供养的。只想国富，不顾万民之家贫，那就是国在掠夺人民。古今多少暴君在国的名义之下，任意残害百姓。那样的国，不值得忠，那样的王，人人可鞭打，伍子胥做得太对了。可惜后代子孙们，忘记了先人圣贤们的理念，把家国的位置颠倒，排成为国、家，使独裁专制政权能够打着忠君报国的大旗，任意掠夺屠杀人民。

谁没有父母亲人，谁没有妻子儿女，看到朝廷官府胡作非为，掠夺自己儿女口中的米水，杀害自己父母年迈的生命，哪个不悲痛，哪个不愤怒。虎毒不食子，连动物都懂得保护自己的骨血，何况人。在伍子胥看来，杀父之仇绝对不能不报，哪怕要灭己国而鞭王尸。如果杀父之仇都可以轻易忘却而不报，还有什么颜面为人一世。

尹戌觉得伍子胥说得对，做得好，如果是他，他也会那么做，他曾经对着临终的祖父发誓，一定要报自己的家仇国恨，不管过多少年，他绝不能够忘记。许多次夜深人静，他思虑不得安眠，就会幻想，有一天自己也东出昭关，率领楚国军队，打回沈国故地，杀尽蔡国君臣。

他喜欢把自己跟伍子胥相比，伍子胥爱使剑，他也爱使剑。伍子胥被楚兵追赶到江边，幸得一渔翁冒死相救，渡他过河。过江之后，伍子胥解下身佩宝剑，双手递予那渔夫，说：此剑中有七星北斗文，价值千金。

伍子胥相貌端庄秀美，人称颜如美妇，肃然有威，尹戌也长得挺拔清俊。从小到大，凡见到尹戌的人，都说：这孩子长得太秀气，不像能够克敌致胜，完成复国大业的勇士。这种话尹戌每次听到，心里总是十分的难过，伍子胥既然办得到，尹戌也一定能够办得到。

怀着如此决心，二十岁那年，尹戌告别父母，独自一人，仗剑出游，到了楚国的郢都。像伍子胥当年借吴国之兵打败楚王报仇一样，尹戌想要借楚国兵力，打败蔡国，恢复沈子之国。

当时楚国的地盘，大得不得了，东到浙江，西至四川，南达湖南，北抵陕西。楚国的都城也大得不得了，广厦高入云天，市集密如星布。车似流水马如龙，行人拥挤，摩肩接踵。

尹戌布衣方巾，背书佩剑，在郢都找到友人，引入楚惠王的宫殿。那宫中自是金碧辉煌，雕梁画栋，摆尽珠宝玉器，立满文臣武将。尹戌是在祖父子逞亡国后逃到楚国零山以后才出生的，从来没有在国君宫殿中生活过一日，见到这等豪华威严，吃惊之外，也感慨万分。如果蔡国没有灭亡沈国，他不是也自小在沈国侯君的宫殿中长大，享尽人间荣华富贵么。如此想来，他对蔡国的仇恨就更深重，复国的意志也更坚定。

楚惠王坐在丝织的软垫上，头上顶着垂满玉珠的王冠，身上宽大的王袍镶金嵌银，亮光闪闪。他斜靠矮桌一侧，桌上摆满美味佳肴和精致的铜鼎酒器。他身后两个美貌侍女，轻轻摇动巨大华丽的羽扇，释放出阵阵幽香。楚惠王眯缝着两眼，不经意地看着面前的陌生年轻人。

你从哪里来？他拉长着声音问道。

尹戌恭敬地回答，不卑不亢：我来自东方的沈子之国，那是文王第十子聃季载的封地。

楚王挥挥手，阻止他的话。楚王家传，对周王室不恭，他不喜欢听见有人对周王表示尊敬。那么你姓沈么？楚王不耐烦地又问。

刹那之间，尹戌不知如何回答。按理说，既然自己祖辈聃季载是周文王子，他的家族当然都姓姬才对。可是显然楚王不喜欢周王子孙，所以他不能告诉楚王，自己是周室的后代。

是，我姓沈。尹戌聪明透顶，急中生智，这样回答。世上就此增加了一个新的姓：沈。

我手边的这册《沈氏家谱》原文注明：戌——别本作名叔忠，字仲达，为楚司马。以国为姓，是为沈氏得姓之始。数着《沈氏家谱》上的挂线直系，从楚司马尹戌一世数起，到我这一辈，沈姓已传了八十代，历经两千四百余年。

或许由于尹戌剑法出众，而且熟读兵书，文武双全，楚惠王便留他在楚国朝廷里做官，若干年后做到司马之职。夏商周三代，司马官职，虽是文官，却主持兵部，相当于现今的国防部长。可是尹戌不像伍子胥那么幸运，他活着的时候，终于没有看到楚国打败蔡国的日子。

直到沈国被蔡所灭六十年后，到了战国二十八年，尹戌已死，他的儿子诸梁世袭为楚国司马，才得到机会，说服楚王，率领楚国大军，东进而灭掉蔡国。可是楚王并不愿意在自己的边界外再立一个国家沈，所以把原沈国的土地，和蔡国的地盘，都一并划入楚国版图。

这个时候，如果沈侯子孙诸梁坚持要恢复沈国，就难免跟楚王发生矛盾，那是他不愿意做的。沈氏子孙知书达理，恩怨分明，绝不会反复无常，恩将仇报。现在既然灭蔡复仇的使命已经完成，诸梁便辞去楚司马官职，到一个叫叶的地方，闭门读书，消磨余生。叶，就在今河南叶县境内。

04 对秦始皇说不

沈氏第十九世孙尹戌和第二十世孙诸梁父子两代,在楚国做掌兵的司马,最后终于灭掉蔡国,雪了六十年前沈氏亡国之耻。

反复对照我的这册《沈氏家谱》中早期世代的记录,以及各种其它史料,又反复地思索,发觉这段历史对于沈氏后代具有十分巨大的影响,留下若干种沈氏千年万代承继不断的传统。

首先,当然是对楚国的感激。沈国被蔡灭亡之后,沈侯子逞逃亡到楚国,为楚国所收留。当然楚国也许是看在沈侯君不肯与诸侯结盟,攻打楚国的份上而做回报。但在春秋时代,诸侯国间,既争战又争盟,一国君侯或太子的去留,经常造成两国的结盟或交战。楚国收留沈国侯子逞,显然得罪蔡国和晋国,就算楚国强大,在那种混战时期,远攻近交,谁也不愿意在自己边界上多一个仇敌。

但是楚国毕竟收留了亡国沈侯子逞一家,后来还任子逞的孙子尹戌在楚王朝廷里做官,并且执掌兵权。若干年后,还真的帮助沈国侯君后代,挥师东进,剿灭蔡国,替沈氏报了亡国之恨。这是从先祖诸梁以后,沈氏千秋万代要对楚国感激不尽的。

先祖诸梁之后六代之年间,正是战国七雄大战争霸的高峰时期。特别是秦孝公实施商鞅变法,在秦国开始残暴的专制统治,故而军事力量迅速掘起,对天下形成威胁。那个时候,最有实力跟秦国对抗的是楚国。而且即使在秦始皇横扫六合,独占天下,自以为可以万岁,其它许多诸侯国也葡匐称臣之时,楚国人还是喊出豪迈的声音:楚虽三户,亡秦必楚。对独裁暴君秦始皇的深恶痛绝,灭秦意志的坚定不移,真是惊天动地。

沈氏家人世世代代都是重情崇义的正直之人,懂得牢记并感激楚国的恩。先祖既然曾经给反秦的楚国做过事,那么后辈无论如何不能再去帮助楚国的大敌秦国。我暗暗猜想,当先祖诸梁带领楚国军队,打败蔡国，重返祖宗家园沈国土地的时候，他可能曾经发誓，留下一条沈氏家训：万世子孙，不得事秦。

先祖尹戊和诸梁留给后辈的第二个传统，是书生的傲骨和独立。沈氏自祖宗聃季载以下，一贯读书持家，从来不热心于从政做官，更无野心称王天下。如果不是蔡国武力进犯，亡了沈国，子逞为报仇雪恨，断也不至于培养子孙习兵，而后到楚国朝廷去任职掌兵。

虽然已经做官，做了很大的官，支撑沈氏子孙身躯的，仍是书生的傲骨，血液里流淌的仍是文人的清高与独立。所以沈侯子逞的重孙，楚司马尹戊的儿子诸梁，完成灭亡蔡国的使命之后，并不热心于在楚国朝廷里的荣华富贵和权势，激流勇退，隐居乡间，终其一生。

每读此段家史，掩卷之后，我总觉得心潮激荡，长久感慨。我崇拜自己那几个老祖宗，我相信沈氏后辈世世代代都会崇敬那几个老祖宗。事实上，先祖诸梁的后代，一个又一个，不断出现拒绝到朝廷里去做官的高尚之士，继承着沈氏家传的书生傲骨，忧国忧民的情感，独立思想的精神，不向强权低头的气概，不与暴君合作的意志。

战国后期，秦国最终将横扫六合的局面，已经越来越明显，许多懂得钻营的文士，都纷纷背叛祖国甚而家族，抛弃理想，投奔秦国，期望秦国一统天下以后，自己也能分得一杯残羹。但那个时候，没有一个沈氏后辈书生做那样的可耻之事。先祖诸梁及其子孙，所表现出来的真正富贵不能淫，贫贱不能移，威武不能屈的伟大书生人格精神，成为不落的太阳，永远照耀着我们后代和我们面前遥远的人生道路。

先祖尹戊和诸梁留给后辈的第三个传统，是明确的是非观念。沈氏祖先书香传世，熟知天下古今事，看得出秦楚相争的背后，是两种水火不能兼容的政治理想在争夺生死存亡。

自武王伐纣成功，建立周朝之后，一千多年间，始终实施着一种多元共存的联邦制国家统一。所以武王和成王父子两代持续分封，而且明确地定下政权统治的规矩：周王室与诸侯分权。根据周朝制度，礼乐征伐自天子出，就是说周王室只负责制定礼法、立法、战争等大事情。周王室以下各诸侯国的内政司法等等，各自独立执行。这听起来，颇像美利坚合众国的联邦政府与各州政府间的分权制度。中华民族的祖先曾经是多么地具有政治智慧，社会思想曾经是多么的先进，可惜这种文化被秦始皇破坏，将中国拖入中央集权独裁专制的黑暗深渊。

出于周王室治下的多元共存社会形态，千余年间中华文化蓬勃发达，儒、道、墨、名、法、阴阳等百家争鸣。但是虽然春秋战国近八百年间，数十诸侯国纷争，征来伐去，但并没有任何一个诸侯，对周王室提出取而代之的要求，也没有对周王室实施的多元共存联邦统一制度提出过疑问。事实上，当中原国土面临异族侵扰，生死危急的时刻，诸侯国都自动团结在周王室周围，保卫祖国和民族。史料记录，在南苗、东夷、西戎、北胡一起进逼中原的时候，绝对有实力夺取天下的齐桓公和丞相管仲，毅然放弃自己争霸中原的机会，高举尊王攘夷的大旗，号召诸侯拥护周王，坚决反击夷祸。结果九合诸侯，诚意拥戴周王，齐心合力，把东西南北各方蛮夷，全部赶出中原，使中华民族得以生存。

在那场大反击中，秦国向西扩张，楚国占岭南地区，晋国和燕国也伸展到河套草原，只有领头尊王攘夷的齐鲁两国，没有扩大一寸土地，牺牲自己争霸的机会而毫无获利，可谓大义凛然，公而忘私，孔老夫子谈到齐桓公和管仲此举，感佩之至。

直至商鞅变法，秦国开始全面实施专制统治，才暴露出夺取天下的野心。其后齐、楚、燕、韩、赵、魏六国与秦国的激战，不再仅仅是国土的相争，而成为对取代周王而统一天下的不同理念的斗争。

当时除秦国之外，其它六国都仍然坚持并保留周王室的多元共存联邦统一传统。苏秦等人主张连横，以六国联合来击败秦国专制制度。楚国屈原，主张以文化发达、经济雄厚的楚和齐国为轴，联合五国，粉碎暴秦独裁政治的扩张。我想当时的沈氏祖先，作为周王室后裔，也出于书生理念，又感于楚国之恩，一定同意苏秦或屈原的主张，希望中华大地继续多元共存的统一，反对秦国的专制独裁暴政。

可是天不遂人愿，抗秦的理想破灭，残忍凶暴的秦王战胜六国，取得天下，并且彻底推翻周制，建立起一个独裁王朝。

秦始皇一朝权到手，马上肆无忌惮，疯狂镇压百姓，杀伐异己，焚书坑儒，企图消灭自由思想和言论，荡平百家争鸣。所谓权力是有权者的语言，语言乃无权者的权力。现在秦始皇使用自己的权力语言，剥夺天下无权者语言的权力，那是周王千年而从来没有做过的。其暴，其残，其狠，其毒，开古今之始，葬送中华文明之光辉，禁锢中国社会之发展，纵用尽天下文字书其恶，不为过也。

沈氏既是书香世家，当然免不了有族人被埋进秦王挖掘的大坑。秦军铁蹄践踏中原，不留一片文静土地，不让一个正直的人得到片刻喘息。千万家庭遭受秦军年复一年的围剿，沈氏书香之家也必逃不过此灾，一次又一次被抄砸，那些保存了数十代的珍贵竹简史料，都被没收和焚毁。

我相信，那一辈的中华先人，特别是读书人，必定悲愤交集，痛心疾首，也可能在夜深人静时，躲在屋角或野外，借着星光，一字一句记录秦王朝的暴政和自己痛苦愤怒之情。这些文字，又被秦王走卒发现、没收、焚烧，而那记录秦王暴行的正直者们，被告发，被拘捕，被屠杀。多么恐怖的图景，多么残暴的岁月。

秦始皇大屠大杀多年以后，以为自己天下坐定，就开始梦想让自己朝廷万岁的途径。想来想去，杀伐暴力终于只能是夺权的手段，显然不是掌权的办法。当年他要打天下，夺取政权，只能实施军事统治，全国皆兵。现在已经坐了天下，自己成了执政者，要长期维持住政权，就必须获取民心支持，而民心是单靠枪杆马背无法获取的。

弄权者都懂得文武之道，一张一弛，用所谓胡萝卜加大棒的手段，秦始皇也不是傻瓜，他焚书坑儒大施暴政之后，再假惺惺流一粒鳄鱼泪，甚至赐人一杯残羹剩饭。自以为天下书生从此会对他感恩戴德，会竭诚为他卖命，运用笔墨，为他的残暴统制涂脂抹粉，蛊惑民心。

沈氏第二十七世孙名为郢，不是那等贱民。他不幸赶上秦始皇当政年代，费尽心血，总算躲过坑儒之祸，留下一条性命。可沈氏家族历代书生为人和学识的美誉，名扬中原，自然也传到秦始皇的耳朵里。于是那暴君便派人寻找，到了隐居叶地乡间的沈家院落，召郢入朝，委以丞相的官职。秦朝时候，丞相一职，乃朝廷最高官位，顶头上司只有秦始皇自己，所谓一人之下，万人之上，统管全朝文武行政。

应那份聘书，进咸阳城，做秦丞相，沈氏子孙郢自会权倾一朝，名留千载。恶名者也，凡替秦始皇及所有其他暴君卖命者，都将遭万世人唾骂。可是古往今来，不管读书还是不读书，恐怕很少有人不眼红令天下人仰慕的权势和荣华富贵。古今也有许多人，为自己能够升官发财，不惜颠倒黑白，出卖正义，泯灭人格，认贼做父，卖身投靠，坑蒙拐骗，杀人放火，用无数大众鲜血染红自己的顶戴花翎。

可沈氏第二十七世孙郢，面对大秦朝丞相的官职，毫不动心，轻轻地摆手拒绝。他不希罕那权势，那富贵。对于他，身外之物一文不值，他不能为此而丧失自己做正直书生的清誉和人格。特别是他不能忘却自己家族和无数善良百姓所遭受的迫害和屠杀，不能宽恕独裁专制王朝的倒行逆施，不能原谅中华大好河山支离破碎，贫困交加，民不聊生。他是沈氏书生，记得沈氏祖先不事秦的家训，绝不能去侍奉那用人民鲜血来漂浮王座的暴君秦始皇，助纣为虐。

有人替秦王卖力，鼓动三寸不烂之舌，试图说服郢和天下人。他们摇头晃脑，说秦始皇之专制残暴，也是夺权所需，不得已而为之。他们说秦始皇结束了周王朝的奴隶制社会，使得中国进入封建社会时期，是一种社会进步。他们说秦始皇结束战乱，统一天下，从而统一中国文字，统一度量衡，建立起郡县结构的政府行政管理体系，对于中国历史都有很大贡献。

沈氏的这个郢，对于所有这些种种花言巧语，都嗤之以鼻，不屑一顾。他心里明明白白，如此卖力地评述秦始皇的丰功伟绩，如果不是别有用心，那就是对历史一知半解而做出的草率结论。

作为周王室的嫡系子孙，作为饱读经史的正直书生，郢知道得清清楚楚。周王朝本已是个统一国家，秦始皇战胜诸侯而独坐天下，并没有什么了不起的统一国家的功劳。秦始皇家族，连自己的姓也是因为替周孝王养马有功而受赐为嬴，并赐予一小块土地为生。秦族后人知恩不报，竟然推翻周王，自立朝廷，已属不仁不义。

说什么秦始皇统一中国，统一文字，统一度量衡，煞有介事，引经据典，摘出一句今天下，书同文、车同轨、行同伦为证，骗得了天下百姓，难道骗得过饱读书经的沈氏书生么？

这条后世许多人挂在嘴边，替秦始皇歌功颂德的文章，所谓今天下，书同文、车同轨、行同伦，出自《中庸》右第二十七章。此《中庸》一书，乃由孔老夫子之孙子思所著，所以传为四书经典之一。孔老夫子是春秋时代鲁国的人，生于公元前五五一年，死于公元前四七九年，就算他的孙儿子思异常长寿，竟然晚过他祖父六十年，最迟也只可能活到公元前四百二十年左右。那时还是战国初期，比秦始皇横扫六合独霸天下早出二百余年。

那么就算子思是在他死前最后一年写出这句话来，文中那个"今天下"之语，也只能是指战国初期，不可能是其后两百年的秦始皇时期。事实上也有充分的理由认为，子思所讲书同文和车同轨的那个今天下，指的确是从春秋到战国几百年的时间。中国文字与度量衡之统一，绝不是秦始皇的功劳。什么样的史家，出于何种目的，竟敢如此欺瞒天下，明目张胆把周朝的书同文，车同轨，行同伦，安到秦始皇头上。

治史，是绝对不能断章取义的，否则遗误后世，罪责难恕。明明也就在《中庸》右第二十七章，接着今天下，书同文、车同轨、行同伦那句话的后面，又清清楚楚地记录了孔老夫子的另一句教诲：吾学周礼，今用之，吾从周。这里先师又用一个今字，而且说在今天下，用的是周礼，不是秦制。孔子被后世尊为至圣先师，他明确说明，他学周礼，从周礼。周礼核心，是敬天保民，敬德保民。孔子学到，用作儒家学说基础，发展为序次、亲和、德政、保民的种种思想。对于哪个时代开始书同文、车同轨、行同伦，还需要更多证据么？

众所周知，孔子对周文王极为崇拜，对周文化有极高评价，对周礼极为感佩。他几乎一生周游列国，奔走呼号，希望天下恢复到西周的时代，他认为那是最理想的社会。他很渴望去看看文王圣地周原，可是至死未行。他不是去不了，那时候没有户口限制，也不用政府开路条，他可以随便到任何地方去。但是他不去，坚决西行不过秦，而周原在秦之腹地。孔子为什么西行不过秦？因为他痛恨秦制度，痛恨秦文化。他认为秦国走向，背叛周礼，礼崩乐坏，他与秦势不两立，道不同不相为谋。如果孔子发现，自己对周王功绩的赞颂，两千年后竟被用来夸奖他所深恶痛绝的秦王，先师不知会对后人做如何感想。

倒不是因为周王室是沈氏一姓的老老祖宗，所以我特别偏袒周制，多讲周天下的好话。周朝距今到底已三千年，再想攀龙附凤，我也没脸面拿文王孙显耀于人。讲周王好话，于我并无任何实际意义。而且就算想为某个君主歌功颂德，也总还得能拿出具体事实，否则谁个要听，谁个会信。

根据孔子和子思的总结，至迟在周朝的春秋战国时期，中国文字已经得到基本统一。秦以前的文献如《易经》、《尚书》、《论语》、《诗经》、《中庸》等等，以及许多后来出土的先秦竹简和金石铭文，其字符和文法上确实基本统一，也证明了这个结论。否则秦后之人，岂非完全无法阅读和研究先秦史料了么。

如果秦之前诸战国文字不统一，我想问问，秦国统一的文字，是秦文字还是楚文字？中国古代书法上讲的小篆、大篆、隶书，都是战国时期的文字，属于哪一国的？如果秦以本国文字为基准，统一中国文字的话，楚国史官记录的文字，怎么得以保存？楚有三户，灭秦必楚，秦王能允许楚国文字继续生存么？我相信，照秦王的思想和行为，如果诸战国各有文字的话，他一定是巴不得把其它六国文字全部斩草除根，可是他做不到。因为那时虽诸国交战，文字却是统一的，他无法消灭中国文字。

再退一步说，秦始皇从建国到死，总共十一年，加上二世，也才十三年，这么短的时间，能够统一得了文字么？而且是统一数十个国家的数十种不同的文字，延续了上千年之久的不同的文字，可能吗？

战国时期，各国人忠君，如果自有本国不同文字，岂可轻易放弃，至少那些诸国文人，是绝不会在短短十三年里就忘记自己文字的，起码楚霸王绝不会，他的志愿是消灭秦王。那么就算秦始皇强行统一文字，他十三年而终，各国文人岂不会重新兴起自己的本国文字来。于是文字还是统一不了，至今纷乱烦躁。事实上，秦王一意孤行的措施，到了汉朝，大多都被推翻了，怎么可能只有文字这一条，得以保留。

结论是，秦始皇没有统一中国文字。中国文字早在秦国横扫六合之前，就已经统一了，所以秦国灭亡之后，文字仍然存在，记录了他的残暴。

周天子治下的春秋战国时期，诸侯间的度量衡实际上基本统一。据史料记载，周朝已经统一车辆轨道的宽度，在诸侯国之间大修驰道。周王朝主持修筑的全国性道路，叫做周道或者周行。收编西周初年到春秋中叶五百年间民歌的《诗经》，早过秦始皇至少五百年，已有"周道如砥，其直如矢，四牡骓骓，周道委迟"的诗句，可见周朝国家道路之平，之直，之宽，四马并列，飞奔如风，可比现今四车道的高速公路。

古书里还有记载，周朝交通制度有很具体的规定，如道路两旁种树，每十里路要设小店，供应饮食。每三十里，要设客店，供路人夜宿。每五十里设市集，有高级旅馆，储存充足的生活物资。

先于秦朝的《尚书》等著作，还记载了西周时期的贡道，以黄河为干，九州岛通航，水路运输也相当发达。《史记》更具体记录：周朝时期，一条引黄河水的鸿沟运河，连接了汝、齐、淮、蔡、曹、卫等多国的水上交通。这种巨大工程，没有统一国家的协调安排，没有统一的度量衡制度，绝对是无法想象，无法实现的。

从种种史料记载看来，周王朝确实已是天下统一的国家。天子之下，诸侯割据，但大家相互间文字统一，道路统一，文化观念和宗法制度方面，也基本统一。而且史载，春秋时期周王朝已经实施郡县制度，郡县长官已非世袭，改由上级委任。所以虽然诸侯割据，但行政管理制度，还是天子治下，一脉相承，相当统一的。

如此确凿史实，何以被无视，而将书同文，车同轨，行同伦这句描绘周朝社会情况的文章，变成一顶美丽桂冠，戴到暴君秦始皇头上。

还曾有人提出，秦朝以封建制度替代周朝奴隶制度，推动社会进步。此一论述中，所谓周王朝是奴隶制社会，此前提本身就值得讨论。中国古代的社会发展形态，并不必须要套用西方某社会史学家创造的理论模式，比如划分原始社会、奴隶社会、封建社会、资本主义社会等等，再因此非把周朝归为奴隶制度社会形态不可。

远古周王朝，绝非一个人人平等的社会，无可否认。事实上人人平等的社会，至今还没有在世界上出现过。周王朝时代，有王室、有贵族、有平民、有奴隶等不同阶层，可以肯定，并且有史料记载。但周朝的刑罚，相较于后来许多王朝如秦的残酷，还是相当宽松。比如周刑罚制度规定：只有杀人者才偿命，其它罪并非必死。周穆王甚至明文规定：犯了罪可以用罚款来代替受刑。远古时代就制定这样的刑判，实在是相当先进，不会不得人心。周穆王在位，不仅减轻刑罚，而且几十年不用刑罚，社会反倒安定繁荣。

周朝时代，受了刑罚的罪犯，也非终生打入另册，死不了活不成。周制规定：受到刻面刑罚的罪犯，可以得到守门的工作。受到割鼻刑罚的罪犯，可以守卫关口。受到宫刑的罪犯，可以守卫内宫。受到割足刑罚的罪犯，可以守卫园林等等。总之罪犯受罚后，还有重新做人的机会，可以工作，至少得以生存。而且周朝刑罚规定，八岁以下的儿童和七十岁以上的老人，可以不受刑罚，也可不做奴隶。

相比而论，秦朝是不是比周王朝进步的社会，或者是不是所谓封建社会形态，不能不提出很大的疑问。秦始皇一统天下后，规定五种人必须强制服劳役，成为变相奴隶，如果不是比周朝倒退，至少不比周朝进步。根据史书记载，秦始皇当政十二年，包括发动战争，修筑骊山等，前前后后总共役使了五百多万人。据估算，当时中国人口共两千万左右，按其中三分之一为男女壮年，不过六百余万。六百万能够劳动的男女壮年中，竟有五百万被当做奴隶而服役。

远古时期，奴隶主死后确实用活人陪葬，古代中国如此，古代外国也一样。可这种做法，还在春秋时期之前，就被周王朝明文废除。虽然事实上，当时许多贵族死后，仍用活人陪葬，但从周朝制度上说，活人陪葬是不被允许的。春秋时代鲁国的孔老夫子说：始作俑者其无后乎。就是说他活着的那个时候，已经有专业工匠，制作木俑和陶俑。什么是俑？就是做成人型的模具，用来代替活人入墓陪葬。

而秦始皇死了以后呢？据史料记载，嫔妃、宫女以及服役造墓的工匠，三万余人，一同活活埋进墓穴，做了秦始皇的陪葬。从这史实记载中，实在看不出秦始皇统治下的社会形态，比周王或春秋战国时代诸侯治下的社会，有哪一点进步。

读《周书》记载：农民不种地，粮食就缺乏，工人不做工，物品就不足，商贾不经营，市场交流就断绝，矿工不采矿，资源就减少。也就是说，周王朝千年之间，一直十分重视农业生产，同时也很注重工商业。周王先人，本出自尧时的农官，自然知道发展农业的重要性。

东周时代战国初期魏文侯的相国李悝，曾记录过一个五口农家的生活状况：耕田百亩，平均每亩收粮一石五斗，共得一百五十石口粮。交纳过十分之一的租税，还余一百三十五石。每人每月平均吃一石半，全家五口一年共吃粮九十石，尚可余四十五石。每石余粮卖钱三十，共可得钱一千三百五十。祭祀赛会用钱三百，余下一千零五十。每人一年穿衣用钱三百，五人共一千五百，还有余钱四百五十。这是仅粮食一项算的账，家里还有女人纺织，喂养家畜，补充家用和收入，普通之家要做到温饱，看来是不难的。

再想想秦朝时代，农民生活怎样？既然极大比例的男女劳动力，都被秦王朝役使，离开家园，田地由谁来耕种？衣物由谁来编织？家畜由谁来喂养？房屋由谁来建造？儿女由谁来抚养？秦朝十三年间，中国农民百姓生活情景，绝不至好过战国时期魏文侯记录，不难想象。

正如有的史家总结，历史的发展，并非永远直线上升。社会的演变，有的时候是进步，有的时候是倒退，有的时候是进步战胜落后，有的时候则是野蛮征服文明。周王朝多元共存联邦型统一制度的断绝，楚国的灭亡，屈原的投江，秦始皇的坐天下，是中国历史上一次大倒退，是野蛮征服文明的一幕大惨剧，并且遗害两千年。

肉体生命顶多一百年，而灵魂遭受折磨将无尽无休，那才是真正的恐惧。读书人苦修一世，修的是生前身后名。当二者不可两全，为生前而葬送身后，是绝对的糊涂。沈氏读书人，可以不要生前，而更看重青史留名。当然郢也晓得，为此他要付出怎样的代价。秦始皇连平白无辜的儒生都要活埋，他如此大胆，竟敢对秦始皇说个不字，那就等于自讨丧命。秦始皇绝放不过他，必要诛灭九族，赶尽杀绝。他不那么愚蠢，会以项迎刃，甘于一死。

于是，他刚刚送走那个恼怒不休的秦王使臣，马上连夜启程，拖家带口，逃离家园，避到祖居沈丘去了。秦时的沈丘地方，位于现今安徽临泉西侧。郢在那里，终日漂游颖水湖上，一面以垂钓为生，一面躲避秦王追捕。到晚年，熬过十三年秦政，他特地在颖水之滨，修造了一座沈亭，想是为了让后代子孙永远不要忘记自己不就秦相的作为，继承沈氏书生不畏强暴的气节。

05 拒受汉光武帝封侯

秦始皇夺取政权，靠的是马背和长矛，靠的是暴力绞杀。他胜利，是因为他在两军对阵的时候，更坚定，更凶狠。他以此夺得统治天下的强权，但并非夺得天下人心。秦始皇自己也明白这一点，所以在夺取政权以后，继续采纳夺权成功的暴力手段来掌权，他不懂得其它治理国家的办法，也自以为强权镇压能够确保政权长久。但他如此倒行逆施，更加失去民心。自古得人心者得天下，失人心者失天下。这种推论，由秦朝的短命得到最有力的证明。

如果真如某些赞颂秦始皇的人所言，秦始皇结束数百年战乱，使天下统一，救万民于征战杀伐的水深火热，给百姓以休生养息机会，推动历史进步，那么他应该能够广获民心，真该万岁万万岁才对。然而秦朝却是中国历史上最短命的王朝，只有十三年。

实在无法想象，既得不到民心，秦始皇能靠什么来统一文字，统一度量衡？当然没有别的，还是他那暴力手段。秦之前，中华民族已经走过漫漫数千年历史。更早不论，只西周和东周两朝，也近千年。相比之下，秦朝统治中国短短十三年，简直连大海中的一滴水都算不上。如果上千年间，中国都不能统一文字和度量衡，难道在弹指十三年内就能够完成么？秦始皇有什么天大的能耐，做得到这种神速的统一？

古今中外，大概只有那些崇拜暴力万能，认为可以通过杀伐镇压而长期进行绝对独裁统治，认为可以通过专制行政而干涉、控制、并改变大众思想意识、文化传统、生活习惯的人，才相信秦朝有本事在短短十三年里统一中国文字和度量衡，并且用郡县管理取代周室的诸侯制度，建立巩固一王专政的统治。

秦始皇其实什么都没有做到，给古今暴力崇拜者们一记响亮耳光。秦朝一亡，秦始皇几乎所有统治措施都跟着他的尸骨进了坟墓。

秦始皇不准继续周室开始的昭穆制度，谁也没听他的号令，秦后的汉朝又恢复起来，并延续两千年。秦始皇号称统一天下，可他刚一死，尸骨未寒，战国时代的诸侯便又纷纷东山再起，谁也没把秦始皇的中央集权放在眼里。刘邦还没坐成天下，就已封一大堆王侯，登基以后封得更多。秦始皇所规定的许多残酷刑罚，到汉朝都被抛弃，而周朝的旧制如以罚款代刑等等的做法，都得到恢复。

总而言之，秦始皇用以维持专制统治的暴力手段，实施了十三年，没有一条稳固地延续后代。所谓统一文字，统一度量衡，郡县制度，由于春秋时代早已实现，到秦时已经走过了几百年，所以秦之后当然还能够继续千载。

也算是不幸中的万幸，秦始皇坐上龙廷以后，只活了十一年。可以想象，当他死去的消息传遍天下，会是怎样的万民欢喜。就算暂时不能在街市上公开唱歌跳舞，但家家户户必关起门来，遮了窗帘，亲友们自己饮酒庆贺。而秦二世的亡政，更让天下人狂乐不已。

沈氏家族的男女老幼，也必如此。天下百姓，谁愿意做别人的奴仆，谁心甘情愿任人宰割。人同此心，心同此理。暴君动用国家机器，军队监狱，拘捕杀戮，或者能够横行一时，但总有一天，受压迫受奴役的人民要揭竿而起，向暴君讨还血债。

秦始皇刚一死，秦二世还在位上，楚国旧将项梁项羽叔侄二人，就带领八千子弟，渡江北上，袭击秦军主力的后方，掀开反秦大战序幕。果然楚有三户，亡秦必楚。而且楚军从此不断打胜仗，军队很快发展壮大到数万人之众。随后许多被秦国灭掉的诸侯国君，才纷纷重立国号，不再服从秦朝的号令。

要说项羽，实在是英雄，他高大雄伟，力能举鼎，而且从小就有领军千万，战而不胜的壮志。作为楚国的贵族旧将后裔，项羽自然痛恨秦始皇，也毫不把他放在眼里。秦始皇死前最后一次出游，威风凛凛过吴中地方，项羽看到，不屑地说：那么耀武扬威的，有什么了不起，天下谁都能代替得了他个老儿。秦朝最后也确被项羽领兵摧毁。

项羽指挥千军万马，与秦军大战的时候，刘邦还做着秦朝的官，最小的芝麻官，沛县泗水的亭长，只管十里方圆一角地方。他惯是个会投机的小人，做秦吏的时候，从没有要反秦的想法，直到后来项羽的楚军已经露出可夺天下的势头，刘邦才投奔反秦的队伍。他后来所以在各派反秦势力中能够出人头地，也是被项羽封为汉王开始的。

可是项羽推翻秦朝暴政，这么伟大不朽的功劳，却只有太史公司马迁一人真正看到。他在《史记》中把项羽排在本纪里，与三皇五帝共享殊荣，比孔子地位还高出许多。后代史家则大多不能正确评价项羽，千方百计贬低他的功劳和他的人格。

那就因为，历史都由胜利者来书写。或者更准确地说，历史都由胜利者来编造。仅仅因为楚汉相争，项羽不如刘邦那么会用心计，或者说刘邦的谋士们更加阴险狡猾，所以项羽屡屡坐失良机，导致最后被刘邦打败，追至乌江边，壮烈自刎而告终，没能坐得天下。

如果项羽不那么摆霸王的大度，听从谋士范增的话，鸿门宴上一剑把刘邦杀了，汉军绝不能生存，更不能发展壮大，最后得与楚军对峙。或者项羽不是那么重人情，觉得当年带过江的八千子弟无一生还，自己无颜见江东父老，故自刎乌江，而懂得大丈夫能屈能伸，留得青山在，不怕没柴烧的权术之理，南渡乌江，重整军力，东山再起，也是可能的。真论两军交战，一百个刘邦也不是项羽的对手。

不管有多少种假设，都只是假设而已。无可更改的事实是，刘邦把项羽打败了。于是胜利者们开始编写历史，把项羽写得一无是处，不仅抹杀他推翻秦朝的军事和政治胜利，还要贬低他的人格力量，骂他心胸狭窄啦，骄傲自大啦等等。想一想，如果反秦之后，坐天下的，不是刘邦，而是项羽，这段历史又会如何写法？后人世代会怎样高度歌颂大英雄霸王项羽，而贬低草莽小人刘邦，那是不难想象的。

有人会搬出一条西方哲理来说：凡是存在的，就是合理的。既然刘邦战胜项羽，坐了天下，大汉王朝的存在，就是合理的。不，凡是存在的，并非都是合理的。合理这个词，在中文里不是中性词，而带有强烈的道德色彩，表示正面价值。如果说是合理的，就表明那是应该的，正确的，正面的，符合真理的，所以也必然会是永久的。这不对，既不符合历史的事实，也不符合真理的标准。

凡是存在的，必定都有一定理由，但这个理由并不一定合理。也就是说，凡是存在的，都有存在的理由，但不一定合理，不一定正确，不一定应该，也不一定符合真理，所以当然不一定会万岁万万岁。人类的历史曾经反复地证明，在很多情况下，恰恰是邪恶战胜正义，在暴力的理由之下，使不合理的存在得以存在。

中国有句古话说，秀才遇见兵，有理说不清。秀才知书达理，喜欢讲理。而兵匪们不管三七二十一，有枪走遍天下。两者相遇，一根枪顶在脑门上，天下还有理可讲么。

韩信受胯下之辱，无人不知，千真万确地存在过，自有其理由，就是韩信志在天下，岂会与街痞流氓一般见识。但那样邪压正的事情发生，并不合理。秦始皇存在过，他的理由是专制和残暴，可他的政权并不合理，所以尽管他焚书坑儒，到底短短十三年而终。

项羽失败，刘邦胜利，是一种事实的存在，有其理由，或是一种历史的必然，或是一种历史的偶然。但并不能说，其存在一定合理，刘邦就应该胜利，项羽就必当失败。然后以胜者王侯败者贼的原则判断楚汉相争，把刘邦描画成人民的大救星，而把项羽打入十八层地狱。

不管后来项羽是不是会失败，他带领八千江东子弟渡江北上，挑战秦王的时候，我相信至少沈氏祖先男女老幼，一定是欢呼雀跃，兴奋异常。他们所痛恨的秦王暴政终于要灭亡，秦朝灭绝之后，也就不会再有人来追究沈家对秦王的不恭敬，而那领头挑战秦王的，是楚国的旧将，沈氏祖先是一直感激和尊敬楚国的。

说不定还有三五沈家的子弟，奔往项羽部队去效力，期盼有一天杀进秦都咸阳，活捉秦子婴，剥皮抽筋，父仇子还。或者挖开秦陵，掏出秦始皇，鞭尸三百，以解焚书坑儒之恨。我的这本《沈氏家谱》里没有如此记载，本来沈氏书香传世，于军旅征战上大不及人。

大汉王朝一立，那个敢对骄横一世的秦始皇说不，拒绝助秦为虐的郢，就成了反秦的大英雄，受到尊敬。他的长子名叫平，被汉高祖刘邦封为竹邑侯。汉时的竹邑，在今安徽符离集地方。又过两代，竹邑侯平的曾孙遵，因为学识出众，做了汉齐王的太傅，负责教授齐王读书、学习治理国家的道理和方法。于是遵举家搬到齐王封地九江寿春，也就是现在的安徽寿县地方。

自此沈氏在汉初，据南北朝梁人沈约所著《宋书》记载，代代为官。遵的儿子达，大概是会武，被授为镖骑将军。而达的儿子干，则又以读书为业，做了尚书令，相当于中央政府部长。干的儿子宏，任南阳太守。宏的儿子昂，任河内太守。昂的儿子奋，授御史中丞。奋的后代，继续做官，或尚书，或太守，直到戎的一代，沈氏第三十九世。

中国读书人，历来以治国安邦为己任，沈氏世代子孙也不例外。虽然他们保持着独立于世的书生傲骨，却也自有公理在胸。他们在秦时敢于不就丞相之职，宁可得罪秦始皇，冒杀头的危险。当大汉取代暴秦而立国，屏弃几乎所有秦政，恢复周王室许多仁政措施，有利于天下百姓安生养息。这时候，国家需要治世建设的人材，沈氏便几代出仕，辅佐汉室。

根据我的这本《沈氏家谱》记载，沈氏第三十九代孙名戎，字威卿。他的父亲名谦，曾被西汉皇帝封为关内侯，戎自己也曾做过一阵子州官。西汉末年推翻王莽新政的战乱之中，戎因为说服巨贼尹良，降伏于刘秀，立了大功。刘秀做皇帝，建立东汉王朝之后，便册封戎为海昏侯。可是像十代以前的祖宗郢不就秦丞相之聘一样，戎婉言谢辞大汉光武帝的封侯，不把朝廷的官职和封号当个什么了不起的事。

读书人熟知历史，对朝政更迭，过眼烟云，了解得一清二楚。刘邦那么个出身低贱之辈，侥幸顺了天时地利，得坐天下，那个汉朝能怎么个好法？一个穷出身的暴发户，从来被人看不起，一旦做了人上人，享得荣华富贵，自然格外飞扬拔扈，不可一世。尝到做皇帝的滋味以后，他也自然要把自己手中权力看得重得不得了，因为他深知，有权就有一切。于是他为了巩固自己的独裁专制权力，年复一年，不断整肃杀戮功臣，就酿下了汉朝江山不断动荡的祸根。

西汉二百年间，政变层出不穷，农民起义连绵不断，中间还有吕后篡位八年的乱政，有王莽篡权十五年的耻辱。就算汉武帝在位，史称国泰民安，实则也是一贯穷兵黩武，弄得国库短缺，百姓尸横遍野。到汉光武帝登基，为了躲避前辈皇帝的恶运，迁都洛阳，改制东汉，仍然未能挽救时世。

汉王室如此争夺王位，不仅造成连年征战，民不聊生。更严重的后果，是使独裁专制的政治制度得以巩固，遗害千年。这是沈氏书生戎深感痛心，不能原谅的。

虽然秦朝开始了中国历史上头一个独裁专制政权，但只短短十三年，远不足以更改延续近千年之久的周代多元共存联邦统一观念。而且秦始皇的残暴引起天下愤恨，没有人愿意继承他不得民心的政策。事实上，秦始皇一死，秦朝就垮了，秦制也几乎全部被废弃。

后世人说，千载犹行秦政制，那是太抬举秦始皇了。千古暴君秦始皇留给后世的，除了残暴的典范之外，就是一个专制独裁君王的名号。而那专制独裁政权制度的稳定和得以传世，是由汉王朝通过近三百年的努力，才实现的。

汉朝之后，虽然中国两千年历史，发生了三国，东晋十六国，五代十国等多次分裂，分裂的年代总数与统一王朝的年代总数，相差不多，但独裁专制政权的观念却已深入人心，把多元共存视为动乱，把独裁专制政权看做正当。与其说是千载犹行秦政制，不如说是千载犹行汉政制。

历史经常会重复，对于普通人家也是一样。戎拒绝东汉皇帝的封号，表示不尊重至高无上的君王的好意，他就是冒了死罪的危险。像他的前辈，那个拒绝了秦始皇的郢一样，戎送走威风八面前来宣读光武帝封号圣旨的太监之后，马上命家人收拾细软，牵马备轿，辞别故园，日夜兼程，远走他乡。

在我的这本《沈氏家谱》中，记载第三十九世孙戎时，特别用了一个避字，明确表示他是为了避难而迁移。从家谱注上看，戎于光武年中期，因避难而迁至会稽乌程地区的吴兴余不榔柯田山，就是今浙江吴兴县境内。

据后代史家说，那是沈氏南迁之始。戎的后代，历经魏晋南北朝，族支不断扩大分裂，逐渐形成浙江吴兴郡望，沈姓世代繁衍的中心。其中戎的孙子，名浒，字仲高，因为读书出色，做了安平相的官。他的结发妻子，有个更有名的兄弟，就是广陵太守陆稠。据沈约《宋书》记载，那陆稠以义烈政绩，显名汉朝。浒的儿子名鸾，字建光，少时才学出众，在家乡特别有名，其舅陆稠便把自己女儿嫁给他，可惜高才薄命，他二十三岁就病死了。他的儿子直，字伯平，也是州举茂才，清名广著，可也二十八岁就去世了。

数百年后，至唐朝中业，国势日衰，据《沈氏家谱》记载，第六十三世孙的一个弟兄，名叫景筠，迁往浙江湖州竹墩，开始其地沈姓分支。而后第六十七世孙又一分支，名叫自重，于五代十国期间，为避战乱，子子孙孙隐居于浙江乌程西南的小敷山，建立起一个沈村。

至宋代建炎年中期，沈氏第七十一世孙中，名曰钦者一家，不堪金人在中原地方的肆虐，迁至浙江山阴霞头，繁衍子孙，遂成山阴沈姓分支。两代人之后，第七十三世孙名业，跟随南宋朝廷南迁，至浙江温州永嘉任县尉，逝于职内。家人从此世代定居永嘉贴水桥，开始温州永嘉场沈姓分支。

除了家谱，后代史家还研判出，唐代之前，沈姓族人已经散布今江苏、浙江、江西、湖北、湖南、四川等地。唐代初年，中原有沈姓的将领，跟随陈政、陈元父子，带兵入闽，开辟漳州，在今福建安家落户，子孙遍及龙溪、漳浦、南靖、长秦、诏安等地。南宋初年，吴兴人沈启承，受任汀州府知府，带了儿子沈廷辅一起，迁居至今福建建阳县地方。沈廷辅有八个儿子，分别迁居福建的宁化、龙岩、长汀、清流、延平、连城、上杭等地，后来又有人迁入广东的大埔、梅州等地。

至此，沈已经远离发源的黄河流域中原地带，渐渐成为中国南方的一个大姓。明朝末年，一个叫做沈斯庵的后代，迁居今台南县善化镇的地方定居，那是沈姓迁入台湾之始，至今已有四百年之多。

— 可怜南宋小王朝

我有的这本《沈氏家谱》记载，沈氏第七十五代孙名叫恒，旁边小注读为：字维时，世居河南沈邱县之凤林里。乾道中，迁居慈溪鸣鹤乡之东北隅，是为师桥沈。

因为我所属的浙江嘉兴沈氏，是此师桥沈氏的一个分支，所以家谱仍续称自己为师桥沈氏。这位师桥沈氏创始人，就是我的本支始祖，按照家传规矩，我不可直呼其名，只能尊称他维时公。

慈溪，在今浙江省东部，是个不小的地方。在中国地图出版社一九九七年再版的《中国地图集》浙江省一页上，于慈溪东侧，明确标志着鸣鹤场和沈师桥两个地名。

粗读此《沈氏家谱》小注，不免会以为维时公南迁慈溪以前，仍然居住于沈氏在河南沈邱的祖居之地。从中国历代年表上查，乾道是宋孝宗在位时三个年号中的第二个，自一一六四年到一一七三年间，共九年，那么《沈氏家谱》所说的乾道中，就可能是一一六九年或一一七〇年间，维时公从河南沈邱迁往慈溪县鸣鹤乡定居。我小时候听祖母或父亲讲祖先故事，也是这样叙述。

我们这一支沈家，原是慈溪师桥维时公这一支的后代，维时公之后，又过了十六世，才迁到浙江嘉兴去，现在我们自称嘉兴沈氏。可我的这本《沈氏家谱》内页大题目，仍注师桥沈氏本支世系图，或师桥沈氏嘉兴分支世系图。也就是说，嘉兴沈氏非常尊重慈溪沈氏的祖宗渊源，很以师桥为荣。我从刚懂事开始，就晓得我们是师桥沈家，还以为那师桥在嘉兴呢。

既然维时公定居慈溪，或许可能在慈溪找到有关他的资料，于是就去寻找。我猜想得不错，我的这个老祖先维时公，并非等闲之辈，在慈溪人物传略里，就有一章《沈恒传》。我后来找到不少有关的资料，还有慈溪师桥沈氏的族谱，叫做《师桥沈氏宗谱》，十二册。

慈溪有关人物记载说：沈恒（1110—1199年），字维时，先世居河南沈邱县凤林里。祖父沈业，任温州永嘉县尉，卒于官。北宋大观四年（公元1110年）沈恒生于温州永嘉三贴小桥。

于是我恍然大悟，维时公并不是拖家带口，从河南沈邱祖居迁移到浙江慈溪的。南迁的祖先，是维时公的祖父业，我这本《沈氏家谱》上也确有记载，与慈溪县人物传记所记相符。那个南迁的业公老前辈，在任温州永嘉县尉时去世，从此其家族世居温州永嘉。慈溪师桥沈氏老祖宗维时公，并非出生于河南沈邱老家，而是出生于浙江温州。

所以我这一支沈家，细论起来，老老老祖宗是河南人，老老祖宗是浙江温州人，老祖宗是浙江慈溪人，祖宗是浙江嘉兴人。

这个祖先维时公，浙江温州生，温州长，也在温州读书。显然温州是个养人的好地方，南宋建炎二年，公元一一二八年，维时公便进士及第，官授太常寺博士。显然是南宋皇帝看中他学识修养高，特别委以主持朝廷祭祀典籍等文化方面的工作。

读到此处，我就禁不住心跳，神往至极。掐指算来，那时维时公才刚刚成年，身体还没有长足，唇上尚无须髯，却已饱读诗书，满腹经论，考过秀才，又考过举人，继而远行北往，从浙江温州到河南汴京，今河南开封，投考进士。年方十八岁的青年呵，长袖挥舞，袍裾飘摇，足履生烟，走上漫漫人生旅程。

头顶一领方巾，身着一袭布衣，肩扛一卷铺盖，手提一只书袋。或者他手按腰间悬挂的一柄长剑，策马在朝阳初生的林间驰道上飞奔赶路。或者他闭目安坐，口吹一管竹箫，乘舟荡漾在明月高照的江河之中。剑胆箫心，热血柔肠，书生意气，千古风流。

那时北宋王朝方才蒙受靖康之耻，被金兵打得落花流水，都城汴京陷落，徽宗钦宗两个皇帝被金人掳去为奴。黄河流域的肥田沃土在金军铁蹄之下呻吟，中原人民饱受金人欺压杀戮，尸横遍野，血流成河。高宗皇帝赵构继位之后，为躲避金军侵扰，弃广大中原于不顾，迁都南渡，逃到浙江，只求偏安。所以后代称之为南宋，或者叫做偏安小朝廷。

维时公刚进士及第，钦受官职，自然也随着高宗皇帝的朝廷，南归浙江故居。我相信，当他北往汴京赶考，一路必是心急如火，壮志凌云，想着如何助朝廷一臂之力，横扫金军，还报丧权辱国的深仇大恨。而此一路南渡，虽然进士及第，官奉朝廷，但眼看中原江山尽失，哀鸿遍野，他必定心如刀绞，一步三回头，不忍离去。

特别当他途经河南沈邱，那祖先曾生活繁衍七十余世两千多年的地方，知道此一去，古老的沈子之地便要沦落金人的魔掌之中，难免狼烟四起，烈焰满城，家家庭院焦土，户户断壁残垣。男子被杀，弃尸野外，老人伏地，乞讨哀叹，妇女褴褛，泣不成声，幼儿饥饿，哭嚎断气。想到这些，怎不教人心碎似粉，泪落如雨。

但是不管如何的悲愤万丈，这个十八岁的新科进士，身不由己，随着南迁的朝廷，穿越河南，跨过长江。回首渐渐消失在雾气之中的江北山川，维时公禁不住仰天长啸，拔剑挥斩，将随身那管竹箫断为两截。江山裂碎，国破家亡，从今以后他再不吹箫吟唱，风花雪月。

心再不忍，中原的土地毕竟被远远地抛在身后。高宗皇帝选择临安作为新的国都，就是现今的浙江杭州。南宋朝廷整顿重建，年轻的进士维时公，被委任为太府卿，掌管钱谷金帛，负责朝廷的财政经济，而宋时的经济主要是农业，所以太府卿又名大司农，也主管农业发展的事务。

维时公在南宋朝廷做了三十多年官，直至公元一一六三年高宗赵构死。孝宗继位，于公元一一六五年改号乾道，授维时公为朝奉大夫兼督明州市舶司管内劝农使。朝奉大夫，至南宋时期已成虚位，名誉表彰而已。但市舶司和劝农使，则是实职。南宋时的明州，就是现今的宁波市，农业发达，又是通商口岸，所以市舶司管理外来商船停舶装卸的港务，劝农使则管理当地农业发展，在浙江沿海地方实权不小。

不过朝奉大夫的官邸，还是在都城临安，深宅大院，漆门高墙。

夜深人静之时，忽然巷中现出一人一马，笃笃地走来，停在朝奉大夫的府前。骑者翻身落马，却是硕长挺拔的一个翩翩少年，年方二十出头，面似尖枣，目如双星，头顶一只束发金冠，身披一领彩绣长袍，足蹬一双软底皮靴，腰扎一条镶珠银带，带上挂一柄齐踝的长剑。

他拍拍大门，道一声：江阴签判辛弃疾来访。

朝奉大夫维时公闻言，马上亲自迎出前厅，双手作揖，一躬到地，连声道：英雄，英雄。他知道朝廷已派辛弃疾领军前往江西作战，特意邀辛弃疾来府中小饮饯行。

辛弃疾还礼之后，便随朝奉大夫步入后院小亭安坐。他知道由于他坚持抗金，不断上折请战，早已惹得皇上不高兴，当今朝廷，百官都避他惟恐不及。这个时候，朝奉大夫维时公敢请他到自己府内相聚，冒了很大的危险，丢官以外，说不定还要杀头。为此他对维时公老先生充满敬意，南宋朝廷里，毕竟还有人与他辛弃疾志同道合。

酒过三巡，辛弃疾一声长叹，维时公老泪纵横，两人相对，默默无语。维时公知道辛弃疾为什么长叹，辛弃疾也明白维时公何以泪流双腮。都是为了那一片破碎的江山，为了江北中原金人践踏之下的苦难同胞。

辛弃疾本是山东历城人，生于一一四〇年，北宋已经灭亡二十三年，他的家乡早在金人铁蹄下呻吟。他自小读书，便立下抗金的意志。二十一岁那年，他组织起两千多人，开始抗金活动，然后投奔当时山东最大的抗金队伍——耿京领导的农民义军。因为辛弃疾会读会写，做了耿京军中的掌书记，管理印信文书。

第二年耿京派辛弃疾带人南下临安，拜见高宗皇帝，报告义军在金人敌后作战的情况。也是那时，朝奉大夫维时公头一次见到辛弃疾，对这个刚刚二十出头的年轻人的勇气十分钦佩。

不料辛弃疾北返途中，义军中出了个叛徒，名叫张安国，偷偷杀了耿京，带领部队，投降金军。辛弃疾得知消息后，又悲痛又愤怒，便带领五十人马一支轻骑，日夜兼程，赶到济州。趁着夜色浓厚，偷袭金营。叛徒张安国正在帐中与金人一同吃酒。辛弃疾一见，怒从中来，下马提剑，飞步冲入，一脚踢翻酒桌，剑光所到，金人身首两异。说时迟，那时快，不待张安国明白眼前发生了什么事，辛弃疾早已一把揪住他的衣领，大喝一声，拎起来朝后一摔，丢到门口。

宋朝奉大夫三百八公，慈溪师桥沈氏老祖宗维时公

随辛弃疾而来的轻骑义军，聚在帐外，见张安国被摔到跟前，立刻七手八脚，把无耻叛徒绑到马背上。此时辛弃疾抢出帐外，飞身上马，带领轻骑，在金营之中，杀开一条血路，往南飞奔而去，一刹那间，便无影无踪。

辛弃疾把张安国押回临安，交给朝廷，高宗皇帝下令，斩首示众。一时间，辛弃疾五十轻骑夜袭金营，于五十万金军之中，如入无人之境，活捉叛徒的英雄故事，传遍朝内朝外，大江南北。那年辛弃疾才只二十三岁，一把剑，一枝笔，名扬四海，千古不朽。

维时公对辛弃疾很尊敬，见面总称呼他小英雄。可是维时公只管理财务农务，无法多方保举辛弃疾。而朝廷里主管人事和军政要务的人，都是些贪生怕死，胆小如鼠之辈，只晓得劝皇帝跟金人讲和，少打仗，把个英勇无敌的辛弃疾冷落了。

月已西坠，星光满天，把盏之间，秋风乍起，让人不免一抹哀愁上心头。辛弃疾一口饮完杯中残酒，起身拔剑，步出亭阶，沐着星月，舞将起来。或刺，或劈，或撩，或斩，或抹，或格，或削，或挑，或挂，或云，或铰，剑光扑朔，人影迷离。

维时公立在亭中，他也是祖传懂剑的人，看辛弃疾这番剑舞，知道他满腔的沉郁辛酸，无法倾诉，只得借舞剑来稍加宣泄，不禁自己也悲从中来。如此英雄，能在万马军中夺人首级，却不被朝廷重用，一颗抗金夺地的雄心，无人了解，真是人间悲剧。

> 袖里珍奇光五色，他年要补天西北。
> 且归来，谈笑护长江，波澄碧。

辛弃疾剑尚未停，随着光影旋转，慢慢吟出《满江红》两句。语音未住，两臂骤然而止，垂剑而立，面向北方，脸如刀削般的冷峻，目似寒星般的冰凉，再一声哀叹，回荡天空，飘缈悠长，经久不绝。

维时公捧一盏酒，步下亭阶，双手敬到辛弃疾面前，抖着双唇，说：小英雄，你……把这酒喝了吧。他心里难过，但嘴里没有说出来。这一个时刻，维时公却已下定决心，这区区鸟官他也不要做了，这奸佞当道的朝廷他也不要侍奉了，这昏庸胆怯的君主他也不要忠于了。

两年之后，朝奉大夫维时公真的告老还乡，离开了朝廷上那一班只求自己荣华富贵，不顾江山支离破碎，置中原人民于水深火热的无耻之徒。

07 —师桥沈族之源起

还在任中，维时公曾巡视慈溪北部地区，便到过鸣鹤乡。慈溪地处东海之滨，在杭州湾南岸，面积约为一千一百五十四平方公里，山川秀丽，交通便捷，文化深厚，农贸发达。

其中的鸣鹤乡更是一块历史悠久的土地，古称秦海，汉涂，唐灶，宋民。就是说秦朝时候此地还是汪洋大海，汉朝时代慢慢涨为一片海涂，到了唐朝，这片海涂成为白地，当地人民便修建起大灶来制盐，所以称这里为灶，这里的盐民则被称为灶民。唐朝时候，这个地方才有了鸣鹤乡的名字。

至宋代，这里就不止于制盐，渐渐成为各种人定居之地。维时公巡视到这里，见鸣鹤乡地处海滨，土宇宽厚，可创第宅，长久安居，于是动了辞官后隐居于此的念头。隔过一年，至乾道六年，也就是公元一一七〇年，维时公年满六十岁，向南宋朝廷递了辞职的折子。宋孝宗批准了维时公的请辞，并且对先皇的老臣很尊重，特别赐他一条金鱼袋，表彰他数十年勤政不辍。

从十八岁北往汴京，考取进士，朝廷授官，至今四十二载过去，已成髫髫老者。虽有华冠锦衣，生前身后之名，可是尺须苍白，满面风霜，愁纹密布，步履艰难。当维时公最后一次迈出朝廷的高大门坎时，心里一定十分的凄凉。

无官一身轻，维时公迅速举家从临安迁往慈溪鸣鹤乡海滨，在距慈溪城东埠头计三十里处，择地筑屋，定居下来。做了一辈子事的人，终究闲不住，不做官了，他就在当地创办起一所私塾学堂，名叫海隅书屋。从此几间屋舍，窗明几净，书声朗朗，不绝于耳。

从在河南沈邱祖地开始，沈氏七十几代子孙，一直保持书香门第，诗书传世，其间必有不少代人，教书为生。第七十五代维时公，公元一一七〇年以后，在慈溪鸣鹤乡开办学堂，正式在沈氏的血液中注入教书的天分因子，开始慈溪沈氏子弟不做官就教书的传统。

慈溪地方本是水乡，到处河流密布，乡民多摇橹行船代步。为方便学生每日过河上学堂，维时公敬业乐业，在自己学堂前面的小河上，修筑了一座小桥。学生和家长们很感激，把那座小桥叫做师桥，表示永远记得那是老师造的桥。该桥于清代重新修造，留存至今，桥上沈师桥三字，清晰如新。不过原来桥下南北四根桥墩，雕刻有四条精美的龙头，在"文革"时期被当做四旧而破坏。

经过数代承传繁衍，当年维时公辞官隐居的这块地方，沈氏家族已经成为一个大姓。数百年来，远近一直传说，师桥十里不问姓，因为大家都姓沈，足见其地沈姓人口之多，占地之广。

也因为沈家的子弟教书教得好，几代之后，海隅书屋远近驰名，许多人仰慕而至，迁居此地，送子弟走师桥，就读于斯。于是师桥地方，渐渐成为人口密集，经济发达的集镇。

在我的这本《沈氏家谱》中，师桥沈氏本支世系图，经历元朝的只有三代人，第八十、八十一和八十二世，刚好九十年左右。而从慈溪师桥沈氏第八十三世名字叫做嗣生的一辈开始，中国进入明王朝漫长岁月。据我这本《师桥沈氏宗谱》记载，自恒公以下，至清道光十二年修此宗谱止，七百年间，经宋元明三朝，师桥一地沈氏本支约八十人乡试中举，二十人进士及第。有人取功名而不出仕，有人做知县，有人点翰林。还有考中武进士的，授任崇祯朝锦衣卫镇抚指挥，相当于今武警指挥官。迁至外地沈氏分支取功名的子弟不记于此。

朝中做官人众，自然接近皇上，自南宋起，慈溪师桥沈氏受到历代皇帝恩赐诰命。《师桥沈氏宗谱》印有宋高宗和宋孝宗恩诏，元代蒙古族皇帝武宗也授师桥沈氏诰命。明成祖、明穆宗、明宏光帝等，都曾发敕命，表彰沈氏忠义。也是明朝初年，朝廷批准正式命名该地为师桥镇。后来虽经数度改朝换代，师桥地名至今沿用。

据《师桥沈氏宗谱》上所附古师桥地境图显示，师桥地境中心有个圆形太极图，路南部分古名为虞家园，其中建有胜四公、芳五公、真五公三代坟墓，构成太极图之阴眼，与路北之阳眼池相对。宗谱专门

注明，这种对称结构，是汤信公所制定。这个汤信公，就是大名鼎鼎的明朝开国功臣汤和，被大明皇帝朱元璋封为信国公。

从《师桥沈氏宗谱》上查对，胜四公名宝庆，行胜四，幼年治春秋三传，元仁宗延佑年甲寅拔贡，入太学，进京谒选，未赴任而卒，所以宗谱冠以征士。芳五公名仲宾字光国，行芳五，故称芳五公。幼年治春秋三传，元顺帝正统年间拔贡，举授宣教郎。真五公名允明，是维时公第八世孙，曾因海潮涨泛，淹没师桥良田，领导乡民建筑海堤和决水道，保护生民安全，也使田地得以种植和收获。因此功勋，真五公曾获明太祖朱元璋敕命嘉奖。

也因真五公在慈溪具有相当的号召力和领导能力，汤信国公受命保护大明江山和百姓，免受日本倭寇侵扰，一到慈溪，便拜访真五公。而且信国公在师桥沈氏宅第小住数日，商讨在当地沿海修筑卫所的设想。真五公竭尽全力，协助汤信国公召募劳力，不辞风雨，在慈溪境内建立了观海卫、龙山所、三山所等几处卫所。

真五公为人正直，嫉恶如仇。在与同乡韩子汤一起带领劳工修筑水利工程时，真五公见到韩子汤假公济私，乱用工程资产，就对他提出批评，因而积成怨恨。韩姓党人志在报仇，构造诬告。原本朝廷没有尽信，但经不住韩姓党人反复告状，谎话说多，遂似确实，真五公蒙冤获罪，被官府下狱。族人都感恐惧，友朋纷纷远离，划清界线，不想受牵累。真五公长子名嗣生，《师桥沈氏宗谱》记为伦四公，自幼读书，为洗雪父亲冤案，不思科举，没有功名，在宗谱上只注处士，画像也不着明朝官服。但一介布衣伦四公，为给父亲申冤，一级一级上诉，屡败不缀，最后于明成祖永乐九年九月二十九日，直接向皇帝上了一道替父鸣冤疏，说明情由，恳请皇上明察，以其父先功抵罪，允予出狱。

这道布衣伦四公之疏，还真到了明成祖的手里，而且皇上真读了，也交代有关部门审查，搞清楚实情。永乐九年十月初二，成祖皇帝竟亲下敕命，恩赦真五公罪，并加赐金马一座，以示慰问。

我的这本《师桥沈氏宗谱》中，印有明成祖皇帝此一敕命，简译白话说：我对罪犯服刑总是很同情的，沈允明之子嗣生替父鸣冤的疏本，

沈师桥近照

我读了很多遍，觉得他有功而无罪。又令有关部门再三按察，已得实情，乃知确是诬告无辜，遭受冤屈。现在我特下圣旨，赦免其罪，并赐金马慰问。同时韩子汤心术不正，公报私仇，假捏文词，陷人于死，其阴谋险恶，已构成乱法犯罪。此等奸民，须绳之以法，以示本朝恩威并重，刑赏得中，以慰公议。

冤假错案，在任何国家，任何政府，任何朝代，都必不可免。谁敢说他的朝廷永远正确，从不犯错误，他就是古今最大的骗子，连明成祖皇帝都不如，天下人都不能信任他。政府和司法，都由人来主持和操作，只要是人，就没有绝对不犯错误的。作为政府部门，特别司法部门，只要犯个错误，就可能害得百姓家破人亡。民主国家的好处，是社会对政府实行独立监督，所以政府不敢无视公正，胡作非为。犯了错误，公诸于众，也容易纠正，所谓群众的眼睛是雪亮的。大明王朝，当然不是民主政权。独裁专制国家，司法制度形同虚设，一切都由皇帝或上级官员个人做主，加之以全部暗箱作业，就算害死中原三千万众，也能瞒得天下一时。

但真五公冤案平反，至少说明皇权国家，也是有的朝代比较开明，有的朝代则特别黑暗。古今中国，同于真五公的冤假错案，或甚于真五公案千万倍的错案，致使九族诛灭的冤假错案，绝不止一个两个，一次两次。但像真五公案这样，由一介布衣上疏当朝皇帝申冤，而且皇帝亲下赦命，平反昭雪的并不多。皇帝亲自承认朝廷判了冤假错案，不是易事，古今没有几个皇帝肯这么做。死个把百姓有什么了不起，给皇帝和朝廷脸上抹黑，可事关重大，也犯颠覆国家的大罪。可明成祖做了，他对自己的统治有充分的信心，所以他有勇气承认朝廷错误，纠正平反。

师桥沈氏的布衣伦四公，为父鸣冤而上疏皇帝，真值得后世永远景仰。他对父亲有那么深的爱，那么不移的信任。他不惜牺牲自己的功名前途，坚韧不拔，英勇无畏。布衣平民，给皇帝上疏请愿，说对了说错了，可能都犯杀头之罪。而且就算皇帝批了，平反昭雪，他还是得罪一大批朝廷命官，那个最初判真五公冤案的官员，后来驳回此案几次上诉的官员，以及所有这些官员在朝中的师长友朋，官官相护，都会把真五公一家视为仇敌，早晚还要找机会治他们父子的罪。幸亏明成祖坐了二十二年天下，事过境迁，过十年大概也就不会再有人还记得此案，那些当初冤判真五公的官员，也早调到别处去了，师桥沈氏总算走了这一回运。

大概让后世人最想不通的是，真五公布衣儿子伦四公的鸣冤疏，怎么会呈到成祖皇帝的手里？古代中国，冤假错案年年都有，包公海瑞几百年才出一个，等不着靠不上。老百姓官府上诉的，进京告状的，世世代代，成千上万，极少有人那么幸运，能让皇帝读到申诉材料。通常情况下，百姓投诉都被官府拒于衙门之外，没有一个官员愿意认错，也没有一个官员愿意说同僚有错。上诉伸冤的民众，渲泄出怨气后，照样忍受冤屈。闹得凶了，官府还要大打出手，把鸣冤的人都抓起来，或者把进京上告的百姓捉回原籍坐牢。

说一千道一万，只要司法和审判作业不形成透明公正的制度，冤假错案就断不了，也改正不了。像真五公平反这样的好事，上千年算是碰上一件，明成祖那样的皇帝，至今也不过才遇见一个，中国百姓只能日复一日的乞求运气，日复一日的上疏，失败，再上疏，再失败，直至死心忍受，或者死去生命。慈溪师桥的沈氏庄园里，有一座真五公墓，也许是为了让后世人永远记住成祖皇帝的好处，记住真五公布衣儿子伦四公的壮举吧。

我这本《师桥沈氏宗谱》中，有一张保存完好的古旧地境图，可以查出师桥距离海边只有十几里远近。该镇由一自然河流形成的圆形土地为中心，显然是一块风水宝地。而那圆形又构成一幅太极图，当中以一曲线道路划分阴阳二极。路北阳极地面，有一口池塘，名为阳眼池。路南阴极地面，则是沈氏元代和明代三位祖宗的坟墓。

太极图南半的沈氏乾八房翰林第大门前，有个河塘，塘边立一石制贞节牌坊，数丈之高，四柱三洞，飞檐四层，中顶还建有一尖塔。整个牌坊，雕梁画栋，威严华美。想是师桥沈氏后辈某翰林家的妇女，守节贞烈，说不定还是得了皇上的恩诰，所以建筑起如此巨大的牌坊，可惜也在"文革"期间被毁灭铲除，无处寻找。

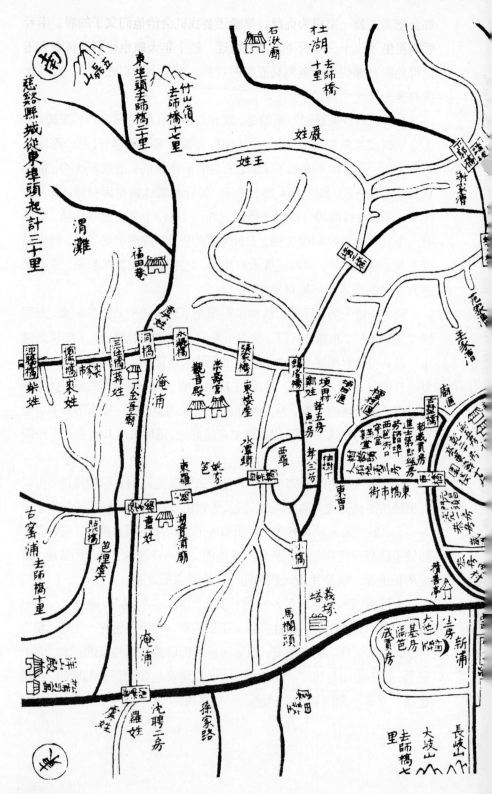

師橋地境圖

　　师桥沈氏有二十多房，其中明六房是嘉兴沈氏分支在师桥的祖先。这一房在师桥的祖居，有一个翰林门头，内设祖堂，名为诏燕堂，大门外河边也有一座明代建造的贞节石牌楼，挺立数百年，至一九六四年"四清运动"，被当做四旧拆除。那座翰林门头，历经数次运动，也躲过四清运动，甚至避过"文革"浩劫，却终于在后来的经济大潮中遭灭顶之灾，于一九九二年被拆毁。

　　得知这消息，我心里十分难过。并不是因为那翰林门楼是沈氏的荣誉象征，所以特别心疼。对于北京古城墙被拆，云南滇池遭污染，我都感到非常的悲哀。文化是什么？文化不是一个抽象概念，或者空洞口号，文化是千千万万的自然景观，是千千万万的书籍字画，是千千万万的读书人，是千千万万的历史建筑。焚书坑儒，拆城枯泽，就是毁灭文化。古今中外，没有一个民族或者朝代，能够通过毁灭文化而得以经济发达，国富民强。

　　有人说，温饱是第一大事，别的都在其次或再次，包括文化的保存和发展。没有饭吃，就要饿死，没有衣穿，就要冻死，只好拿字画去换米换衣，当然无可指责。但是用来换米换衣，总还保存着字画。如果因为肚饿，就毁坏字画，既得不到米，又丧失文化。而修地下铁路，盖豪华商场，与其说是为温饱，不如说是为虚荣。为虚荣而毁灭文化，则是对民族和历史的犯罪。陕西农民不识字，地下挖出秦砖汉瓦，做茅厕垫脚石，无话可说。城里权贵，深宅大院，锦衣华车，一言九鼎，神态轩昂，居然文化意识跟陕西农民同等水平。

　　文化意识的轻重，标志一个人或一个民族素质的高下。懂得保存遗产，街道再窄，房屋再旧，也会因文化素质高尚，获得全世界的尊重。大肆毁灭古迹，街道再宽，楼厦再高，也会因文化素质低下，被全世界所鄙视。文化意识中最重要的一部分，就是对待历史遗产的态度。中华民族有着如此悠久的文化历史，而文化意识却经常相当淡漠，历史学识又经常十分浅薄，实在是一种巨大的不幸。

　　一个人是否有学识，学识是否渊博，或者一个人是否有思想，思想是否深刻，一个人是否有文化，文化是否高尚，标准集中于一，看他是否具有深厚的历史知识。古人读书，从《四书》《五经》开始。那都是历史经典，能够倒背如流，必然学识渊博，文化深厚，才算得知书达理。相比之下，会摆弄计算机，会开发房地产，能发财，能做官，对历史一无所知，算不得有学识，老年间没人说铁匠或泥瓦匠有学问。考科举而做官的，必读《四书》《五经》，自有历史学识。不学无术，世袭的官，或者使钱捐的官，总让万人嘲骂千年。

有学识的人，并不一定能够成为君王。事实上中国历代君王，特别开国君王，都是没有学识的武夫。汉高祖刘邦自己没有文化，也极讨厌读书人，做了皇帝连朝廷礼仪都毫无所知。后来看朝廷闹得不成样子，无法施政，才请有学问的叔孙通，制定一套朝规。夺取天下靠的不是学识，而是马背和暴力。冷酷而凶蛮，坚决而不屈，才是做君王的基本素质。但人的价值，特别是对学识深浅的判断，不能用成则王侯败者贼做标准。一时夺得天下做君王，并非算得成功，百年之后他完全可能被钉上历史的耻辱柱，永做罪人，秦始皇就是一个先例。

治国大不同于夺权，秦始皇焚书坑儒，结果十三年而终。治国只能靠文化和学识，所以古时历朝，都严格实行科举选士制度，提拔有学识的人入朝做官，任用真正熟知历史，文化素养深厚的人，尊称他们为翰林，还给他们在家乡修建翰林门头，彰显其德。

沈氏明六房翰林门头后面的诏燕堂内，曾经高悬翰林匾额一块，进士匾额五块，那仅是明六房某一时段内的荣耀。按照祖制，慈溪师桥出身的沈氏子孙，不管怎样远走高飞，或移居外地，一旦进士及第，必得回到浙江慈溪师桥祖宗祠堂来，上一块匾额，光宗耀祖。

民国十四年，公元一九二五年，沈氏大宗祠神主进祠典礼和叙斯桥落成典礼，当时定居上海的太史公淇泉公讳卫，和衡山公讳钧儒，都曾回师桥参加盛会，并为沈氏大宗祠神主牌位点主。按照沈氏祖上的规矩，只有科举及第朝廷做官的沈氏子孙，才有资格用朱笔在祠堂牌位上点主。而淇泉公和衡山公叔侄二位，都是光绪年进士，也都在满清朝廷做过官，所以有此殊荣。

民国初年观海卫人韩良江发起诉讼，争夺沈氏围垦的草服地三百亩。沈氏明六房族人为捍卫家族权益，跟韩氏打官司，一直打到北京大理院。师桥沈氏族人曾多次上访北京，找到师桥明六房本族后人衡山公帮忙。当时衡山公刚好进士及第，官授刑部，主管司法事务，只需稍加关照，沈氏这场官司就打赢了。

根据《师桥沈氏宗谱》记载，慈溪师桥沈氏明六房仲字行第十六世沈文雄，明末清初，迁往嘉兴定居。那就是沈氏嘉兴分支起始，我是此一分支传人。依照《师桥沈氏宗谱》排行，文雄之后嘉兴玮宝兄弟一辈，是慈溪师桥沈氏河字行第二十三世。沈翰公是如字行第二十四世，其子沈衡山公是带字行第二十五世。

这样计算，嘉兴沈氏儒字辈是慈溪师桥沈氏带字第二十五世，那么嘉兴沈氏儒字辈之后言字辈，就排行慈溪师桥沈氏泰字第二十六世。我的父亲是嘉兴沈氏儒字辈，我自己是言字辈。

08 ¬抗日避倭走他乡

从明朝初年开始，倭寇就在中国东部沿海进行骚扰，最初集中于在山东沿岸，偶而南至浙江沿海。历史上所谓倭寇，是指古代日本的海盗集团。他们时常偷袭中国沿海地区，不仅走私，而且抢劫，甚至奸淫杀掠，无恶不做，造成沿海百姓生活的很大困难，令人愤恨。

公元一三六八年，明太祖朱元璋刚一登基，便委派开国元勋，惯于兵事的信国公汤和，专责东南沿海的保安工作。汤信国公遵旨在东部沿海巡视规划，修筑了许多卫所，保护大明江山和百姓，抵抗日本倭寇的侵扰。在慈溪一地境内，信国公指挥修建了观海卫、龙山所、三山所等好几处卫所。

但倭寇之祸一直没有肃清，延续百五十年。明嘉靖二年，也就是公元一五二三年以后，倭寇对中国沿海地区的侵扰更为加剧，各地百姓深受其害，朝廷便提升戚继光为署部指挥佥事，负责指挥山东三营二十五卫所，保卫黄河口以北整个山东海岸的安全。

戚继光是将门之子，其父曾是大宁（今河北保定）的都指挥使，所以戚继光自小习武，又读兵书。他十岁时，母亲去世，父亲年老多病，家境日落。因此戚继光的青少年时代，在贫困中度过，懂得人生的酸甜苦辣。十七岁时，父亲病故，戚继光小小年纪便袭职，受任登州卫指挥佥事，就是在今山东蓬莱县。

戚继光到登州后，了解到倭寇侵扰沿海地区的灾难，心中很是忧虑，写诗言志：封侯非我意，但愿海波平。他被大明朝廷受权负责全山东海防重任那年，才二十四岁。当时沿海各卫所，都已年久失修，残破不堪。卫所里年青戍卒纷纷逃跑，只剩些老弱残兵。地方军队，则缺乏训练，纪律也很松懈。

两年之中，戚继光带领山东军民，一边抵抗倭寇进犯，一边修复卫所，招募卒兵，强化军纪，训练战力。打过几仗之后，倭寇也尝到戚继光的厉害，不敢再那么嚣张地侵扰山东地界，转而南下，对浙江沿海大举进攻。慈溪师桥离海仅十里路，自然成为倭寇经常骚扰之地，沈氏男女老幼整日提心吊胆，不得安宁。

嘉靖三十四年，公元一五五五年，戚继光奉调浙江，第二年被任为参将，镇守宁波、绍兴、台州三府，慈溪师桥也在此防区之内，那年戚继光仅二十八岁。他一边随时应战倭寇侵犯，一边继续招募自己的军队，加强纪律和战斗力训练。他还根据浙江河湖密布，田埂窄小的地理特点，重新组编军队单位，以使行动灵活，调动迅速。也配合这种组编，发明了新的布阵，以及应急的阵法转变。戚继光还发明了一种独特的武器，使用大毛竹加刺刀制成，所以可以利用当地竹资源，大批制造。于是一支强兵三千，战无不胜，威名远扬的戚家军，在浙江东海岸边诞生。

嘉靖四十年，公元一五六一年，倭寇两万之众，大举进犯浙江。南自奉化，北至太平（今浙江温岭），沿海各县卫所连续急报。戚继光在台州、海门、宁海一带，布下伏兵，自己率戚家军主力，直抵倭寇主力所在地的宁海。宁海的倭寇一听戚家军到了，还没迎战，就逃跑。戚继光率军转驰，赶往台州，一举歼灭倭寇数千人，大捷而归。

虽然戚继光很厉害，大旗一展，倭寇闻风而逃，但戚家军毕竟只有区区六千余官兵，而且转战于浙江和福建两省数千里沿海，无论如何不可能有效防御东南沿海每一寸土地。倭寇趁虚登陆，短促骚扰还是连年不断，杀人放火，抢劫奸淫，无所不为。

到明末崇祯五年，公元一六三二年，沈氏本宗第九十世，慈溪师桥沈氏本支第十六代长孙一家，终于不肯再过那种担惊受怕的日子，决定离开慈溪。

这个名讳文雄的祖先，号阵师，我遵祖制，称阵师公。两年之前，崇祯三年庚午科乡试，阵师公考取第三十三名举人，师桥族人知道，沈氏又要出一个进士了。可阵师公终于不堪继续忍受倭寇的骚扰，决定离开慈溪师桥，迁往比较靠近内陆的嘉兴府去。

八月时候，本来还是晚夏，可那天阴沉沉的，没有太阳，海上吹来的风，凌厉而冷峻，凉凉的，让人打抖，很有些秋风的萧瑟之感。阵师公一家男奴女仆，装好车马，女眷和小姐们都坐在车里，唏唏地哭个不停，舍不得离开家乡，离开亲人和朋友。少爷们围着车子，跑来跑去，兴奋异常，大喊大叫，男仆们追赶上车，却捉不到。两个书童牵了马，候在一旁，等老爷上马出发。

昨天阵师公已经带了儿子，到师桥的沈家祠堂，给祖宗烧香拜别，也求祖宗保佑了。然后一家大小男人，又去师桥的祖坟，给祖宗们扫了墓，下了跪，磕了头，许愿死了以后还要回来埋在祖坟地里。然后阵师公领了儿子，在几座沈家祖先的翰林门头前，指给儿子们看清楚，记在脑子里。那是沈家的传统，沈家的荣誉，嘉兴是没有的。儿孙们的责任，是继承慈溪师桥沈氏家传，到了嘉兴也不能忘记，要在嘉兴考中举人，考取进士，也修起这样的翰林门头。最后阵师公一家大小男子，挨门挨户，向师桥沈氏的几房长辈们拜别辞行，叩头谢罪。

老祖宗的规矩，承传三千年，已经形成不容置疑，不可更变的民族文化传统，那就是强烈的故乡观念。一生一世守在祖居故乡，于中国人看来，是一种生活的愿望，一种幸福和满足。读书人十年寒窗，考中功名，就算在京城做官，荣华富贵，高楼大厦，还叫做困京，不把京城当做自己家园。沈氏许多先辈，一生在外面做官，东奔西走，数十年后退休，总还得回到祖居度过晚年，最后葬在祖坟里。

那叫做叶落归根，乃人生漂泊之苦的终极安慰。只要有一天客居异地，就有无尽无休的乡愁，觉得自己如浮萍秋叶，孤独寂寞。而如果竟然客死他乡，那更是人生最大的憾事，好像遗尸荒野，魂无归宿。背井离乡，是无奈，是苦难，或者是逆子，是不孝，就如我的这个祖先阵师公，此时此刻的感觉。可他不能不走，为了让他的子孙不再日夜担惊受怕地生活，能够安心一意地读书，他必须走。他不怕自己担上不孝的罪名，他负有责任，他是一个父亲。

时辰不早了，再拖延，太晚就赶不到计划好的地方，男男女女，金银财宝，夜晚住不成店，荒山野岭，是很危险的。阵师公喝令年幼儿女们都坐进车里，放下篷帐，然后最后看一眼那居住了半生的老屋，那伴读自己十年之久的苦窗，毅然转身，拉过马来，就要翻身而上。

忽然又听得耳边人叫，是自己的弟弟气喘嘘嘘，赶到身边。阵师公决定搬迁之后，曾经跟弟弟商量过很多次，劝弟弟一家随他们一起搬走。可是弟弟不肯，他要守在师桥祖居，读书科举。

弟弟手里捧着一个布卷，走来递给阵师公。打开一看，是卷书稿。弟弟说，这是我这些日子，夜夜挑灯，特别为你抄录的一本师桥沈氏家谱。你远往他乡，流离漂泊，千万不能忘了自己的根。你留着，记得随时补修，也教儿孙们代代相传，不得丝毫怠慢。沈氏书香世家，不能在我们这一辈人手中没落，更不能中断。

阵师公接在手里，觉得沉甸甸，热乎乎的，好像是捧着一颗滚烫的心。他的双膝发抖，几乎要落下地面，跪在弟弟的面前。他什么都没有说，仔细包好那卷家谱，小心地塞进自己的怀中。这种时刻，语言是多余的，无力的，苍白的。

兄弟两个相对而立，四目对视良久，才不由自主，援臂搭肩，拥在一处。这不是中国人常见的礼仪，兄弟两个从小到大，从来没有做过。可此时此景，不约而同，他们那么地接近，能够相互感觉对方狂猛的心跳，听见对方喉间吞咽泪水的声响。这是他们头一次相拥，也是最后一次的相拥，平生惟一的一次相拥。

然后阵师公转过身，踏蹬上马，领了家眷车队，头也不回地走了，走向新的家园，新的故乡，新的生活。

浙江嘉兴沈氏分支，从此刻开始。

据沈氏家谱记录，从周文王之子聃季载到阵师公一代，统宗共传九十世。而自维时公到阵师公一代，浙江慈溪师桥沈氏本支共传十六世。从阵师公迁居浙江嘉兴，到我的父亲儒字一辈，又经过九代。细算起来，父亲那一辈是沈氏统宗第九十九世，慈溪师桥沈氏本支第二十五世，嘉兴沈氏分支第十世。到我这一辈，是嘉兴分支沈氏第十一世，慈溪师桥沈氏本支第二十六世，自聃季载始之沈氏统宗第一百世后裔。

翰林门

09 沈族分支定居嘉兴

又走了一天的路，时已近黄昏，远远地终于可以看见嘉兴府的城门，阵师公耐不住性子，无法在车里安坐，便跳下地来，很想奔跑过去，伸开双臂，紧紧拥抱住那向往已久的城市。可那不是他习惯的行动，从小养成读书人的安静，使他内热外冷，继续迈着方步，慢慢跟随自家车队，朝暮色中的嘉兴走去。

自小读史，阵师公很早就知道，嘉兴已经历过约七千年苍海桑田。早于春秋时期，越国就在此建筑军事要塞。战国时期，此城堡被吴国占领，命名为长水。秦始皇横扫六合之后，改名为由拳，沿用三百年。至东汉末年三国鼎立，吴国的孙权把此地更名禾兴，后又改称嘉兴。自此千年已过，历代君王一直保留嘉兴的名称。

宋明两朝期间，嘉兴从县升为府，与绍兴府和杭州府齐名。嘉兴府地面扩大，管辖周围海宁、海盐、桐乡、乌镇、平湖、盐官五县。前两天文雄公一家，进入嘉兴府的海宁，为观钱塘海潮，停了一日。临湾登高，江面辽阔，天风浩荡，海天相依，满眼芦绿。待得月升星辉，江潮汹涌而至，涛山浪屋，吞天沃日，如雪山驾鳌，似雷奔电激，真个壮观天下无。

虽说错过了八月十八日潮神伍子胥生日，可江潮如斯，仍教人激情奔涌，不可自己。伍子胥是沈氏先人崇拜的楚国英雄，他避难于吴，帮助吴王夫差打败越国，捉住越王勾践。伍子胥极力劝说吴王杀掉越王，以免后患。吴王不听，反从谗言，赐剑令伍子胥自刎，可怜一条盖世英豪，弃尸钱塘江内。九年以后，越王勾践按照文种计谋，起兵反攻，打败吴王，应了当年伍子胥的预言。可是勾践同样听信谗言，也赐剑令功臣文种自刎，又一个智慧的灵魂被丢进钱塘。一双忠魂，素车白马，怒吼奔腾，不断地向后世人诉说历史的教训。

所以阵师公要迁至此地，嘉兴府自古文化发达，于子孙的前程有益。唐代名相陆宣公赟，嘉兴的儿子，竟敢上书请德宗皇帝下罪己诏，向天下人公开承认皇帝自己犯了罪。那得要有多么大的勇气呵，会杀头的呀。嘉兴人陆贽不怕，他表现出的中国读书人的那种正直、孤傲、胆识，永垂青史，给后世书生树立了不朽的榜样。

每读至此，思至此，同出书香世家的沈氏子孙阵师公，就激情满怀，又恐惧得浑身发抖。他渴望自己遇上相同的境遇，也能大无畏地面对皇帝，替天下百姓讲公道话。可他自己也明白，他恐怕做不到，这让他感到愤怒，也感到悲哀。

从小就听老人讲述沈氏祖先的英雄故事，头一代祖宗聃季载助周成王平叛，尹戌入楚做司马求报亡国之恨，诸梁灭亡蔡国之后挂冠而去，郢受秦皇拜相而不就，戎被汉帝封侯而不领。沈氏祖先那些读书人曾是多么的英勇无畏，独立于世，敢作敢为，不依附于君王权势，视公侯富贵如粪土，只求洁身自好，保持一生正直真诚的完美人格，无愧于世，无愧于人，无愧于己。

就像一个人长大以后，会丧失少年时代的理想和胆量。自那些原始而雄壮的时代过去，经过唐宋元三个专制大朝代，直到明代，一脉相承，人文社会环境越来越恶劣，世上自由空间越来越小，读书人的独立意志和孤傲性格，越来越受到压抑。那是一场看不到硝烟的战争，但激烈而又残酷。那是一场关乎生死存亡的大战，如果读书人失去思想的自由，他们的生命还有什么价值。千百万颤抖的灵魂，在强权的水火之中挣扎，一代又一代，抗争了一千年。

然而最后，他们失败了，可歌可泣的中国读书人。他们终于倒伏在血泊中，望着前辈牺牲的尸体，喘息，哭泣，揪心的痛。可是他们失败了，而且他们屈服了。他们只得抛弃自古引以为傲的独立精神，开始向君王们卑躬曲膝，逐渐习惯依附强权而讨一杯羹，再后来就不再感觉耻辱，反以为荣。他们一代比一代更加懦弱，失去更多的意志和思想，脊椎和膝盖都无法直立。就算他们之中，偶然还有若干胸中尚存残余的热情，也已经再无勇气和力量，站立起来，对强权说出一个坚定的不字。呵，可悲的中国读书人。

阵师公熟知所有这一切历史，他悲哀，他无奈。现在已经形成确定的社会意识，读书科举，读书做官，别无选择，别无出路。就算他看不起那一套卑微的文化风气，除了随大流，他也没有其它办法，一个人能够改造社会么？就算在梦里，他也绝不敢那么去想。他知道，个人是多么渺小，他惟一的愿望，是能够让子孙后代至少保留沈氏书香世家的正直人格，就算做官，也不要做庸官、昏官、恶官。

带着喜哀参半的忐忑心情，阵师公带领家人一行，走进嘉兴城门。正如一路上所期待的那样，他马上看到一座古朴而充满文化气息的小城，繁荣而整洁，绿树掩映，窄巷幽深，石板铺路，小桥流水，亭台楼阁，庙宇碑林，瓦屋木窗，古色书香，一派诗情画意。

好像看到了希望，阵师公高兴起来。他没有做错决定，他选择了一个正确的安居之地，他将在这里开始新生活，培养子孙后代。明天他就带领全家，去游览向往多年的南湖。

嘉兴南湖、杭州西湖、绍兴东湖，合称浙江三大名湖。南湖中有岛，称小瀛洲湖心岛，风光旖丽，湖烟湖雨荡湖波。虽已深秋，湖畔仍然柔柳如烟，可惜晚了几日，见不到满湖绿菱的胜景。不过那也没什么，他们将在这里长住，以后年年都会看到的。

临岸呼一条画舫摆渡，前甲板下有火炉，梢公撑船烧茶伺候。舱内雕龙描凤，金璧辉煌。隔窗望去，水波不兴，一碧万顷。登上湖心岛小瀛洲，绿柳环绕，石阶层层，漫步其中，如临梦境。立于岛中心的烟雨楼，建于五代后晋年间，轻烟拂渚，秀色朦胧，闻名数百年。园林之内，回廊环通，亭台林立，楼阁高耸，长芦高柳，假山重叠，两棵银杏，已数百年。庭院到处墨宝，米芾、苏轼等真迹都留于此处。黄昏时分，凭栏远望，波雾纤绵，如雨似烟，水云迷漫，恍若仙境，让人感慨万千，浮想连翩。

回到湖岸，有人肩挑竹担卖团子，担子前后八脚，放柴、镬、灶和团子。阵师公看见，便想起明初传说，一问卖团人果然把竹担叫做竹马。阵师公哈哈一笑，领家人坐下，拿那团子吃中饭。原来那种担子是大明国师刘伯温设计的。三百年前，明太祖还没有登基，刘伯温带兵来到嘉兴，喜欢这里的团子。可一看风水，吓了一跳，这地方要出贵人。刘伯温想，已经有个真命天子朱元璋了，再来个贵人分庭抗礼，那不又要天下大乱么。他赶紧想出办法，让这地方永生永世马骑人，发不了也饿不死，无法再出贵人。

吃过中饭，阵师公一家便去子城。那是嘉兴最早的城垣，建于三国时代吴王黄龙三年。据载当年这里城外是波光粼粼的锦带河，河畔是排排黄花绿叶的梓树，可惜现在都看不到了。唐代大诗人刘禹锡出生于嘉兴，写诗赠时任唐朝宰相的嘉兴同乡裴休：忆得童年识君处，嘉禾驿后联墙住。垂钩钓得王余鱼，踏芳共登苏小墓。可知当年嘉兴府衙内，花园里土石堆垒的嘉山上，古木参天，郁郁葱葱，山下荷池，清香阵阵。

宋代大词人张先，擅写花影月影云影，人称张三影。他在嘉兴府做通判，心里不得意，时常称病，躲在后院饮酒赋词。现在子城闲庭信步，记起一首：

水调数声持酒听，午醉醒来愁未醒。送春春去几时回，临晚镜，伤流景，往事后期空记省。

沙上并禽池上暝，云破月来花弄影。重重帘幕密遮灯。风不定，人初静，明月落红应满径。

步出南门，眼前就是范蠡湖。那病女子西施，乃浙江史上最为闻名的人物之一。相传范蠡帮助勾践卧薪尝胆，终于反灭吴国之后，料知越王心胸狭窄，便激流勇退，辞官隐居，领着西施，自此发棹，泛舟五湖。园中水光树色，假山小亭，荷叶残留，钓石横卧。范蠡为西施修造的妆台，临湖而开。传说西施每日在湖边梳妆，将脂粉倾于水中，遂使湖螺变为五色，后人曾在湖边拾得彩螺，五色莹润，极为罕见。当朝名士文征明所书浮碧二字石刻，方立不久，其笔势苍劲，疏密匀称，潇洒流畅，真好书法。

跟慈溪师桥一样，嘉兴是个水乡，河多桥也多，随便走去，到处拱桥弯弯，石板平坦，小阶悠然，古色古香，十分秀美，水中倒影清晰，桥洞成圆。过得一座秀水小桥，忽见一条小巷，巷口门楼挂匾，赫然刻着双魁巷三字，原来如此。

传说多年以前，嘉兴城北有个很富有的员外，生了一对女儿，双双如花似玉，聪明伶俐，老员外视为掌上明珠。如此佳人，从小到大，自然上门求婚者络绎不绝，难计其数。可姐妹两个，不贪富贵，只求才华。刚好邻近有个穷秀才，也生了一对儿子，刻苦好学，才华横溢。他们得

嘉兴水乡

知那对美貌姐妹的志气之后，既仰慕，又高兴，更加勤奋苦读。到大比之年，兄弟两个进京赶考，双双高中，荣归故里，分别娶得员外的两个女儿为妻。老员外十分高兴，造了两栋门对门、户对户的楼房，中隔一条小巷，大女一栋，小女一栋，双魁巷由此得名。

巷内青石铺地，明亮清爽，笃笃脚步，直飘巷底。紫木建楼，窗门相对，雕梁画柱，淳朴古雅。偶而一窗，用木棍支起，可见到厅堂内的木梯、八仙桌，乃至墙上高悬的字画，显然是读书人家。

穿过小巷，顶端横过一座过街骑楼，木格门窗。从骑楼下走出，又是一条石板小路，路边是河岸，隔不多远便有一处石阶下河。河不宽，水不急，对面远处靠岸停一小木船，船头生个火炉，缕缕炊烟飘渺，那渔家女子坐在船上烧饭，身影绰约，容貌秀丽。

自双魁巷走出，阵师公回首张望一下，便下定决心，自家就安在这里附近，让子孙后代都熟知那双魁的故事，懂得发奋读书，求取功名。到底是：书中自有颜如玉，书中自有黄金屋。

嘉兴沈氏分支的始祖没有失望，书香世家在嘉兴的沃土名水之中扎了根，长大起来，风华叶茂。我的这本《沈氏家谱》记载，嘉兴沈氏第二世，阵师公的长子名讳光珏，字瑜亮，号霏圃，专攻春秋三传，清康熙十一年，公元一六七二年乡试中举，做了七品知县。

而阵师公的长孙，霏圃公的长子，名讳李楷，字符礼，号范亭，康熙三十二年，公元一六九三年乡试中举。康熙三十九年，又中庚辰科第五名贡士，进紫禁城皇上殿试，进士及第，列二甲十一名，官授正七品翰林院庶吉士，改任四川广元县知县，后升任正六品户部云南司主事。再升从五品工部虞衡司员外郎，正五品吏部郎中。甲午年授任顺天乡试同考官，后又放江西饶州府任从四品知府，继而又任巡广饶九南兵备道，升至正四品的顶带花翎。

从我这本《沈氏家谱》记载看，不管嘉兴沈氏祖先是否在朝廷里做了官，做了多么大的官，一代又一代，无一例外，个个都饱读诗词经史，而且人人著书立说，流传后世。做到正四品官位的祖辈范亭公，着有《景行录》五十卷，《似奕编琐昙》、《月香居偶吟》、《公余偶吟》等书，各若干卷。

沈氏书香世家的血统，就这样从不间断地流传着。

10 百代门风五世功名

我手边的这本《沈氏家谱》，修订于公元一九一七年。其后子孙各家，虽有添补，仍不很完全。但只就当年原始重修，我辈以上，五服之内，也已超过百人之多。

古代礼仪中为表示血缘亲疏远近，丧服分为五等，就是后人所说的五服。中国人传统上把五服之内的亲属，都看做一家，就是常说的高祖、曾祖、祖父、父亲、自身，共五代。古代也有人伦九族一说，按《三字经》上标明的称谓，就是在上述那五代之下，再加上儿子、孙子、玄孙、曾孙四世，一共九代，合称九族。人再长寿，活一百岁，享几日五世同堂之福，还有可能，若想九族同堂，怕是万不可能。古时所谓灭门九族，把同姓一家九代老少全部杀光，也只是发狠而已，其实做不到。因为九代人同时活着的话，老祖爷爷福气实在太大，活到二百岁了。

按照我这本《沈氏家谱》记载，五代以上，我的高祖名讳濂，字景周，号莲溪，生于清乾隆五十七年，公元一七九二年，卒咸丰八年，公元一八五八年。自小苦读，道光二年壬午科乡试第十七名举人。道光三年癸未科会试第三十九名进士，进京殿试二甲，朝考入选，钦点刑部江苏司正六品主事，升安徽司从五品员外郎，又提山东司正五品郎中。任满简放江苏镇江府从四品知府，江宁府知府代理盐巡道，后升淮徐海河务兵备道兼摄徐州府事，道这一级，是正四品顶戴花翎，兼管江南几地行政和军务，想来权势不小。

清朝官职分九品，每品有正从两级，从就是跟从，副的意思，从六品比正六品低一级。清朝官服，顶戴花翎，都根据这套官品级别来确定和办认。清朝没有宰相或丞相的官称，皇帝之下统管文武朝政的最高行政长官，叫做大学士，足见满清朝廷对于任政府总理一职的人选，有多么高的学识要求。后来清廷又设军机大臣和总理大臣的官称，都是一样的权职。这几个总理级官员，加上先帝的老师们，是正一品。当朝皇帝的老师，六部尚书（部长），各大区总督，武官里的将军，都统，提督，是从一品。当朝皇太子的老师，各省总督，六部院侍郎（副部长），属正二品。

各省巡抚，内阁学士，翰林院学士，各省布政使，是从二品。六部以下九寺的寺卿，各省按察使，是正三品。各寺副职，各省盐运使，是从三品。各省道员，属正四品。省以下行政区为府，如嘉兴府辖五县，知府是从四品。各府的副职，直隶知州，是正五品。六部员外郎，各省知州，是从五品，州是府以下行政区。六部主事，各省通判，属正六品。翰林院修撰，直隶州同（副职），是从六品。翰林院编修，外县知县，是正七品，所以有七品芝麻官的说法。国子监博士等，是从七品。外县副职，县教谕等是正八品。再下从八品，正从九品，就不入流了。

从莲溪公连年升迁来看，他为官多年，政绩相当杰出。我称自己的高祖为莲溪公，而不直呼其名，是遵从中国传统规矩，表示对长辈的尊敬。我们在家从小受此教育，特别祖母不停在耳边教训，许多君子礼仪规矩在心里根深蒂固，虽经多年，苍海桑田，仍不能忘。

古代读书人，除了名之外，还都有字和号，许多人还有别号。比如我的高祖姓沈，名讳濂，字景周，号莲溪。按照流传千年的古老规矩，只有天地君亲师五种人可直呼某人的名，天地当然不会叫人，君指皇帝，亲指父母，师指老师，人间只此三种人，可以直接叫别人的名。因为这个限制，当我不得不提及祖辈人的名时，只好在其名之前加一个讳，如名讳濂，或名讳钧儒，表示是犯讳之举。

除天地君亲师五者，其他人，特别是平辈之间，互相称呼，只可称别人的字或号，比如称我的高祖为景周，不能直呼其名。而小辈人称呼长辈，则连字也不准用，只能以号称之，所以我只能用高祖的号莲溪来称呼他。而且为了表示恭敬，在长辈的号之后，再加上公或者伯等尊称。比如称高祖为莲溪公，称曾祖为子美公，称二伯父为衡山公。

二十世纪早期出生的读书世家子弟，如我的父亲，在一九一七年《沈氏家谱》修订印刷之后两年出生，祖父在家谱上添加父亲名时，还标有字为轼如，号为吴生。再稍晚些时，我的叔父出生，祖父添加到家谱上时，就只注有名，无字也无号了。再往后几代人，则怕是连人名本还有字号的一说，也都糊糊涂涂，搞不清楚。

比如我同别人讲起二伯父，恭称他衡山公，七十岁以下两三代人不知道我在说哪个，想不出被周恩来尊为中国民主人士左派旗帜的沈钧儒先生，怎么又是衡山公。有些知书达理之人，虽熟悉衡山的称呼，但也不一定了解，那是二伯父的号，不是他老人家的字。查阅我这本《沈氏家谱》记载，二伯父名讳钧儒，字秉甫，号衡山。这篇文章中如果称他秉甫公，恐怕更没有知道是说谁了。平辈人不用字而以号衡山称呼二伯父，是为表示更大的尊敬。再如衡山公的三公子，我的言字辈叔伯兄长，我们从小随父亲，只叫他叔羊，查家谱后，才晓得他大名是一个议字，叔羊是他的号，所以大家可以叫。

五服高祖莲溪公，除官场得意外，家庭生活也很满足。他生育三个儿子，是我曾祖父辈。长子名讳玮宝，次子名讳璋宝，幼子名讳瑜宝。最年幼的一个，是我的亲曾祖父，所以家乡人称我们为老三房。长幼有序，应该从大曾祖伯父说起。

虽然高祖莲溪公是清代朝廷里的人，做了一辈子官，有权有势，但他始终保持着沈氏书香世家的门风，教子有方，恭谨读书，没有一个子孙长成锦衣华帽的纨裤子弟，或游手好闲的浪荡家子，或横行乡里的恶少衙内。中国社会和家族兴衰历史，反复地显示一个道理：子孙的成功与否，主要取决于家庭的影响，父辈的教养。

权可以打几十年仗而夺取到手，钱可以一夜之间暴发几百万，二者都能够在一代人的生命岁月里获得，那没有什么了不起，因为那也可能在一代人的生命岁月里失去。但是有了权，或者有了钱，并不等于也就自然而然地能够获得渊博的文化学识，深刻的思想修养，高尚的道德品格，就能够做上等人，成为世家子弟，取得贵族身份。文化学识，思想修养，道德品格，行为礼仪，不是用权能够换取，或者用钱能够购买得到的。世家和贵族的身份，更不是可以随便自封的。

如果一个孩子，从小到大，一天到晚在家里看到和听到的，就是父母在外争权夺利的计谋和成败，或者是巧取豪夺的发财和输赢，他当然认为那就是人生的全部，不懂得尊重人，也会鄙视正直的品格和道德的为人。如果一个孩子，从出生到懂事，家里从没有见过一本书，一张画，没见过父亲读过一本书，写过一个字，他怎么可能因为父亲忽然暴发，就一夜之间晓得要读书写字，更不可能会习惯或喜爱读书写字，所以他也很难成为知书达理之人。

家族流传的文化血统，世代承继的品行规范，是要通过家族许许多多世代，子子孙孙坚持不懈的努力，不断地培养，不断地实践，不断地完善，才能够成型，稳固，经水火磨炼而不灭，历岁月久远而不弱。房子可以低矮窄小，出门可以无车代步，衣服可以老旧整洁，世家或贵族子弟与否，并不在其表，而在其内。住高楼而无文化，只是空虚。乘华车而无道德，只是粗鄙。穿锦服而无思想，只是行尸走肉。

事实上，古今历史，纨绔子弟，横行衙内，乱世贼子，大多出身于暴发户人家，或暴发之官僚，或暴发之财主。真正世家，书香门第，大不成器的子弟不多。因为他们从小就见识过，父兄自五品升到四品，又有什么了不起，家里院内，还是一样的字画条幅，一样的小桥流水，一样的叔伯姑姨，一样的读书论史。世家子弟，对于官职或财富，不会太在乎，他们感受不到那种一朝暴发，天上地下的差别，也不会产生暴发户那种抓紧享受，生怕一朝尽失的心理。

嘉兴府城里，我的高祖莲溪公在朝廷里升了官，回家还是一样的读书写作，他著有《怀小篇》二十卷，《莲溪文稿》、《莲溪吟稿》、《古文骈文》二卷、《小慧戏录》、《闭门书所忆》，留给子孙们拜读。而他的儿子们，我那三个曾祖，也自然从小学着高祖的模样，在家里老老实实读书，都长成翩翩君子，学识渊博之人。

濂溪公的弟弟名讳洛，字立程，号雪门，嘉庆二十一年丙子科乡试第四十七名举人，拣选大挑知县。

据我的这本《沈氏家谱》记载，高祖莲溪公的长子，我的大曾祖伯父，名讳玮宝，字仁荣，号书森，照规矩我只敢恭称他书森公。读书期间，书森公就被朝廷候选训导花翎四品顶戴，就是候补四品。后来授江苏补用道，道的官职本是正四品顶戴，因是补用，想必是从四品。后来大曾祖伯父历任江苏苏州府海防同知，知县补同知，太仓直隶州知府，苏州府知府等职。

书森公的长子，我的大祖伯父，名讳蕃，字厚生，号涝生，也是在读书的时候，附贡生花翎三品，后来做福建候补同知，又任建安县和沙县的知县。光绪二十三年，公元一八九七年，调任驻英出使大臣随员，想必他算得早期出使外国的中国官员之一，曾去过欧洲，见识过洋人，大概还会讲几句英文。我的这本《沈氏家谱》记载，这位大祖伯父，出使任满归国后，又曾任过从四品知府的官职。

高祖莲溪公的次子，我的二曾祖伯父，名讳璋宝，字步欧，号达夫，一样苦读出身。同治九年，公元一八七〇年庚午科中举，官授乌程县教谕，主管一县教育工作，兼县办学校校长。那本是慈溪师桥沈氏的祖传事业，后继有人。这位县级教育官员，一生极为用功，著有《汉书地理志图说》、《水经注今地理释》、《晋宋艺文辑目》、《说文解字集说》、《警庵文存》等书多种，无愧为沈氏书香世家子弟，可惜四十八岁就去世了。

莲溪公的三子，名讳瑜宝，字润祥，号子美，就是我的亲曾祖父。跟他的父亲和两个兄长一样，读书进仕。同治九年，公元一八七〇年，与二哥同年同科中举，选授丽水县教谕，也跟二哥一样，主管一县教育工作。光绪十五年，公元一八八九年拔贡，进紫禁城受殿试，取二甲，进士及第，签分吏部文选司主事，正六品顶戴花翎。可惜子美公身体不好，正要前途辉煌，忽然病故，才四十七岁。

多少读过些书的人，都知道《儒林外史》所写范进中举的故事，会耻笑那老秀才范进，终于中举之后，竟然会疯。不过那个时代，读书人十年寒窗，科举是惟一目标和出路，达不到的失望确是异常的深重。而且考科举也绝非一件简单的事情，那种艰难，恐怕任何现代中国考试都无法相比。读书而准备参加乡试，是沈氏世代家教的一部分，我曾听祖辈们讲述乡试情景，感到十分的惊讶和恐惧。

满清科举制度中，最低一级功名叫做童生，稍高一级称做生员，那还都没有考过乡试，所以不入流。古时所谓乡试，是选拔举人的考试，范进就是为此而疯。考中举人，就有资格做地方官，但不是县长太爷，只是县级地方小官。满清时代，县长不经各省授权，全部都由中央朝廷直接任命。因为县职虽小，但实权很大，操一县百姓生杀，所以叫做父母官。清廷绝不敢轻易派县长，一律都必须是考中了进士，有真才实学者，才够资格获得任命。

地方乡试中举的第一名，称做解元。中国古文中，元表示第一名。中了举，就有资格进京城去考进士。进士及第，就有资格留在京城里做朝廷中央级官员，或者外放各省去做县长。乡试通常是在考生原籍进行，所以叫做乡试，其实是全省会考，应该叫省试，由中央朝廷直接派主考官到各省考场监考。因为京城官员来自全国各地，他们的子弟都在北京长大读书，北京专门设北闱，举行顺天乡试，方便京官子弟，不必回原籍考乡试。

举人进京，先要参加国家级会考，那考场叫做贡院，所以考试也叫做拔贡，通过那次会考的考生叫做贡生或贡员，第一名贡生被尊称为会元，就很了不起，可以说是全国第一。通过全国考试，拔了贡，就获得资格到故宫保和殿接受皇上面试。被皇上选中，就可以名列三甲，发出榜来，那就是进士。头名进士叫做状元，第二名进士叫做榜眼，第三名进士叫做探花。那真是人尖子里的尖子，千真万确的全国前三名学士。

中国人现在经常看古装电视连续剧，最好多少有点常识，知道古代科举考试是怎么回事。做状元郎，可不是件容易事。省里乡试中举第一名，才是解元。全国会考拔贡第一名，才是会元。皇上面试考了进士第一名，才是状元。中国科举制度经历了上千年历史，总共才有五百多名状元，也因其不易和稀少，所以特别珍贵，被历史所尊敬。如果随便什么阿猫阿狗，会写两三个字，就能做状元，每年状元满天飞，还有什么稀奇。也因为进士们过五关斩六将，真正有学问，才做得朝廷的命官。

古代历朝对官员学识的考核很重视，任命负责教育和人材选拔的官员，尤其严格，绝非可以随便任人唯亲。只有朝中学识最渊博之人，才能出任各省乡试主考，或选任各省学政，亦称提学使或学台。特别满清朝廷，虽然八旗部族子弟多有腐败，近三百年间，清帝皇室自家却一直相当勤奋和努力。因为是异族统治偌大国家和民族，满清十个皇帝，个个从小充满危机忧患意识，勤政治朝，不敢马虎。而且满清官员制度，对于贪污腐败，受贿渎职，制裁非常严厉，毫不讲情面，也绝不手软。同时满清朝廷对学识渊博之人，尊重倍至。乾隆以降，朝中主政官员，多为汉族学者，已无分满汉，以才取士，很少任人惟亲。

满清时代，乡试规定每三年一次，每次考三场，每场考三天，一共要考九天，至少对考生体力就是一个严重挑战。每场考试做三篇八股文，再加一首五言八句的试帖诗。文章题目，考生进了考场才发，都是从《四书》里挑出的一句话。考生进考场，不准带任何参考书，所以如果考生不知考题出自何处，那就彻底完蛋。光绪年间，略有改革，不考八股文和试帖诗，改试策论，就是解释圣贤之言，允许考生做些辩论方面的发挥，检验考生个人的思维能力。题目还是出自《四书》，后几届乡试，已经允许考生带书进场备查。

乡试不是考生每天早上进场，晚上回家。每场考试三天，考生不光在考场里考，也在考场里住，时间完全自己安排，可以睡三天大觉，也可日夜写作。贡院通常面积广大，也很气派。大门之外，建有三个大牌楼，巍峨辉煌。正面牌楼书天开文运横额，两侧牌楼横额是物华天宝和人杰地灵。院内还有大堂和龙门，显示学问的庄严，以及对考生的期望。

院内排列一行行的号房，一个号房派住一名考生，相互连面也见不到，更无法讲话作弊。每号房内有两块木板，一块坐卧，一块当桌。每十号为一联，每联号房的一头放个大水缸，另一头则是厕所。号房本来按照《千字文》中的天地玄黄等字命名和排列，传说有一次乾隆皇帝兴之所致，微服探访京城北闱顺天府乡试考场，假冒考生，抽签偏偏就抽到天字一号。那当然表明当朝皇帝的天授福气，所以永远保留下来，顺天府乡试的考场，从此没有天字号房。

考生进场，自己带足本场三天考试的吃用和茶酒，甚至做饭温酒的炊具用品，还要自备挡风布帘，挂在号房门口。乡试号房没有门，以方便监考随时查看考生。朝中宰相府的公子，穷乡里的农家子弟，都是一样，必须孤独一人，在那窄小的号房里，自炊自饮，水缸舀水喝，公厕大小便，敖过九天九夜，劳其筋骨，苦其心智，竭尽才能，也炼其意志，方有出人头地的可能。

考试难，看卷也不易。为杜绝舞弊，乡试考场严禁主考官与考生见面接触，而且整个考试期间，主考官连考生试卷都见不到。所有考生的试卷，用普通黑墨书写，叫做墨卷。考卷一交，马上编号，并由专职抄卷人员，用红墨逐字逐句全部另抄一份，不注考生姓名，只标编号，叫做朱卷。然后考生的墨卷封起，朱卷交房官批阅。房官只是阅卷人，批阅时不用黑墨或朱墨，只用蓝墨。房官批阅以后，才送主考官审查，再按朱卷成绩优劣，排定名次。排完以后，再根据朱卷编号，找出封存的考生墨卷，方知谁是谁，得以发出榜名来，同时朱卷再封存以备后查。

这样的制度，父兄官再大，子弟也难在考场舞弊，除了老实读书，没别的办法取得功名。就算家里老爷子想走考官后门，考官都难做到。近百年来再无乡试，八十岁以下中国人很少知道古代乡试怎样评卷。还有些学者，不求知其所以然，用现在的绝对官本位考试招生制度和做法，揣度古人，批评古代科举考官如何如何营私舞弊，或说考官如何如何昏庸，不究考生思想，只看字写得漂亮不漂亮，那都完全是胡扯。乡试主考官，连考生的墨卷也看不到，怎知谁字写得好。朱卷上的字，是抄卷人写的。

中国历代读书人，饱读诗书，满脑子儒家思想，遵循忠君爱国的道德理念，苦读为的是日后有机会报国为民，所以学而优则仕乃其终生目标。科举如此艰苦严格，考中及第，当然可以作为读书人成功的公正标志，令天下佩服。历史故事曾有不少昏庸县官，其实那些县官是未经乡试，花钱捐的，没读过多少书。古今中外都一样，文化程度低的人做官，多是昏官庸官或恶官。只要是独裁专制朝廷，都必有买官卖官的现象存在，不足为怪。但古代朝廷里，花钱买的官，至多就到县一级，更高官职就难买卖。至于中央朝廷，那是百分之百进士出身，绝无文盲能够买成一个尚书的。

中国古代朝廷里科举及第而成的官，很少昏庸之辈。他们经常是为了忠君，才不得不做些违心之事。而每当朝廷大不得人心的危机发生，就大动干戈，来一场清君侧，好像做错事的都是臣，皇帝从来不错。比如骂秦桧卖国，或李鸿章卖国。事实上，秦桧所作所为，只是为了迎合南宋皇帝的愿望。如果南宋皇帝一心坚决抗金，秦桧绝不敢私自去同金人议和。如果南宋皇帝真诚尊重岳飞，秦桧也绝没有那胆量下十二道金牌置岳武穆于死地。李鸿章也只是执行慈僖太后的旨意，所以才签了那么多的卖国条约。事实上李鸿章是要救国的，所以才开展洋务运动。而且还是李鸿章在各种谈判中力争，才少卖了许多国家主权，照慈僖太后的意思，中国早就成了殖民地了。

在独裁专制的朝廷里，凡有政策错误，都该怪罪皇上，不能怨臣子。如果一个国家，真的是让臣子乱了朝廷，归根结底还是皇帝的罪过。因为那局面的出现，说明皇上是个大白痴，完全没有能力控制朝廷，执掌政权。或者皇上是个大脓包，昏庸无度，吃喝玩乐，不问朝政，让坏人帮派祸国殃民。总而言之，没有乱政的皇帝，就不会有乱政的臣子。因为有乱政的皇帝，才会有乱政的臣子。所以古今天下，朝政暴乱，不必一股劲的清君侧，该清算的只一人，就是那个昏君、庸君、恶君。

宋明清三朝，慈溪师桥和嘉兴两地沈氏，读书世家血统，源远流长。虽然世世代代都做官，有的还做很高的职位，但各代史书很少见到此两地沈姓族人参与朝廷官府争权夺利，结党营私，谋官害命，乱政伤民的记录。古今所有沈姓名人中，多由学问著述而垂千古者，没有几个因从政而留名后世，更无乱党贼子遗臭万年。

再古时候，沈氏先人有过不与强权暴政合作的记录，第二十七世郢曾拒绝受聘做秦始皇的丞相，因而背井离乡，隐名埋姓。第三十九世戎也曾不领汉光武帝封侯，所以远迁江南，隐居乡间。那种读书人独立思想的遗传，不会断绝，只要后辈子孙身上还流淌着沈氏的血液，那种清高和傲岸的意识，就会存在于他们的脑海深处。

沈氏书香子弟，更看重学识，而不大在乎权势。他们就算在朝廷上受了封，也不会把官职看得多么要紧，绝不至于为保住头上乌纱，无所不用其极，甚至动用暴力，不惜自己身败名裂。他们也不会为了升官，对上司百般逢迎，奴颜卑膝，置人民生死于不顾。或者为讨好皇帝，涂抹事实，颠倒黑白，做假虚夸，编造历史，欺瞒天下，踏着千万无辜百姓的尸骨，登上紫禁城墙头。因为缺少强烈的权势欲望，也没有冰冷的无情血液，沈氏子孙中，没有一个能够成为不可一世的王侯，但也没有一个会做千古留骂名的枭雄贼奸。

到明清两代，沈氏读书人再没有空间，能够重复秦代的郢和汉代的戎那些祖先们的英勇业绩。如果他们想生存，想靠读书讨生活，他们面前只有一条路可走，就是求功名。那个时代，功名是读书人的价值标准，没有功名，读书人就没有价值。沈氏后代也是饮食男女，他们只能跟赵钱孙李周吴郑王一起，在科举的荆棘之路上前行。

也因此，功名从一个方面，表明中国读书人的生活情况和精神状态。如果能够乡试中举，进士及第，殿试三甲，他们必须一生苦读不辍，勤勤恳恳，至少他们不可能从小不务正业，做混世魔王，豪门衙内，糟害邻里乡亲。如果做官能够不断升级，全身而终，他们也必须谨慎小心，勤政爱民，只能做正直的官员。否则或者一步登天，飞黄腾达，或者一跌到底，死无葬身之地。

我从手边这本《沈氏家谱》字里行间，看到历史，看到生活，看到人的生命历程，他们的酸甜苦辣，他们的白天和黑夜。

11 ﹣晚清最后一个大儒

在我的这本《沈氏家谱》中，没有此公记录，可他是嘉兴沈家人。他那一支沈家，在我们这支沈家从慈溪迁到嘉兴以前，就已经定居嘉兴府。及至我的祖辈移居嘉兴之后，两个沈家虽不同宗却同姓，按照古代的惯例，同姓不同宗，可以认本家，于是嘉兴两个沈家便认了本家，各代人等按照一族重列辈分排行。于是我的父亲尊称他为公公，我便应当称他为太公公了。

抗战胜利之后，我的爷爷奶奶从避难的乡间回到嘉兴，他们以前租住的房屋早被日寇烧毁，无处可去。于是便跑到姚埭找这位本家帮忙，就在他家院里租了一间屋暂住。奶奶在嘉兴鸣阳门小学做校长，任嘉兴县参议员和妇女主任的时期，都是住在这里。一九四九年上海政权易手之后，父亲母亲曾带了我到嘉兴去过，也是住在这个本家公公的家里。此处旧居，现在是嘉兴一处故居展览馆了。

此位沈家公公，名讳曾植，字子培，别字乙庵，晚号寐叟。按照祖制，我这里尊称他寐叟公。他还有许多其它别号，如小长芦社人，姚埭老人，李乡农等，都取嘉兴故居之意。道光三十年，公元一八五〇年，寐叟公出生于北京。他的祖父是个了不得的人物，在清廷官至工部左侍郎，正二品顶戴花翎，还是后来鼎鼎大名的曾国藩的恩师。

大概也是子承父业，寐叟公的父亲后来也在工部任职。寐叟公出生时，其父三十二岁，官职并不很高。后来升迁两次，做到工部都水司从五品员外郎，忽然年轻轻地亡故了。那年寐叟公仅八岁，对着父亲亡灵，悲痛万分，哀嚎不已。周围亲友众人看了，都觉得奇怪。一般孩子，在那么小的年龄，不会表现得如此成熟。

寐叟公是个早熟的孩子，他的青少年岁月，在贫困和艰辛中度过。而他天生格外的敏感和多情，所以生活的苦痛之于他，就加倍的难以忍受，也在他幼小的心灵里留下更为深刻的烙印，终生不能淡忘。到后来他已经成为国际闻名的中国儒学大师，俄国、日本学者专程来拜访写传记。康有为说了句大话，也挨他教训：回去多读十年书，再来跟我谈论书法。王国维来向他求教，对他执弟子礼。直到那个年月，夜深人静，他独对孤灯，作诗抒情，还时常忆及自己幼年的苦痛经历。

出生那年，刚好洪秀全带领长毛军造反，好像命定寐叟公要跟清廷一样，多坎坷，难安定。父亲去世，家境衰落，最困难时，全家只有一件像样长衫，兄弟间谁出门谁穿，平时在家也无鞋袜。读不起学堂，他只在家随母亲读诗。除夕夜家中无餐可食，他独坐窗前，眼望寒天三星，泪落不止。他十一岁那年，英军入侵天津，母亲带全家大小，躲到京郊昌平，登楼远望，河山荒凉，满目凄然，不禁涕下。

也正由此，少年时代的寐叟公性格更加坚韧和顽强，求知欲也格外强烈和旺盛。因为他不能上学，就特别想读书。而且他也懂得，这个世界上，没有荣华富贵的家庭出身可以让他世袭，没有权势威赫的父母可以安排他官运亨通，也没有万贯家产可以替他买得名声、官位，或者前程。他要求取生存，摆脱贫穷，改善生活，提高社会地位，没有别的办法，没有别的道路，只有靠他自己，靠苦读，积累学识。从那个时候，他就明白了：知识是改造命运的力量，对社会对个人都是一样。

他十二岁时跟随俞策臣读《礼记》，才半年，老师忽然要离开，寐叟公拉住老师衣服，痛哭不止，哀求老师留下教他。最后老师无法，送他六幅字画做纪念，才算走了。十三岁时，他跟从仁和县高隽生学习诗词，以蝇头小楷抄写并阅读《通鉴纪事本末》和《明史纪事本末论》，从此对南明历史发生兴趣。他见老师同友人和诗吟唱，自己悄悄学着也作几首，藏在书包里，被老师发现，甚为夸奖，认为孺子可教。过了一年，老师又要远行，彼此挥泪而别。也许是命运安排，寐叟公一生中，自学的时间，比从师的年月多。

十八岁那年，寐叟公家里实在揭不开锅，屋内也再无略为值钱的物什，可以拿出去典当寄卖。最后无法可想，其母咬牙从箱底翻出一卷《灵飞经》，交到刚成年的寐叟公手里。那是家藏的祖传拓片，价值连城，比性命还更贵重。但母命难违，一家大小不能饿死。寐叟公只好捧着拓片，一步一泪，从家里哭到当铺，换钱三十，买米回家。那种卖文物而心碎的经历，我自己后来也有亲历，真可谓痛不欲生。

同治九年，公元一八七〇年，寐叟公二十岁整，参加应天府考试，考官读其卷，惊为奇才，推荐给主司大人。可忽然间，寐叟公自己申请除名退试，拂袖而去，令考官遗憾不已。

为什么呢？他那么苦读，不就是为了科举成功，从此可以不再受穷么？可他走了，头也不回一次。或许他觉得自己学识还不够渊博，不肯浪得虚名。或许他参加考试，只想测试一下自己的学识深浅而已，并不想怎么样。或许他知道在朝廷做官是怎样的一种精神束缚，才二十岁年纪，还不想捆扎自己的心灵。或许他早应了母命，先要到四川成都娶妻完婚，再继续其它的事业。或许他觉得这场考试级别太低，他所追求的目标远不止于此。

不管什么原因，他退出考场，赶往四川，娶回妻子。那妻子真贤惠，确实值得寐叟公退考。一返回京城，见到寐叟公家徒四壁，穷不堪言，新婚妻子马上打开箱笼，取出自己陪嫁带来的首饰衣物，交寐叟公典当寄卖，勉励先生用心读书。为买廉价书，寐叟公经常跑遍全城所有书店，尽可能地以贱价购得所需之书，挟之而归，如得奇珍，冬日严寒挑灯夜读，通宵不眠。

过了一年，寐叟公二十三岁，再次参加乡试，中第二十三名举人。他自学多年，只顾自己兴趣所在，博览群书，天文地理，医药法律，无所不通，对朝廷考试那一套八股文章，并不热衷。所以进紫禁城应殿试，他只得了第三甲第九十七名。幸得皇恩浩荡，算是赐了个同进士出身，表示不是真进士，只算进士同等学历。

可他学问真是好，朝廷里也不都是白吃皇粮的昏官庸吏，很多人识得才子，所以寐叟公虽然功名不高，官职却给得不低，授刑部贵州司正六品主事，比很多真进士授正七品翰林院编修，还高出两级。对此寐叟公心里当然清楚的很，所以对皇帝和朝廷的知遇之恩，感激得肝脑涂地，生死不敢忘记。

他的家境从此改变，生活富足起来。期间他结识了康有为、朱一新、李慈铭等学者。那时李慈铭已经很有名气，官至侍御，皇帝近臣。寐叟公才赐了同进士出身，哪里够得上让李慈铭看一眼。可寐叟公的两卷经著，送给当朝大儒翁同龢过目，翁老先生读毕，拍案惊呼，称之为通人，于是寐叟公一夜之间名满京师。

因为他学识出众，光绪十一年广东乡试请他出策问题目，不想这位寐叟公先生兴之所致，出了一堆宋元学案和蒙古史迹的问题，拿去广东乡试考场，没一个人答得出，全场交白卷。康有为那次也在考生之中，虽然原有交情，还是交了白卷，连举人也没有考取。从此康有为对寐叟公是又敬又怕，很多年间，见面总是战战兢兢。

光绪十四年，公元一八八八年，康有为到北京再次参加乡试，趁机写了一封五千字的《上皇帝书》，建议光绪皇帝实行变法，挽救清廷危亡。那封折子送到主考官徐桐的手里，徐桐一看，火冒三丈，说是国家大事，自有朝廷大臣主持，你一个小小秀才，竟敢上书皇帝，把我们大臣当做什么了？他命部下查看康有为考试成绩如何，下边找出墨卷，报告康有为成绩出色，内定名列第三。徐桐冷笑说：如此狂生，还能录取么，马上除名。于是康有为再次落第，举人又没有考取。

为了堵塞要求变法维新的革命思潮，朝廷里有人还要动用刑部，逮捕康有为。南海先生听说，惊慌失措，赶来求教于寐叟公。寐叟公劝告他，假装沉迷于金石之学，借以韬晦避灾。康有为赶紧从命，一天到晚钻故纸堆，博览历代碑帖铭文，还著作了一本书，叫做《广艺舟双楫》。朝廷看他不过是个呆板学究，才算放过他一条性命，康有为因此终生感激寐叟公的救命之恩。

由于寐叟公熟知国际事务，光绪十五年奉调总理衙门俄国股章京。那期间他开始闻名海外，日本、俄国等学者，纷纷来求见他，请教学识。光绪十七年，升迁员外郎。过一年再升郎中，到正五品顶戴花翎。

光绪二十年，公元一八九四年，也是中国海军败给日本，邓世昌全军覆没的甲午年。朝廷官员连续上书皇帝，攻击康有为的变法宣传，要求朝廷焚毁《新学伪经考》。那是康有为写的一本书，大胆否定千百年来学者信奉的传统思想，用全新的观点来解释历史发展，实在是很了不起的一个开端。那种蔑视流行思想，独立创新的勇气，就是在康有为之后一百年的中国，也仍不多见，抱着钦定结论咬文嚼字而吃皇粮的伪学者们，更是想都不敢想的。

寐叟公听说了消息，赶紧多方设法营救，终于没有成功。皇帝同意了申请焚书的奏折，一套好书灭于火中，化作灰烬。但书可以毁，思想是烧不光的。秦始皇般的焚书，反倒使得康有为的名气如日中天。

第二年，光绪二十一年，公元一八九五年，康有为第三次进京参加会试，获知李鸿章在日本签定马关条约，全城哗然。南海先生领导各省考生，由梁启超执笔，上书皇帝，拒绝在马关条约上签字，史称公车上书。公车是举人的代指，因为那些学子们进京赶考，车马交通由政府负责。虽然跟上次康有为《上皇帝书》下场一样，这份折子也没有到皇帝案头，可会试发榜，康有为却中了进士，授工部主事，成了朝廷命官。

第二年八月，寐叟公的母亲终因操劳过度，久病不治，辞世而去。寐叟公哀痛过剩，自己也大病一场。九月接到新军都督袁世凯聘书，久仰寐叟公大名，想请他到小站，委以重任。寐叟公早看清袁世凯面目，日后必有乱国之危，所以辞而不往。十月康有为前来吊唁寐叟公母丧，时值德军入侵山东胶州湾。

寐叟公陪着康有为，跪在母亲灵牌前，想着家哀国愁，双目流涕，对康有为说：现在你是朝廷官员，上书皇帝，都察院不能再阻挡，或能交到皇上手里，也未可知。国家如此，朝廷危急，我们不能不再次尽己所能，上书朝廷，恳求变法，救万民于旦夕。

康有为听了寐叟公的指教，当即写出求变法的万言书，奏报皇上。这次光绪皇帝果然接到，读后热血沸腾，命人将万言书抄四份，送慈禧太后，军机处等，并转发各省总督，决定启用康有为，实施变法。那就是中国人人都知道的戊戌维新。

寐叟公此时病愈，启程奉母灵柩南归嘉兴安葬。行前康有为特来辞别，报告面见光绪皇帝时之所谈。言语之间，神彩飞扬，激动万分。寐叟公听后默然，找出一卷《唐顺宗实录》，请康有为当时坐在堂里一读。南海先生按寐叟公所嘱，细细读过，掩卷垂首。寐叟公忠告说：中国的朝政，古今如此，改革过激，必然生变，欲速则不达。

事态发展，果被寐叟公不幸而言中。光绪皇帝的变法，不过百日，胎死腹中，而且变法派全军覆没，连光绪皇帝也给关起来了。从此慈禧太后问政，保守派主持朝廷，中国便没救了。

寐叟公在浙江嘉兴老家，得知消息，黯然落泪，却也无奈。从此不再北上，逗留江南，远避朝廷。他先应张之洞聘请，到湖北武汉主持两湖书院，提出治学必实用于人心世道，利弊当探本清源的主张。这些主张，今天看来还是极有意义，要做到仍然不容易。

然后光绪二十六年，庚子年八国联军入侵，烧杀抢掠，无恶不作。见时局危急，寐叟公忧心如焚，奔走于南京武汉两地，见两江总督刘坤一、总办商约大臣盛宣怀以及张之洞，商讨在江南发起联合行动，牵制八国联军。可没有想到，清军兵败如山倒，八国联军势如破竹，七月攻进北京，慈禧太后带了满朝文武，仓惶西逃。

九月李鸿章到上海，约见寐叟公，又是哀痛，又是无奈，摇头叹道：如果我不离开北京的话，不免杀身之祸。谈后寐叟公大病数月，病愈马上赶往南京，替两江总督刘坤一拟奏章，提出：设议局，开书馆，兴学堂，广课吏，设外部，讲武学，删则例，整科举，设警察，共十项建议，旨在整顿朝纲。其中设议局，就是设立议会，是使朝廷多听民意的做法，走君主立宪的变法之路。广课吏，则是整顿吏治，大举消除官僚腐败。删则例，是重新审定祖先规定的行政条例，删除过时的旧制。

不管寐叟公等一批官员如何努力，朝廷制度无法改变，致使朝政继续江河日下，难以收拾。寐叟公回到北京中央朝廷，在刑部和外务部供职数月，终于知道回天无力，便不想再留朝中，自请外放，到江西广信去做知府。

到了南昌，看到当地土民不愿读书，哀叹之下，诵出孟子的一句话：上无礼，下无学，贼民兴，丧无日矣。当时满清天下，就是那样一种局面。上面朝廷做事，不合礼数，全无道理，胡作非为。下面百姓不求学，不知礼，昏昏然为一点蝇头小利，醉生梦死。到处贼民丛生，兵匪一家，杀人放火，打家劫舍。那个社会已经没有救了，灭亡的日子确实不远了。

寐叟公为人正直，勤政爱民，既在任上，就不能不办事，做个昏官。光绪三十二年，南昌天主教徒王安之戕伤南昌知县江台堂，民众愤怒，群起复仇，打伤法美神父数人。法美两国派兵舰入驻鄱阳湖，气势汹汹。江西巡抚胡鼎臣想随意捕杀几个百姓，以媚洋人。寐叟公与江西按察使余尧衢主持正义，合力抗争，几乎丢了顶戴花翎，但终于保护住许多百姓的性命，为人称诵一时。后来一众史家感叹，寐叟公那样，不媚权要，不媚洋人，在晚清官场，难能可贵。

　　后来寐叟公又历署督粮道、盐政道，迁升安徽提学使等，一直做地方官。赴日本考察学务之后，寐叟公归国任安徽布政使，又做护理巡抚，升到从二品顶戴花翎。清史有评，寐叟公为政重治人而尚礼治，持以忠恕，政无巨细，皆以身先，即病中，仍无一日不办事，无一日不见客，无一日不讲学，故事治而民亲。

　　他在安徽任官期间，十分重视教育，开设存古学堂，首倡以西方教学方法施教。他还积极兴办地方实业，创办了多家造纸厂。当时曾有洋人要挟订约开采铜官山矿业，寐叟公严词拒绝。又有清室贝子途经安徽，命藩库支巨款供奉，寐叟公坚执不允，因此得罪清宗室，致使宣统二年被迫辞官，侨寓上海。后人评说，寐叟公为人多名士习气，察吏理财，举非其长，又性行狷洁坦直，不适在朝廷做官。

　　晚清年间，寐叟公被尊为硕学通儒，称之于旧学、经史、音韵、训诂、西北与南洋地理、佛、道、医、古刑律、版本目录、书画、乐律，无所不通，尤精汉宋二学，深于史学典故。能够如此博学，是因为寐叟公终生读书，极为勤奋，就是抱病卧床，也从无一日不读书。他无书不读，无学不治。每治一事，必定要究其原委，观其会通，而且绝不废自己的独立思考。几次大病，不能思虑过度，他就默诵经书，连续数日，不能自止。

　　由于其母多病，凡进医药，寐叟公都必先亲自尝过，因此逐渐了解医理。母病重的一年，寐叟公终岁没有解衣安卧，研究医道，最后自己开药方。母病故以后，寐叟公哀痛过度，形锁骨立，致病经年，腰疾剧发，他广集民间药方，参阅名医病案，对照研究，自施医药，方得治愈，他因而精通医学。

　　寐叟公二十六岁开始研究北疆地理，先从一些孤本书如《落帆楼文稿》等入手，继而博览群书，对东三省、蒙古、新疆、西藏的山水脉络进行考证，先后对十五种史地书籍做了校注或签证。进而研究南洋地理，对照地图比较分析，直至世界大势，洞然于胸。

　　因为长期在刑部供职，寐叟公悉心研究古今律令，从大明律、宋律统、唐律，上溯至汉魏，写出《汉律辑补》和《晋书刑法志》两部法律著作。而迟至四十岁前后，才开始研究佛学，遂著《法藏一勺》四卷。黄遵宪称之怀仁久熟坤与志，法显兼通佛国言。一九二〇年寐叟公为沈衡山公写过一副对联，无所在，俨若思，只六字，信手拈来，语出佛典《维摩诘所说经》，表现出他于佛家的博通。

　　特别是寐叟公的书法造诣，可称独立千古。他的行草运笔如刀砍斧劈，体势险峻沉实，姿态飞扬含蓄，形成独特章草。他精于帖学，晚年由帖入碑，各类简石碑刻，无不默研于心，融南北书流于一炉，人称三百年来最擅章草之大家。寐叟公在文学上的成就以诗为最，许多人推崇他为清末同光体诗人的魁杰，同是同治，光是光绪，两代皇帝的合称。他的诗词，爱用僻典，常难索解，所以也有学人诗词之谓。因为他精通音韵训诂和乐律，嘉兴大学者王国维亦常向他请教古韵之学，所以对寐叟公执弟子礼。

　　俄国哲学家卡伊萨林曾为之做《中国大儒沈曾植》，日本学者西本白川也做《大儒沈子培传》。另外日本汉学家那珂通世、藤田丰八、内藤虎次郎，法国汉学家伯希和等，都曾前往中国，向寐叟公请教。当时有人尊寐叟公为同光朝第一大师，中外学苑祭尊。

　　作为通学大儒，寐叟公学识上继往开来，思想意识和道德伦理也全面继承中国文人传统，为后世树立榜样。出于儒家治国理想，寐叟公多年任上，跟满清朝廷并不十分协调。他最后去职，也是因为得罪清皇室。他早看出清政衰亡，多次上书奏请皇上改革新政，做了中国书生所应该和可能做的努力。中国历史上，不管是唐王李渊那样的朝廷命官，或是李自成那样的农民领袖，起兵推翻朝廷，就是造反，法理不容。不过李渊造反成功，做了大唐皇帝，就成为天子圣命。而李自成没有坐稳龙椅，到底只是草寇。

可是对于中国读书人来说，造反是绝对不可以的。中国历代朝廷，都实行谏言制度。朝廷不清，不公，不勤，士大夫可以上书或廷谏。中国传统文人尊重谏政，轻视清议。清议是私下议论朝政，随便乱讲，扰乱民心，却不向皇帝奏谏，无用于朝政。中国士大夫的谏，是不在底下乱说，而直接庄重地对朝廷奏讲，知无不言，言无不尽，认真负责。一谏不听，可以再谏三谏，甚至血谏、兵谏、死谏。怎么谏都可以，但不能造反。而中国古代，哪怕是最黑暗专制的朝廷，也绝不敢无视奏谏的传统，不敢以谏言治臣罪，独裁君主往往只能耍阴谋，当面微笑，背后捅刀。

寐叟公是晚清大儒，勤政奏谏是他的本分，朝廷既不从谏，只有亡故之路可走。但寐叟公道德之高尚，也就在那场社会大动荡中爆发出耀眼的光亮。他是堂堂儒生，自有尊严和品格，记得自己受恩于清廷，见清帝引退，虽知其必然，却仍深感痛惜，绝不至兴灾乐祸，落井下石，公报私仇。寐叟公因此忧愁成病，隐居嘉兴乡间，伴书画度日。

一九一七年张勋领军入京，奏请宣统皇帝复位，急召寐叟公进京。接到朝廷诏书，寐叟公不顾年迈体病，立刻北上，晋见皇帝，一如旧制，尽君臣之礼。宣统复位，授寐叟公任学部尚书。七日事败，民军追捕。寐叟公逃到一个弟子家，痛哭不止。他并不忧自己的安危，也不在乎一己的生死，只为清廷的最后灭亡而痛心疾首。

那段历史，大多史书都当做丑剧来评论，说是寐叟公的诟病。我读到寐叟公此一举动，却感受他人格的高尚，道德的完美。新旧交替，势力消长之际，拥护和投奔胜利者，当然不难，无需智慧，也无危险。同情和帮助失败者，就绝非易事，需要道德和勇气，可能身败名裂。而中国读书人的精神传统，沈氏家族的祖传观念，是不以一时成败论人，而重忠、义和情。感恩戴德，知恩图报，是做人的本分。哪怕是对失败了的恩人，也绝不背弃，忘恩负义。中国读书人的那种道义观念，越来越被政治实用所取代，罕存于世，寐叟公恐怕是中国最后一个完全意义上的名士。

民国十一年十月初三，公元一九二二年，寐叟公病逝于上海寓所，终年七十三岁。

12 光绪年的学台大人

嘉兴沈氏繁衍到第九世，乃周始之沈氏统宗第九十八世，慈溪师桥沈氏本支第二十四世如字行，是我祖父那一辈，出了个名人。我的这本《沈氏家谱》记录得清清楚楚，一点不含糊。

我的大曾祖伯父书森公，名讳玮宝，有个儿子名讳卫，字友霍，号淇泉，别号鹊巢，生于清同治元年，公元一八六二年。淇泉公是大曾祖伯父的第七个儿子，在阵师公开始的嘉兴沈氏分支他那一辈里，排行第十一，所以乡里人称他十一先生，我们后辈在家称之十一公公。

淇泉公幼年聪慧，据说读书可以目诵数行而下，一天能够读完数本经史著作。十六岁时以第一名成绩，考进县学官弟子员，从此在官学里读书，公家还供食宿，成了现在所说的官费学生。清光绪十五年，公元一八八九年，乡试己丑科，淇泉公考中第五十二名举人，主考官用渊博二字来夸奖他，那年他二十七岁。

紧接着第二年，光绪十六年，公元一八九○年，淇泉公二十八岁，又参加庚寅科考试，取第五十五名贡士，进紫禁城应保和殿礼部复试，当时的相国徐桐主试，认定淇泉公除其它各项学业均出色外，尤其诗作没有一个考生能够比得上。

不料部试刚毕，尚未发榜，其母病故。淇泉公接到急报，立刻星夜启程，离京南返，赶回浙江嘉兴奔母丧。他抵达家乡后，北京礼部复试榜发出来，他高中一等第一名。全身披麻戴孝，淇泉公伏在地上，满眼是泪，接过报捷的喜帖。可是他不能按时进京应皇上面试，他决定按照祖宗惯例，在家守母孝三年。许多同乡同年都为他惋惜，失去面见皇上的殊荣，还有荣华富贵的前程。淇泉公毫不理会，终日居家不出，根本不去想功名的事，终日思念母亲一生辛劳，和母亲对自己的教诲，真诚地尽人子的孝道。

就算他后来仍旧没有进士及第，就算他后来没有官至学台，做了国民党元老于右任先生的恩师，名扬天下，只为淇泉公能够把面见皇帝和功名前程视同粪土，而重母子亲情这一点，我也永远对他充满温暖的尊敬，而且为沈氏书香世家养育出这样孝廉而正直的子弟，感到荣誉和自豪。在我看来，如果一个人对自己母亲都没有爱，没有敬，没有忠，没有孝，即使他官至一品宰相或者富可敌国，那人也仍然低贱到了最底层，完全没有人格，不配做人。

中国文化的传统，本来十分重视个人的品格和家庭的价值。自古读书人必诵的四书之一《大学》，具体明确地总结：古之欲明明德于天下者，先治其国；欲治其国者，先齐其家；欲齐其家者，先修其身；欲修其身者，先正其心；欲正其心者，先诚其意；欲诚其意者，先致其知；致知在格物。格物而后知至，知至而后意诚，意诚而后心正，心正而后身修，身修而后家齐，家齐而后国治，国治而后天下平。

没有比这更加天经地义的真理了。世间一切，都有先后主次，因果本末，轻重缓急。弃主而扬次，舍本而求末，避重而就轻，事情当然一定做不好，小则一事无成，大则祸国殃民。此段文字，相当白话，谁都读得懂，无需翻译重复。

古贤给后人们指出了一条通往成功的康庄大道：先了解事物发展的原理，人就有了知识。有知识，意念就会真诚。意念真诚，心术就会正直。心术正直，自身就会有修养。自身有修养，家庭就会安顿好。家庭安顿好，国家也就治理好了。国家治理好，天下自然太平。

国是什么？国不是皇帝和大臣们组织的政治小团体，国不是高居于百姓家庭之上的独立存在，国不是皇帝大臣用来统治公民的机器。国是由亿万百姓和千百万家庭构建、养育、保卫的土地和民族。天下没有皇帝，百姓照样能够生存繁衍，没有大臣，百姓照样能够丰衣足食。没有皇帝和大臣，百姓们或许能够活得更好些。但是如果天下没有百姓，皇帝只有饿死，大臣只有冻死，国也根本不存在。千真万确，只有天下所有百姓家庭和和睦睦，丰衣足食，国家才可能治理好。否则京城里高楼大厦，皇帝大臣锦衣华车，百姓家里吃草根咽树皮，衣不蔽体，子女失学，如何能说国家治理好了。

在这个意义上，由于个人和家庭的事情处理的好坏，是国家能否治理成功的基础，或者说是先决条件，所以我们可以说，个人先于家庭，家先于国。家的事情再小，也是大事。国的事情再大，也是小事。淇泉公饱读经史，深明真理，所以弃朝廷殿试不顾，在家尽孝修身。

那个时代，中国人还确实一定程度的保持着古老而淳朴的民风，把父母儿女的亲情看得很重。母亲去世，家人知道儿女会有怎样心情，不管淇泉公正在京城里办多么重大的事情，还是星夜急报，把噩耗送给他。在现今有些人看来，父母病重去世，就没有那么重大，会借口让儿女安心读书或工作，瞒住噩耗，不让父母临终得以跟思念良苦的儿女说最后一句话，也不让儿女向养育自己一生的父母告个别。

淇泉公获知消息，丢下学业，丢下功名，丢下官职，丢下公务，丢下上司，丢下皇帝，跑回家去，足不出户，守孝整整三年。他的这种家族感情，这种孝道，这种勇气，实在让我们后辈相形见拙，无地自容。

当时嘉兴的一个名人，英肃堂太史大魁恭勤公钱应浦老先生，挽惜淇泉公那么好的学问，失去殿试机会，未得进士及第。一待他守满三年母孝，便催促他进京补考殿试，告诉他说，按照满清科举规矩，为不失人才选拔，学生因故误期可以补考，尽孝而误考者，更有优先，但是补考生成绩再好，名字也不能进入应届的前列。

甲午年，公元一八九四年，淇泉公再次进京，面见皇帝，补考殿试。他表现非常好，人称本凤工书，对策尤翔洽。主考官张百熙内定淇泉公为一甲第一名，也就是给选为当朝状元郎了。光绪朝重臣翁同龢先生听说，对张主考官说，祖制不可改，便把淇泉公名字改为一甲第二。这么一来，下面有人得知淇泉公原非本科所取的进士，就把他的名字连降三等，挤出一甲，算作二甲第二名发榜。

那年淇泉公三十三岁，官授正七品翰林院编修，进入朝廷。后来又升从六品，任武英殿协修、国史馆协修、功臣馆纂修等职。光绪二十六年，简放甘肃正考官。清朝帝王为了确保自己朝廷长久，祖制早有规定，非真正饱读经史，学识渊博，诗文出众者，不得任主考官，或者一省提学使那样的要职。当时情况，外行管内行，大老粗管教育，天下书生不服，朝廷取不到人才，难免大乱局面发生。所以朝廷上不管某官政绩或战功如何，可以委其它重任要职，却不一定能去同学界有关的部门做官。对于满清官员来说，授任主考或者学台，是一种很高的荣誉，等于朝廷公认其学养超群。

光绪二十六年，公元一九〇〇年五月，淇泉公打点行装，乘车坐轿，离京西行，赴甘肃上任。不料刚到山西洪洞，义和团在京发作。扶清灭洋，赤膊上阵，号称刀枪不入，见到洋人，不分清红皂白，乱砍乱杀，天下大乱。随之八国联军攻陷天津北京，借口保护他们各国侨民，也是到处大肆烧杀抢掠，伤天害理，无恶不做。

慈僖太后不敢再住北京，携带两宫，仓惶西狩。路上诏命陕甘考事作罢，中央派往西北的官员就地迎跸，侍从入秦。朝廷晓得，西北地区官员大概缺乏在中央政府任职的经验，不大晓得如何伺候慈僖太后，所以急中生智，把淇泉公留在路上接驾。

那年润八月间，淇泉公在山西境内接驾两宫，跟随到达陕西。大概是淇泉公一路伺候得好，颇得老佛爷欢心。慈僖太后到陕西安顿之后，下头一道诏，就是任淇泉公为正四品提学使，主持陕西省学政。

淇泉公见中华国破家亡，本来甚为痛心。受事后，为重振民族雄风，他毅然以崇实学，端士习为职志，采取措施，改革学政。淇泉公做的第一件事，就是兴办学堂。淇泉公把当地原来的宏道、味经、崇实三个书院合并，创设宏道大学堂，改定规程，广建校舍，遴选陕西各府州县的高材生入学，于右任先生因此而得入宏道大学堂读书。

史载简介，于右任原名伯循，字右任，后以字行，号髯翁，笔名神州旧主、骚心、太平老人等。祖籍陕西泾阳县斗口村，一八七九年生于陕西三原县东关河道巷。出生时，家道衰落，困苦贫寒，未满两岁，慈母辞世，由二伯母房太夫人携至外祖家抚养。七岁入学，读骚史，学诗文，后求学于陕西宏道大学堂，被誉为西北奇才，清光绪二十九年中举。但因其在学期间，倡言革命，遭当地官府追捕，潜逃上海，改名刘学裕，入震旦学院。一九〇六年在日本结识孙中山，加入同盟会，从事民国革命，先后在上海创办《神州日报》、《民呼报》、《民立报》等。一九〇九年主持建立震旦公学，就是现在复旦大学前身。一九一二年到南京临时政府任职，一九一八年回出生地三原任陕西靖国军总司令，反对段琪瑞政府，支持孙中山继任大元帅。后任国民政府监察院长多年，一九六四年八十五岁逝世于台湾。

这位民国元老，幼年在陕西，先习经史，后就读宏道大学堂，开始接触开明思想教育，从而走上革命救国之路，所以他十分感激宏道大学堂的创办人淇泉公，尊称他为恩师。

办学堂同时，淇泉公还努力创办官书局，从上海购买印刷机器、铅字等设备。又下令采集三原、泾阳等地大户藏书，及关中先哲文集百余种，印刷发行。淇泉公还组织人材，翻译国外名著，并撰写书籍提要，作为学堂的教材。因此宏道大学堂的学子们，包括于右任和张季鸾，及其他关中名士茹欲立、蓝钰等，有机会接触西方现代思想的学说，培养起民主革命的意识。当时淇泉公的一个侄子衡山公，也在陕西学署做文案，积极建议在官书局翻印康有为、梁启超等人的著作，鼓吹变法维新。这些举动，都使陕西总督满人升允很为不满，曾多次对人说：关中学风，全给沈学台弄坏了。

因为淇泉公为人耿直，做官清廉，很得关中百姓拥戴。据沈氏族人记载，淇泉公初上任时，正值陕西关中大旱，官府人员不闻大众生死，救援不力。淇泉公立请两宫，准奏令户部发米万石，散放西安所属菑重各县，兼设粥场以便饥民就食。然后淇泉公又召集陕南关中各地大户人家，广治义赈，使得此年大旱没有饿死百姓。

当时陕西学署在三原，西洋教会在当地很有势力，学界中有些不肖之徒，依仗教堂滋事生非。淇泉公对此非常愤慨，亲自与当地中外教士协商，约定互纠处，毋徇吏，处置纠纷，维护教育的尊严。平利县发生民众哄闹教堂的事端，省上不问清红皂白，派兵镇压，军队对百姓滥施杀戮，又逮捕多人，准备处决。平利县绅民向沈学台请愿，淇泉公遂赴西安，密疏朝廷勘查，并力促公正处理。最后领军镇压百姓的郭某被捉拿问罪，几个有关省官也都受责，被捕民众全部释放。特别那郭某系原陕西提督的公子，一贯暴横，无人敢管，此次获罪查办，大快人心，沈学台因此声名大振，陕西吏治亦有改观。

戊戌变法失败，于右任先生在陕西，深感悲痛，经常著述，愤时排满，对慈僖太后尤多讽刺。他在所著《半哭半笑诗草集》首页，印上自己赤膊照片，旁题一联：爱自由如发妻，换太平一颈血。三原县令满人德锐得此诗草，密呈陕西总督升允。总督立刻严令追捕，就地正法。淇泉公得知自己门生有难，连忙通知于右任先生东往躲避，并将自己的梅花名札交付于右任先生，嘱其沿途逢官兵盘查，便交学台名札通关。这样于右任先生凭着沈学台的名札，得以闯过重重关卡，逃出关中，到达上海，保全了一条性命。

因为教育和救命两大恩德，于右任先生对陕西学台淇泉公十分尊敬。后来淇泉公退休到上海做寓公时，于右任先生已在民国政府位居高官，仍对恩师毕恭毕敬，闻讯马上赶到淇泉公府上行弟子礼，拜会致谢，使得淇泉公一夜之间成为上海名士。又因为淇泉公曾任过翰林院编修，替朝廷治史，所以人称太史公。再加淇泉公的另一个陕西门生张季鸾先生，当时在上海办《大公报》，做总主笔，文章天下，便使得淇泉公名气更大。他虽在沪上闲居养老，但门庭若市，宾客如云，文人学士，达官贵人，都想结识这位德高望重的太史公，求字求文。

张季鸾先生是陕西榆林人，在宏道大学堂读书以后，赴日留学前去拜别恩师。据沈氏族人记载，淇泉公很高兴，告诉当时十九岁的张季鸾先生，去日本有两条路，一走天津，一走上海。并建议他说：我的侄儿钧儒也准备去日深造。这后一条路他走过不少趟，和他同行，你一路可以得到他的照应。钧儒还要回嘉兴料理家务，估计要秋后就道。你也可放心，到沪后，他会介绍熟人带你一起出国。芦汉铁路已全线通车，途中也方便了。张季鸾先生听了，件件记在心里，感激恩师对他如此关心，替他周密安排。张季鸾先生在学署住了半个多月，期间淇泉公亲自为他办妥全部出国手续。当时赴日不需护照，官费生只要各省学署致驻日公使发一封介绍信公函。同时在淇泉公的关照下，张季鸾先生赴日的旅费和一年的学习费用也都由陕西学署发放了。

那时候，清廷内政腐败，外患日重，淇泉公看在眼里，忧在心中。

他曾数次叩阙，面陈朝政革新图强之策，侃侃对奏，慈僖太后亦曾闻之动色，答应接受考虑。可是朝廷里一批掌权大臣，借口回銮返京，暂缓奏议，把淇泉公的折子都搁置起来。淇泉公不肯罢休，又奏请朝廷改定学律，以倡新学，亦未被守旧的当朝大臣接纳。至此淇泉公深感朝廷无可救药，国事已无可为，所以一到任满，就坚请退居林下，高卧海上，流寓四十年。

我从小听说，淇泉公退职还乡，是因为他不肯到慈僖太后身边去做近臣。族人传说，淇泉公在西安很受西太后赏识。老佛爷回北京以后，还总想到他，便降旨调淇泉公入京，跟随左右。淇泉公本是京官，只因深感伴君如虎，别说施展才能，连能否确保脑袋安危也难说，所以才自请简放外省做官，远避京城。现在西太后专门调他进京，直接做太后的亲信内臣，更把他吓坏了。走投无路之际，干脆一股脑辞掉所有官俸，躲到上海去做寓公，终其一生。

我每听淇泉公辞官隐居的故事，总是觉得可惜。如果他不辞官，多办些新学堂，做到学部尚书，教育部长，在全国范围创立一套新教育制度，多培养义士能人，中国的宪政改革或许可能成功，中华民族近百年也许可以少经历些苦难。同时我又十分敬佩祖伯父，继承沈氏家族流传三千年的书生清白尊严，那种视帝王官职如粪土的傲骨。沈氏后人，从秦汉开始，直至清季，世世代代读书，也几乎世世代代在朝廷里做官。虽如此，老祖宗郑拒秦始皇丞相不做，戎辞汉光武帝封侯不受的精神，从来没有在沈氏后代的血液里消失。淇泉公年纪轻轻，正在官运亨通之际，断然辞官隐退，两袖一甩就走了。他的精神，他的意志，他的自尊，恐怕后世间那些嗜官如命，嗜权如命，不惜用无数鲜血，染红自己顶戴花翎的无耻者们，永远无法理解。

淇泉公那种读书人自知学识渊博的傲然，那种视人格尊严重于权势富贵的志气，那种虽经困苦而不为五斗米折腰的清高，实在令后辈人仰慕。听族人说，淇泉公做官清廉，辞官又早，并无多少积蓄，而后一直寓居不出，生活并不宽裕，可他决不走斜门歪道，损人利己，也不见人哭穷，乞求怜悯。直到晚年，仍然坚持自给，哪怕卖字为生。

族人记载，淇泉公长身玉立，疏眉目，高瞻视，晚年仍然皮肤白皙犹如少壮。他善于修容，银髯披拂，每日朱履锦袍，见者会疑他是神仙中人。淇泉公精神强固，生活简朴，不喝茶不饮酒。年轻时经常好几天不睡觉，读书办公，毫无倦容，到耄老年岁，依然如故。有客来访时，经常应邀通夜张灯做书，酬答如约，从无讹失。淇泉公书法极好，著名于世，得之者珍如珠宝。淇泉公一生又善与人交，朋友遍天下。亲友凡有求，事必躬亲，无所推辞。清末民初，其侄沈钧儒先生奔走革命多年，屡濒危难，淇泉公经常出面策划，奔走营救。

淇泉公晚年，值欧战大兴，日寇侵华在即。看到国家时局艰难，淇泉公时常以悲天悯人为念。他满八十岁时，亲友门生商量给淇泉公祝寿。淇泉公闻讯，坚持谢绝，专门写信给侄子衡山公说：我国现在苦于战事，历五年之久而未得解决。欧洲法西斯之祸，近来也日益扩大，多少国民家破人亡，妻离子散。这种时候，我怎么能够安然庆贺自己个人的生日，张灯结彩，花天酒地，于心何忍，我如何保持一生的清白呵。

民国三十四年，公元一九四七年夏六月六日，淇泉公故世，享年八十有四。他可以算是嘉兴沈氏家族中最后一个在朝廷里做到四品官职，而后辞官隐退的子孙。他的侄子衡山公也是清季进士及第，并曾授刑部主事，正六品顶戴花翎。但不足一年，他便去日本留学，而后投身反清革命，再算不得满清朝廷命官。

淇泉公那一辈排行最小的弟弟，就是我的亲生祖父，名讳懿，字厚敦，号君德。出身沈氏书香世家，祖父君德公当然也延续祖业，走着读书科举做官的老路。可世事已变，他刚考中秀才，还在准备参加乡试中举之时，辛亥革命发生，跟着清廷引退。时局大变，世道全非，科举也就中断。于是君德公再也没有了仕途，无可奈何。他本来只晓得读书，年纪又小，胆量也小，再添身体不好，没有多少本钱到乱世里去打拼天下，只好苦守家乡，一生没落，再无高祖和曾祖辈那般的荣耀。

13 — 唐臣恩怨遗恨千年

傍晚时分，从现今广西往西的一条大道上，走来一行人马。时值深秋，虽在南国，也依然寒风料峭，枯叶满天。路上没有行人车马，干燥的尘土，飞旋起落，遮得天昏地暗。这里地偏天涯，人烟稀少，远近荒野，只此一条道路，穿越国境，直抵越南。

天色越发暗下，好不容易，看到前面路边有一片房屋和灯火，显是一座小镇。这行车马，便逶迤走近前去，找到镇上最大一家旅社歇脚。

仆人们赶到当中的轿车前，揭开帘子，搀扶一对老耄夫妇挪下车来。那老爷年纪虽长，身体也颇虚弱，而且神情忧郁，但从其举止言行，能够一眼看出，他出身高贵，气质非凡。他随着仆人，走进客房，连连咳着躺到床上，接过书童递过的书卷，便一声不吭，就着灯盏，读起书来，别无旁顾。

女眷们纷纷进入自己屋内，更衣洗脸，吵吵嚷嚷，乱作一团。大小子弟们，顶着方巾，迈着方步，倒背两手，走来走去，观看店中所挂字画，品头论足。仆人们有的从车上搬进箱笼包盒，有的忙着招呼店家安排桌椅，准备饭菜。

过了好一阵，待得众人忙碌过后，店里店外安静下来，桌椅齐备，饭菜妥当，仆人轻轻进老爷房间，请他老人家出来吃晚饭，才发现老先生斜倚靠枕，头偏一侧，手臂垂落，那书卷落在地上，翻开的一页，还在微微颤动。

惊叫和嚎哭立刻淹没了整个小店，整条大街，整座市镇。老爷不是睡着了，老爷过世了。

那是公元六五九年，大唐王朝女帝武则天登基四年后的一天。那个刚刚死去的老爷，是被唐太宗视为大唐开国功臣，曾将亲生儿子托付给他照看的名士褚遂良。他被武则天谪贬，前往河内任上的途中，忧贫交加，病故了，年六十三。

夫人儿子们哭罢之后，商定不再前行，马上将此死讯飞报长安，希望朝廷能够答应他们的请求，允许家人将老爷的遗体运回浙江祖籍。茶饭不思，等了数日，忽然午夜间来了一队官兵，将那旅社团团围住。火把通明，领队军官喝叫点名，听得有应是褚家人氏，兵卒便一拥而上，大绳绑起。待褚家子弟捕捉齐全，官军又前院后屋搜索一番，然后拖着捆绑的众人，顺来路返回，到得一片树林边，军官一声令下，便将褚家的子孙挨着个，都杀了。

随行的褚家男女奴仆，彻夜围作一团，缩在街边墙角，不敢声张，连哭也不敢哭。其中一个青年妇女，挤在人群最里面，用自己宽大的裙袍，紧紧包裹着一个不足两岁的幼儿。等捕捉褚家子弟的官兵一走，那女人便赶紧爬起来，抱着怀里的孩子，朝东方择路而逃。

古今如此，百姓人家遇有危难，靠不得朝廷，靠不得皇帝，靠不得官府，他们的人性，早被权势和荣华富贵异化得一干二净，再也没有一丝同情。危难之际，能靠的还只有同样的百姓人家，穷困但是正直，就像褚家那个连姓名也没有的女仆。她怀里的幼儿，是褚遂良最小的孙子，名叫必给（音及），总算留得一条性命。那乳娘抱着必给，孤身一个，日夜兼程，拣着林间小路，避人耳目，逃入浙江，才算找到褚家祖籍众人，在钱塘安顿下来，保护和抚养褚遂良后代。

这是一个想象的悲惨图景，但却是中国唐代一段惨烈的历史。褚遂良被武则天迫害致死，其子孙全家均遭毒手，死于非命，都是真实发生过的事情。

我的祖母姓褚，那褚遂良是祖母家族的先人。而被乳母救出的褚氏幼孙必给，是浙江钱塘褚家传世的始祖。我得到一本浙江嘉兴褚氏家谱，封面题名为《阳翟褚氏世系图表》，其中的序一，写于民国二十八年，署名是阳翟第五十二世迁嘉第十七世孙铭泰。下面抄录，加标点以断句，有些处也简译为白话。序说：

> 我家旧谱原名《阳翟褚氏家乘》，自东晋武良公始，至唐登善公谪徒爱州。登善公的孙儿必给公，避祸迁居浙江钱塘，

世世绵延，迄于清代，历五十余世。明代景泰年间，升山公由钱塘迁居嘉兴东乡，则为我族迁嘉之始祖，旧谱均有详细记载。自经丁丑国难，檇李旧宅，金陵寄寓，俱毁于战火。我带着眷属避难于上海，族人迁徙流离，各房所存家谱尽付劫灰，后世子孙将无家乘可稽，祖宗名行湮没无传，至堪扼腕。

所以我与弟弟禅真，凭当年手抄旧谱记忆所及，又借阅余杭支的家乘，择其源流考内所载，晋唐间世系与吾宗旧谱相同者。更稽史册，摘要汇录，复参照眉山苏氏谱例，绘图联系，酌用现代表式，分项登载。惟因旧谱无存，远祖旁支无从稽考，谨上溯至升山公下逮子姓，依次分编图表，以非旧谱原式，故名世系图表。仍冠以阳翟褚氏，重系统也，缀以嘉兴宗族别支派也。

兹编所载，难免挂漏，所冀我后之人，与我族众，续辑增编，各怀水源木本之思，讲求敬宗睦族之道，子子孙孙，济济绳绳，仰承先德，永裕后昆，以光大我宗族。抑余犹有冀者，倘旧谱尚在人间，他日重获保存，而以此编附于谱末，为家乘中增一故实，此则余之志也夫。

这是一篇出色的序，情理并茂，感人至深。从此序可知，嘉兴褚家，是公元一四五〇年到一四五六年的六年间，从钱塘迁来。因一九三七年日寇入侵的战乱（丁丑国难），嘉兴（即檇李）老家和南京住宅都毁于战火，世代保存的旧家谱都烧光。这本家谱是兄弟两人凭记忆，又参考许多数据，补写而成。所以续写家谱，为后人能够记念先祖，承继家族传统，尊敬祖宗，善待同族，子子孙孙繁荣昌盛，前承祖先，造福后代。

序中所说的唐登善公，就是褚遂良。这本《阳翟褚氏世系图表》的序二中有关记载更详细些：

唐登善公以功封河南开国公，受太宗顾命，辅弼高宗，而以立后事，为武氏所衔，贬爱州都督，道卒，诸子多被害，仅幼孙必给公为乳媪抱匿民间，以宗族多在江南，间道走吴越间，至临平居焉。世以河南公之公忠亮节，柄耀古今，故称褚氏每曰河南，推族望焉。自必给公惩先世之难相戒，不复出仕，遂世以耕读为业，故自唐以历五代宋元，而至于明，从无登仕版者，而多以文学闻于世。

这篇序是同修褚氏谱表的弟弟所写，对褚遂良的家世情况做了最为简略的记述，也印证了有关史书上的记载，弥足珍贵。

后世稍读过些书的人，没有不知道褚遂良是何人的。他的书法传世，习者千万，至今凡书坊必有其帖多种。褚遂良工隶楷，书体疏朗丰妍，自成一家，行草婉畅多姿，人称美女簪花，赞其秀丽。读书略多些的人，也会听说，褚遂良对王羲之书法之精，可以一眼鉴别真伪，使得无人敢作假来欺骗大唐皇帝。王羲之平生最得意之作《兰亭序》，因唐太宗爱之过甚，真迹做殉葬品跟着埋了。现在世面流传，都是临摹，其中最佳者之一，乃褚遂良之作。

但大多数人，包括读书人，并不都了解，褚遂良不仅是个大书法家，而且是个大政治家，英明而正直的政治家，所以也只能有古今所有英明而正直的政治家所可能得到的悲惨下场：被阴险无耻的枭雄政客所排挤，被狠毒残暴的独裁君王所残杀。

褚姓是怎么来的，我没有像沈姓那么清楚的渊源记载可考。有说自殷商后就有此姓，以掌管市场的官名为姓。有说是汉代才得，以洛阳附近的一个地名为姓。如上引之序所说，《阳翟褚氏世系图表》旧谱记载，始自东晋。

褚遂良，字登善，生于隋文帝开皇十六年，也就是公元五九六年。他的祖籍是浙江，所以上序中说，他的幼孙被乳娘抱了逃命，直奔江浙一带，因为那个地区褚家族人多，便于保护。可褚遂良并非出生于浙江，他出生在大西北。当时他的父亲官任隋文帝散骑常侍，名满天下，与当朝书家名士虞世南、欧阳询等都是好友。出身名门贵族，褚遂良从小受到诗文书画的良好教育，所以也成就了一代书法大师。

唐王李渊起兵推翻隋帝，建立大唐王朝，是六一八年。褚遂良只有十八岁，正跟着父亲在西海郡任官，就是现今的甘肃。唐秦王李世民领军平定西北，把隋朝旧部都收编进自己的队伍效命。他了解褚遂良父子的文名和才干，让他们做了自己的亲随。

通过一段时间的合作，李世民对褚遂良有更多了解，也更加信任。他曾对自己的亲信长孙无忌说：褚遂良正直聪明，学识渊博，而且竭诚忠于我，好像小鸟依人，我自然要加倍的关怀他。

唐太宗继大位之后，褚遂良受任两个起居郎中的一个，一天到晚记录皇帝言行。有史家说，唐太宗的许多公开言行，除了要实现富国强民的愿望之外，大概也有很大程度，是为了得到朝官的赞许，特别是让起居郎做出好的记录，留传后世。

也就是说，褚遂良任起居郎之职，实际上起着监督皇帝言行的作用，因为唐太宗自己规定，起居郎对皇帝的言行记录，只为真实记史，不允许给皇帝过目。后来唐太宗曾忍不住，问褚遂良真的不可以给皇帝看看起居注么。褚遂良认真地回答：本朝所以设起居之职，就如古时的史官，善恶都记，使得皇帝检点言行，不犯过错。我从来没有听说过，做皇帝的自己要看这些记录。唐太宗又问：如果我真有错处，你一定要记录下来么？褚遂良仍旧认真地回答：那是我的职务，皇上一言一行，我都是必记的。

祖先如此正直和忠贞，我感到无上荣光。可想来也痛心，古传祖制，天子皇帝的日常言行，有专职史官记录，评判善恶。显然这种监督皇帝言行的传统，至少是延续到唐太宗时代。可是后来呢？中国真是一个奇怪的国家，历史悠久，史料齐全。中华民族又总以全盘继承传统而引为自豪，不管什么事，一说古已有之，就名正言顺。然而想不到，这种继承，竟是有选择的，实用主义的。有的传统得以继承，比如皇帝独裁专制。有的传统就得不到继承，比如皇帝的言行必须接受臣民的监督。

至少唐太宗还忠实地继承了祖宗的传统，褚遂良不给他看起居注，他也不敢强行要看。放在后世许多皇帝身上，早就下一道诏，免了褚遂良的官职,然后把起居注拿来大看,再大改大编。自唐太宗以后,大概就算各朝还设史官或起居郎这样的官职,恐怕大多也只是样子,专记皇帝的好处,以歌功颂德为能事,不记皇帝的错处。瞒不住天下的时候,就费尽心机编造历史,替皇帝涂脂粉饰,已少有司马迁褚遂良这等忠贞之士。难怪唐太宗能有多年贞观之治,而后来是一帝不如一帝,一朝不如一朝,一代不如一代。皇帝越来越肆无忌惮,朝政越来越专制,国家越来越贫穷,百姓越来越沦为奴隶。

褚遂良除了每天监督和记录唐太宗的言行之外,还被委以谏议大夫的重任,李世民凡有国家大事,几乎都要征求褚遂良的意见。后来他作为黄门侍郎,代表皇帝各处巡察,有权直接罢免不合格的地方官。然后又被提升为中书令,成了继魏征之后,与马周、长孙无忌一样,在唐朝政坛举足轻重的决策人物。

公元六四九年,贞观二十三年,唐太宗病危,把褚遂良和长孙无忌两臣召到病榻前,嘱咐说:卿等忠烈,简在朕心。昔汉武寄霍光,刘备托诸葛。朕之后事,一以委卿。太子仁孝,卿之所悉,必尽诚辅佐,永保宗社。然后唐太宗又对太子说:无忌、遂良在,国家之事,汝无忧矣。言罢,太宗马上命褚遂良照此安排,起草诏书。

太子继位后,开始一段时间,遵从父命,重用褚遂良,执掌朝政大权,褚遂良达到政治生涯的最高峰。褚遂良也真尽心尽力,辅佐新皇帝,内外宁谧,国泰民安。

那时候,武则天野心勃勃。在是否立武则天为太后的斗争中,褚遂良和长孙无忌出于对先皇的忠诚,坚定地站在反对的一边。最激烈的一次,褚遂良大发一通反对议论后,激动万分,干脆不顾性命,也不要官职了,把官笏放在台阶上,把官帽也摘下,不停叩头,以致血流满地。皇帝大为恼火,只好让卫兵把褚遂良拉出去。

就像古今所有大臣与皇帝之争,皇帝永远取胜一样,那场斗争,褚遂良和长孙无忌失败了。武则天做了太后,然后又做了女皇。而且因为当初褚遂良曾那么坚决地阻挠她的事情,武则天对褚遂良恨之入骨。所以她一做太后,马上动手,把所有曾经反对过她的人都赶出朝廷,或者杀害。后来武则天登上皇位，就把褚遂良贬到西南今广西地区做都督，然后再次贬出国境，到越南去任职。

褚遂良在流放中寂寞悲哀地死去，武则天仍不罢手，继续把褚遂良全部官职一削到底，而且还把他一家九族男女老少，全部杀害。我中学时第一次读《新唐书》褚遂良传，也正是自己家和无数中国读书人遭受天大冤案的十余年间，所以读来格外震撼心灵，痛哭数次。

褚遂良这场大冤案，直至四十六年之后，武则天尸骨已经腐烂成浆，到神龙元年，公元七〇五年，才由唐中宗平反昭雪。又过四十年，到天宝六年，公元七四七年，唐玄宗李隆基才恢复褚遂良开国功臣的地位，允许配祀于高宗庙中。再过四十年，贞元五年，公元七八九年，唐德宗下诏，把褚遂良像画到凌烟阁内，使朝朝代代永志不忘。

中国的事情真如此的难办，特别是朝廷做错事情，皇帝犯罪，往往要等四十年或者更久，三个四十年，换过多少代皇帝，才有机会对先帝的过错予以改正。官职权势大如褚遂良者，尚且如此，平民百姓所受的冤曲和残害，更有哪个能来理会，只怕过四百年也得不到平反。做中国的百姓，真是苦难，真是不幸。

四十年过去，当初在乳娘怀里，得以逃生的褚遂良幼孙必给，长大成人。那不顾自己性命，不辞劳苦，救他脱险，将他养大的乳娘，早已做古。虽然褚遂良得到平反，可褚家后代所遭受的冤屈和苦难，不可能一笔勾销，轻易忘却。不，不能，苦难是绝不能忘记的，冤屈是绝不能忘记的，罪恶是绝不能忘记的。

必给从祖辈和自己的苦痛经历，看透了政治的冷酷无情，看透了朝廷和官场的险恶，他训导褚氏后人，世世代代保持正直和忠贞的人格，不准再投身政治，不准替朝廷做事，不准给皇帝做官。

因此就算一百二十多年后，褚遂良已被唐朝皇帝列入高宗的庙堂，恢复当朝臣子最高荣誉，浙江褚家仍旧没有一个后辈出来世袭祖宗的官位。自唐之后，经五代十国，又经宋元两朝，直至明代，浙江褚家始终耕读为业，极少人出仕。有的进士及第，仍不入朝廷做官，宁愿回乡赋闲。褚家后人得闻于世者，多出文名。直至清季，浙江嘉兴褚氏，才有比较多后辈科举出仕。

明朝景泰年间，浙江钱塘褚家名为升山的一支，迁到秀州，成为嘉兴褚氏的始祖，在我的这本《阳翟褚氏世系图表》中，列作嘉兴褚氏第一世。繁衍到第十四世，兄弟二人，长兄名讳作霖，他的曾孙即第十七世有一个名讳铭泰，字叔盘，就是补编这本《阳翟褚氏世系图表》的人。而那十四世两兄弟之弟名讳作模，其孙名讳成钰，字翰轩。翰轩公的三女儿惠子，嘉兴褚氏第十七世，就是我的亲生祖母。也就是说，编这本褚氏图表的叔盘公，与我的亲祖母是叔伯兄妹。

祖母的父亲翰轩公，光绪庚子年，即一九〇〇年中举，就职直隶州州同，相当今京津地区副区长，后来分发安徽布政司署佐幕，官不大，只有从六品顶戴花翎。民国以后，翰轩公又曾在开封及杭州等地的高等法院任职，并且故于任上。

我这本《阳翟褚氏世系图表》中记载：翰轩公生平著录甚多，皆未刊世，惟有《益草堂诗集》行世。公勤于学，重气节，有卓识，尝对于内政外交有所论，列后果皆应其言。这段文字浅显，谁都读得懂，不必翻译现代白话文。

14 大韩总统的救命恩人

浙江嘉兴褚氏人中，近百年来，最著名的一个，是褚辅成先生。在我的《阳翟褚氏世系图表》中，找不到他的名字。按照古时家谱条例，先祖挂线记录，只注长房长孙一人，次子三子都不记在族谱里，直到修谱者以上五代，才做详细记载。

据褚先生生平记载，其先祖也是由杭州（古作钱塘）迁入嘉兴，所以也是阳翟褚氏本支褚遂良的后人，或许跟我祖母有血源之亲，或者是同姓本家。高寿九十四的应瑞表叔，在美国旧金山对我讲，他年轻时曾在上海拜见过褚辅成先生，称他太叔祖，确与祖母的褚家有亲。既然是我的祖辈，按照家族规矩，不知其号，只能以字称公。

公名讳辅成，字慧僧，同治十二年，公元一八七三年，生于嘉兴。弟兄八人，慧僧公排行第六，他的长兄和两个弟弟都不幸早年夭折。慧僧公幼年居家，从二哥读书。十三岁离家，先后就读于曹焕章和沈安甫。教授出慧僧公那样的国家栋梁之才，足见业师沈安甫学养之深。数年之后，慧僧公二十一岁中秀才，与沈安甫次女结婚，做了嘉兴沈姓的女婿，与我们家算是亲上加亲。

光绪二十四年，公元一八九八年，清廷发生戊戌维新。慧僧公深痛国家内患外忧，受新思潮影响，锐意变法改革。光绪三十年，公元一九〇四年，慧僧公三十一岁，东渡日本，入东洋大学高等警察科读书，后转法政大学深造。他在东京期间，与中国留学生交往密切，思想日趋激进。一年后加入同盟会，投身反清革命。同年底受任同盟会浙江支部长，在嘉兴开设南湖学堂，自任校长，宣传革命，发展同盟会员，组织反清革命活动。

光绪三十二年初，慧僧公介绍秋瑾女士到南浔浔溪女学任教，二人在日本留学时相识，共同的革命理想，使他们成为知己朋友。一年后，公元一九〇七年春，秋瑾女士回到嘉兴，住在慧僧公的南湖学堂，同慧僧公秘密商讨组织光复军，反清起义计划。不想同年六月，光复军起义失败，秋瑾女士在绍兴被捕，英勇就义。消息传来，慧僧公悲愤欲绝。失去知心战友的苦痛，使他推翻满清政权的意志更加坚决。

次年正月，浙江革命志士冒了杀头的危险，偷偷在杭州西冷桥畔埋葬民族英雄秋瑾女士。慧僧公接到通知，连夜赶到杭州，参加悲壮的葬礼。埋下英雄的遗体，数十革命者们激情难耐，聚在西湖风林寺，组织起纪念秋瑾女士的会社，称作秋社，商讨反清革命的策略。那年慈僖太后和光绪皇帝先后去世，江浙一带民国革命先驱，马上筹办起义反清的种种计划，嘉兴府的行动由慧僧公负责。

宣统元年，公元一九〇九年，浙江省咨议局成立，慧僧公当选议员。一年后慧僧公当选嘉兴府商会总理，率团到南京参加南洋劝业大会。宣统三年，公元一九一一年三月，嘉兴发大水，慧僧公积极组织救灾。同年十月武昌起义，辛亥革命爆发。其前后一个多月，浙江革命风暴云起，慧僧公是主要组织者。浙江省内所有大小起义的谋划、组织、人选、发动等等，都有他的参与，无不尽心尽力。

十一月五日凌晨二时，浙江起义军炮轰清廷杭州将军府和浙江巡抚衙门，一举获胜，浙江光复，成立共和政府。慧僧公受任浙江省军政府政事部长，统辖全省民政、财政、外交、交通、教育、实业等等。

民国元年，公元一九一二年，浙江省政府改定官制，慧僧公受任浙江民政长。同年同盟会改组为中国国民党，慧僧公被任命为参议。十一月孙中山到嘉兴演讲，慧僧公从杭州返家乡迎接陪伴。

袁世凯窃任民国大总统之后，视革命志士为眼中钉。民国二年八月，袁世凯以慧僧公在浙江办理选举，有违中央选举法，撤免他浙江民政司长一职。正于此时，慧僧公跟陈叔通等三人，一起当选第一届众议院议员，便离开浙江政府的行政职务，代表浙江民众，赶往北京开众议院会议，跟袁世凯面对面地斗争去了。

当年五月，慧僧公在北京众议院会上，反对袁世凯善后大借款案。七月，慧僧公在国会领衔发动对袁世凯的弹劾。八月袁世凯凶相毕露，下令逮捕慧僧公等八名众议员，自北京解送安徽，系狱三年之久，不知吃了多少苦头。直到民国五年，公元一九一六年，窃国大盗袁世凯在全国人民一片讨伐声中，命丧黄泉，慧僧公才获出狱。

离开安徽，慧僧公立刻赶到上海，会见孙中山先生，后重返北京，参加国会。此后数年，慧僧公一直全心全意支持孙中山护法。一九一七年段祺瑞任总理期间，强迫国会通过法案，迫中国参加第一次世界大战。慧僧公领导反对，动议搁置不议。段祺瑞恼羞成怒，强迫总统黎元洪解散国会，导致七月张勋领军进京，溥仪复辟等一连串事变。

孙中山先生南下广东，宣布护法，国会议员也集中广州，召开非常国会，选举孙中山先生为中华民国军政府陆海军大元帅，慧僧公在该会当选为副议长。不过一年，迫于广东军阀武力威胁，孙中山先生辞职北往上海。慧僧公也先往上海，后至香港，与林森、王正廷、吴景濂联名通电，声讨广东军阀倒行逆施。

大乱良久，直到民国十一年，公元一九二二年，黎元洪复任总统，恢复国会，慧僧公才回到北京。然后又连续发生直系军阀迫总统离职，曹锟贿选，段祺瑞政府金法郎案等等。北洋军阀时期议会民主的彻底破灭，使慧僧公越来越失望，逐渐脱离中央权力核心圈子。

民国初十余年政坛变迁，军阀争权，袁世凯、黎元洪、段祺瑞、张勋、曹锟，乃至后来的直系、奉系、皖系、桂系、滇系等，冯国璋、冯玉祥、吴佩孚、张作霖、阎锡山、陆荣廷、唐继尧等，无一不典型地表现出中国政治作业的凶残和丑恶。

虽然世界上任何一次改朝换代，都必不可免有长时间的一段阵痛，天下才能得以稳定。比如唐王建政后，不止一处隋将起兵反叛，当时的秦王李世民，对唐朝所立的最大功劳，就是平定那些叛乱。而且他也在平叛的过程中发展自己的实力，如收编褚遂良那样的名士，所以最后才敢发动玄武门兵变，夺得太子的名分。

但并不是世界上每个国家的改朝换代，都像中国这样残忍和血腥，或者像民国初年中国政坛那样的丑恶和暴烈。但是极端的事例，常常能够最明确地表现事物的本质特征。像民国初年的中国政坛，由于其极端的残暴和丑恶，所以能集中体现出中国政治运作的本质和特色。

经过上千年专制独裁的皇帝制度，中国政治作业的最大特色，就是围绕最高统治者个人专权的斗争。从袁世凯，到段祺瑞，到张勋，到曹锟，无一不是毫不知羞耻地公开抢夺或捍卫自己的个人专权，为此不惜置国家安危于不顾，不惜置天下百姓生命于不顾。当他们要夺权时，他们搬出国会来，搬出共和来，做旗子当棍子。一旦他们权力在手，就翻脸不认账，解散国会，无视共和。他们骨子里就是要做皇帝，独裁专制。那不是一个秘密，天下人早已心知肚明。古今凡有帝王野心的政客，时刻注意的并不是国家兴盛和人民幸福，他心心念念想的，只是一己的权力。为了夺取政权，他可以暂时忍辱负重，可以暂时高举共和旗帜，大呼民主口号，欺遍天下良知。古时民众不懂得主义，造反之人可以公开坦言，自己就是起兵夺权，要坐天下。到了近代，中国民众晓得了主义的力量，于是就人人祭起主义的大旗。

民国初十余年政坛变迁，所表现的中国政治作业第二大特点，就是暴力战胜的思维延续。从汤王灭夏，建立汤王朝，武王伐纣，建立周王朝开始，中国全部三千年历史的所有改朝换代，无一例外，都是通过暴力手段，灭亡前王朝，夺取政权，建立新王朝。

正常情况下，创立新王朝的马背君主，坐天下之后，进入统治阶段，会开始重用文官，因为打江山的将军们，多半都是亡命徒出身，只会打仗拼命，不懂治国方略。可是无论如何，先要靠暴力打得天下，那是第一步，然后才谈得到治国。

所以秦汉唐宋元明清，凡开国皇帝，不管怎样胡作非为，还是能够稳坐龙椅，因为他们都会打仗，通过打仗而牢牢握住兵权。通常，开国后的两代皇帝，还多少有辅佐开国皇帝打仗的经历，至少跟开国名将有不少个人关系，所以还能掌握些兵权，不至发生什么皇位政治危机。

过了几代，少皇帝在深宫里出生长大，一天仗没打过，养尊处优，自己已经不懂得如何带兵征战，也早远离兵权。在那情况下，他只有倚仗祖先父王的余威，保住龙椅，而且时常需要对拥兵自重的诸侯让步，以求保住自己的皇位。那时候满朝文官，一个都没用。不管多么英明能干的文官，总也敌不过武将们的大刀长矛。一旦发生冲突，最后失败的永远是文官。因为武将有兵权，真发起脾气来，免不了起兵造反。就算朝廷镇压得了，也还是要头疼好多年。如果朝廷镇压不了，皇帝自己就得下台。

也因此，每个朝廷，到了晚期，兵权旁落，皇帝一定衰弱。最后被造反的战将起而分天下，又取而代之。秦皇死而项羽起，汉祖弱而三国兴，隋帝病而唐王反，唐王衰而五代生，宋祖怯而元兵至，元宗衰而明祖胜，明皇短而清军入，清帝幼而民国立。周而复始，永远是暴力战胜，颠扑不破。

中国政治的这两大特点，深入人心，特别怀有政治野心的枭雄，更加明白这条道理。稍微有点兵权实力，马上占地为王，拥兵自重，然后就盯准皇帝龙椅。民国初年，走马灯般争抢权力者，袁世凯、黎元洪、段祺瑞、张勋、曹锟、冯国璋等，个个都是军阀，手握重兵。

面对这样的政治历史传统，面对这样凶暴残忍的掌军枭雄，孙中山先生一点办法都没有，邀之即来，挥之即去。就连广东一个小小的军阀陈炯明，也敢对中山先生大不恭敬，说赶他走就赶他走。为什么？因为孙中山先生手里毫无军队，调不动一兵一卒。后来蒋介石校长有了一支黄埔军，马上北伐取胜，打遍大江南北，黄河上下，鲜逢敌手，终于统一全国，算是一了孙中山先生夙愿。

连孙中山先生都对各位军阀毫无办法，一个慧僧公又能怎样。他在北京已无所为，只好回到故乡浙江。从此慧僧公集中全力，反对军阀势力，发动地方自治。他与蔡元培先生等组织苏浙皖三省联合会，宣布三省自治，脱离军阀孙传芳。秀才遇见兵，有理说不清。孙传芳大军进入杭州，马上下令通缉蔡元培先生和慧僧公，幸得及时脱险。

一九二七年北伐军攻占南昌，国民政府任命张静江和慧僧公为浙江政治会议委员兼浙江政务委员会委员。慧僧公由上海至浙江宁波，筹组浙江临时政府，主持省政。也是那时，慧僧公任命嘉兴同乡衡山公为省政务委员会秘书长。

蒋介石在上海发动"四·一二"政变，于江浙等地搜捕共产党人，四月十四日慧僧公和衡山公都被逮捕，押往南京入狱。幸得王廷扬、庄崧甫等营救，方得恢复自由。从此慧僧公对国民党仕途失望，转入教育，想自此不问政事。他于一九二七年十月任上海法科大学董事长兼校长，此校后改为上海法学院。期间慧僧公又聘请一起坐过监狱的衡山公，担任该校教务长。

树欲静而风不止，慧僧公终于不能安坐课堂，而被卷入一轮更加壮烈的政治风暴之中。一九三一年"九·一八"事件和一九三二年"一·二八"事件相继发生，日寇入侵中国的狼子野心昭然若揭。民族危亡迫在眉睫，慧僧公安能坐视。他从大学讲台跳下来，投入抗日大潮，应聘为国难会议会员，为抗日奔走呼号。

一九三二年四月二十九日，日寇侵华军借庆祝日本天长节的名义，在上海虹口公园举行大规模阅兵，向中国人民炫耀武力。上午十一时，一列列全副武装的日军官兵，踏着重重的皮靴，在检阅台前走过。侵华日军司令白川义则大将和野村吉三、植田谦吉等将领，以及日本驻华公使重光葵等，在台上得意洋洋地检阅着部队。

突然间，从观看的人群中冲出一个青年，猛呼一声，扬臂抡甩。说时迟那时快，一枚炸弹从他手中飞出，直奔检阅台。不等日军官兵想明白是怎么回事，便听得轰然一声巨响，天崩地裂，炸弹在检阅台上爆炸。日军大将白川义则当场毙命，野村吉三、植田谦吉等将领和公使重光葵，纷纷倒地，均负重伤。

熊熊的浓烟，遮蔽蓝天艳阳，全上海的中国人都暗自欢欣鼓舞，奔走相告，敬佩投弹杀敌的青年勇士。

勇士却原来并不是上海人，连中国人都不是。他是韩国人，名叫尹奉吉，是韩国爱国团成员，奉韩国独立运动领袖金九之命，前往投弹杀敌。当时韩国也被日军铁蹄践踏，共同的仇恨，使中韩两国人民投入同一的抗日战线。看到检阅台上死的死，伤的伤，一派惊慌，韩国勇士尹奉吉挺立数千观看的中国人前，哈哈大笑，视死如归。他被日军当场逮捕，受尽折磨，英勇不屈，最后殉身就义。

在那样的场合，当着千百中国人，当着千百日军官兵，大白天炸死他们的司令官，驻沪日军丢尽面子，由不得气急败坏，像疯狗一样，大开杀戒，找中国人报复。当他们发现那勇士是韩国人，便开始在全上海搜捕韩国人，特别是韩国独立运动的成员。

身为韩国独立运动领袖的金九，处境十分危急，随时可能被日军捕捉。金九是在上海的韩国独立临时政府领导人，经常在上海各报发表文章，宣布韩国人民对日作战，永不终止，所以是人人皆知的公众人物，很难隐藏。日军悬赏六十万元，捉拿金九，期望上海市民会见钱眼开，出卖金九。

时任上海法学院院长的慧僧公，获知消息，不顾自身和家人安危，马上找到金九，秘密安排，潜出上海，送往自己的家乡嘉兴，藏匿在褚氏家人的屋里。为了保护金九的安全，慧僧公安排自己家人子女，经常转移金九，有段时间就住在船上，漂泊于运河与鸳水之间。

金九在嘉兴避难，前前后后将近四年时间，韩国临时政府也就安在嘉兴，金九和他的助手们，在慧僧公的家里或船里办公，指挥韩国人民对日作战。直到一九三六年五月，日军忙于准备全面侵华作战，已无暇顾及搜捕金九，险情略少。韩国临时政府全体成员，从嘉兴移至南京，金九才离开慧僧公在嘉兴的家。

多年以后，二战结束，抗战胜利，日本投降，韩国光复，金九归国，就任韩国大总统。他和韩国人民牢记着中国人民对韩国人民抗日独立的支持，金九总统经常回忆慧僧公冒着全家人的性命危险，掩护他的事迹。一九九六年，韩国政府授予慧僧公一枚大韩民国建国勋章，并派人到嘉兴，举行隆重的授勋仪式。一九九七年，金九后代金信，再次率同家人子孙，到嘉兴瞻仰当年金九避难的住所，回首往事。

八年抗战期间，慧僧公组织上海人民支持东北抗日联军，营救被捕人士，足迹踏遍大江南北，四处奔走，宣传和组织民众的抗日活动。一九三八年慧僧公当选国民参政会第一届参政员，到汉口开会，随后又到四川，住重庆等地。此后连任四届参政员，全力投入抗战工作。

一九四五年一月，慧僧公与黄炎培等六十余人，联名发表《时局献言》，呼吁党派合作，挽救时局。六月二日慧僧公与黄炎培、章伯钧等六位参政员，致函中共，要求访问延安。半月之后，毛泽东和周恩来复电欢迎。七月一日慧僧公等六名参政员，在王若飞陪同下，从重庆飞往延安访问。中共领导人毛泽东、朱德、周恩来等，亲到机场迎接。

慧僧公等在延安访问五天，与毛泽东和周恩来等举行会谈，达成《延安会谈纪要》，倡议召开政治会议，解决时局问题。基于这个倡议，是年八月，毛泽东飞往重庆，与蒋介石谈判。慧僧公与其他五位参政员，在重庆宴请毛泽东、周恩来、王若飞等。

慧僧公那时已七十三高龄，重庆延安长途飞行，致使劳累过度，在延安已感不适，强撑工作，再度飞行，回到重庆，便脑溢血发作，幸得治愈。八月十五日日本投降，喜讯传来，慧僧公兴奋过度，鼻血大出，自此身体日渐衰退。回返上海后休养，一九四八年三月三十日病逝，享年七十七岁。

在我所知的父母两系家族前辈人中，慧僧公仿佛有所不同，或许是现代意义上的读书人吧。他与我的其他前辈一样，出身书香世家，幼年也在嘉兴故乡读四书五经，但他有机会却没有考科举，所以没有前清功名。就传统标准来说，他算不得真正的读书人。虽然他也留过洋，学过法律和政治，但他最后扬名天下，并不因功名，亦非学识，而是因为他从事革命活动。就我所知，慧僧公好像是我的祖辈人中惟一的一个，即使没有自己持枪攻打清军堡垒，至少是亲自计划和组织过武装起义，真的造反，那是传统士大夫所不为的。

但慧僧公毕竟只是一个新旧过渡时期的人物，他最终还是恢复文人传统，没有完全演变为一介武夫，崇信暴力，决心用枪炮解决一切纷争。自民国建立以后，不管面临多少次的政权危机，也不管多少军阀前仆后继发动战争，慧僧公始终只在议会里谏政，推动彻底改革政治制度，再没有介入任何武装活动。他访问延安，肯定当时中共主张，但并没有推翻国民政府另立政权的想法，更不赞成暴力夺权的方式。那就使他回归文人学士之列，不能算是完全意义的造反者。

慧僧公生前没有能够满足改革中国社会政治制度的愿望，但愿后辈人能够得以实现，而使祖国富强。

15 妇女革命先驱

根据我有的嘉兴褚氏宗谱记载，祖母于光绪八年，公元一八八二年，生于浙江嘉兴，上面两个姐姐，下面一个弟弟，一个妹妹。在重男轻女的时代，连生的第三个女儿，从小在家里得不到宠爱，是不难想见的。

祖母的大姐，所嫁丈夫名陈麟熙，字端林。陈家本是嘉兴富豪，儿子不孝，花花公子，吃喝玩乐，把一份丰厚祖业，完全荡尽，最后落到家徒四壁，无以为炊的地步。祖母的大姐一生郁郁寡欢，也在贫困和忧愁中离开人间。

祖母的二姐，所嫁丈夫是杭州人，名汪颂山，在北京读书。结婚以后，年纪轻轻，忽然病故。夫家怨褚氏的女人克夫，害死了汪家的儿，对寡妻百般虐待。最后祖母的二姐终于无法忍受，服毒自尽。

看到两个姐姐的悲惨命运，祖母在少年时代就立志自强，绝不肯再像姐姐们一样，无力独立生存而被残酷的社会传统所吞没。幸得世事终于有变，祖母进入青年时候，江浙一带首开风气，办起中国历史上头一批女子学堂。

女子读书，在中国古代并非绝无仅有。特别书香世家，没有子女不读书的，所以蔡文姬的字，李清照的词，留传于世。可是自古祖制，女子读书只能在自己家里，随从父母或兄长教习，不能外出求学。所以才有祝英台女扮男装，入学堂读书的传说。

光绪年间，中国仍在古制浓厚之时，虽有猛士，办起女校，还是惹起一派辱骂之声，谓之败坏风气。但办女校的，毕竟都是男子，而且多如慧僧公那样的社会名流，世人也拿他们无办法。如果谁家女子，真敢到那些女校入读，就必须要有更大的勇气。她们不仅要忍受家里人的不满，还要顶着社会指责的重压，以及天下男人们的恶骂。

自古至今，不少中国男人生性懦弱，任强权随意宰割而不敢反抗。

这样的中国男人感受到屈辱和悲愤，只会在比他们更懦弱的女子身上发泄，作为报复。中国女人历来被看做世间一切恶行的替罪羊，不仅同男人一样被强权所宰割，还要多受一层男人们的欺压。晚清年间，世人惹不起办女校的男人名士，自然迁怒于读女校的学生女子，好像她们才是世风日下的的孽源。那个时代，办一所女校，并不能就算是革命，女子走出家门去上学，那才是真正的革命。那一代女子学生所表现出来的勇气和意志，比那些办女校的男人伟大得多了，她们才是中国的希望。我的祖母，便是头一批冲破传统阻力，毅然入女校读书的革命女子之一。

祖母以两个姐姐的不幸命运，声泪俱下，说服母亲，得到许可，独自离开家乡，负笈苏州，考入光绪年间苏州办起的江浙地区第一所女子学校苏苏女校。光绪三十三年，公元一九〇七年，祖母以该校中学科最优等第一名毕业。然后到太仓毓娄女子学校执教，从此开始她四十余年漫长而艰苦的职业妇女生活。

那年祖母二十五岁，光绪年间青年女子到那个年龄还没有出嫁，已经绝无仅有，而况祖母是为了读书，才不断延误婚姻大事。她当时所承受的家庭和社会压力，一定异乎寻常的巨大。祖母读过书，懂得科学，不想早婚。毕业之后，自己能够独立生活，就决定成家。但是她没有现代人的幸福，不能自由恋爱，而且她必须殉道，拯救丈夫。

祖父祖母的婚姻，如同三千年来中国所有男女一样，是在两人孩提时代，由父母订下。那个时候，我的曾祖父子美公，进京殿试，进士及第，在吏部文选司做正六品主事，也算得嘉兴沈氏门里又一个得意子弟。可老天不公，光绪十七年，公元一八九一年，子美公忽然大病，四十七岁便丢下一群儿女，辞世而去。

祖父上有七个哥哥姐姐，他是最小一个，排行老八。曾祖父去世时，祖父只有六岁。从此家道中落，生活日渐困苦。祖父自小体弱多病，身心所经受的苦痛，不难想象。祖父考中了秀才，也曾去上海南洋公学读书，因病辍学，后来废除科举，就一直没有机会求取功名。他又只知读书，其它万事不会，缺乏足够的实际技能。

光绪三十三年，曾祖母终因操劳过度而病逝。祖父既不能独自谋生，又无处可去，只好倚赖兄长，借人一角屋檐，委曲求全。那年刚好祖母从苏苏女校毕业，找到头一份教书工作，得以独立于世。祖父的兄长们听说此事，马上找到褚家，要求替祖父祖母两人完婚。

褚家亲属群起反对，讥笑沈家想把祖父这个包袱丢到褚家，让褚家人来背，其中祖母的弟弟和妹妹不愿看姐姐以后过苦日子，反对得最为激烈，主张干脆退掉婚约。可是祖母的父亲翰轩公坚持原议，对家人们说：我们褚家世代读书，仁义道德不能够忘记。正是因为沈家现在穷了，我们才绝不能悔婚。

祖母同意这话，坚持要同祖父完婚。她的小妹，我的祖姨母，曾经生动地记录了当时一次对话，祖姨母问：三姐，你为什么不同沈家解除婚约呢？祖母回答：他是个失掉父母的可怜人，我不能落井下石。再说解除婚约，名声也不好听。祖姨母说：那也不能为了名声，牺牲你的一生。祖母答：这都是命。我自己命不好，怪不得别人。当初订婚的时候，他父亲是朝廷命官，书香门第。如今他家里穷了，我们就解除婚约，那么势利，不怕人家笑么。

一九一〇年，她抱着一种我不入地狱，谁入地狱的殉道精神，跟穷困而多病的祖父结婚了。

他们没有举行隆重的婚礼，只从亲戚家租来一间小屋，草草成婚。我的叔父后来感叹，因为祖母认了那个命，所以自此一生在贫穷困苦中度过。但也是因为她认了那个命，所以才将父亲和叔父兄弟两人带到这个世界，并且培育他们长大成人。祖母用自己的牺牲，建设起一个家庭，给这个家带来欢乐的新生命。而我们所有后代子孙的生命，也是因为祖母的牺牲，才赋予的，祖母确实是伟大的。

祖母一生从事教育事业，时世艰难，环境困苦，不堪记录，实为筚路褴褛，以启山林之所谓。跟祖父结婚后，祖母仍在太仓学校执教，用微薄薪金，养活着自己和多病的祖父。如此数年，我的父亲问世了。祖母继续两地奔波，更加困难。做母亲的，心里总是挂念儿子，哪怕是短暂的离别，也难以忍受。

她便积极设法，搬回嘉兴。起初她在嘉兴私立启秀女校任教，后来这所学校停办，她受聘任五龙桥小学的校长。祖母在那所小学教了十多年书，直至一九三七年抗日战争爆发。五龙桥小学跟范蠡湖隔路相对，据说父亲和叔父二人，幼时跟随祖母在五龙桥小学读书，每天放学以后，便跑到范蠡湖园中，坐在西施梳妆台的小亭里读书写字，当然也玩耍。

那所小学，建于嘉兴南门城郊五龙桥一座破庙之中，原名养正学堂，是个名叫钱侠红的老先生，在那里教授十几个农村孩子读书，跟私塾差不多。祖母在苏苏女校受的是新式教育，事业心又强，不喜欢老旧的私塾学堂，一上任就把校名改作五龙桥初小。而且自己作词，自己谱曲，给学校写了一首校歌。数十年后，我的叔父还能清清楚楚记得歌词，写下来给我们读，歌词中的鸳湖，即嘉兴南湖别称：

> 看鸳湖烟水，乘兹际中天。
> 青天白日照耀，我校大更新。
> 灌输新的知识，勇猛急精进。
> 青年努力，以期革命成功。

虽然祖母算是校长，可学校教师只有两人，就是祖母和那位钱先生。庙里本来有个雇用的庙祝，死了之后，遗下一妻一女。祖母看她们母女孤苦无依，就继续留她们在学校里居住，充做校工，做点学校的清洁工作，房费顶薪水，互相帮助。

嘉兴城里有个叫做徐世藩的青年，本来家境富裕，但父亲死得早，寡母骄纵，从小任性，读书无成，终日游手好闲，不务正业。长大一些后，时常与些不三不四的人来往。他的母亲开始担忧，想方设法挽救儿子。她四处打探，听说有位褚校长，做教师做得最好，便领了儿子，跑到五龙桥小学，求祖母代为管教儿子。

祖母是做教育的，不会眼看少年堕落，便答应了徐家寡母的请求，留徐世藩在学校里帮忙做杂务，同时祖母亲自教导他读书。俗话说，人心肉长，岂能无情无义。祖母日日夜夜，苦口婆心，水滴石穿，徐世藩

受到感化，改邪归正。后来钱老先生死了，祖母便聘徐世藩为学校正式教师，做了堂堂正正的人。徐家寡母感激祖母教养之恩，命徐世藩拜祖母做寄娘，嘉兴话义母之意。徐世藩本是聪明能干的人，在学校里教书努力，减轻祖母许多负担。

为扩大学校，也为普及教育，祖母除在学校教书以外，还经常到嘉兴附近农村，挨家串户，动员农民们送孩子上学读书。很多农家经济困难，祖母慷慨答应少收或不收学费，有时甚至还倒贴生活费，只为能让更多孩子得到读书的机会。

只要心诚，石头也能够开出花朵。学生渐渐多起来，从原有的十几个孩子，增加到四十多，五十多。祖母按照新法教育，把全校学生分为四个班级。可学校只有一个教室，天气好的日子，两个年岁稍大的班级，可以在操场里上课，总算互不影响。碰到下雨天，只好四个班挤在一间教室里，有的班自习，有的班做作业，有的班授课。

祖母的名声越来越大，学生也继续增加，一间教室无论如何不够用，学校一定要扩大。上课之余，祖母花费几乎所有的时间，白天黑夜地奔波，四处呼吁，劝说哀告，筹募资金。她特别找到嘉兴褚氏本家慧僧公，他带头支持祖母的扩校计划，于是嘉兴许多社会名流慷慨解囊。嘉兴县教育局也批准五龙桥小学扩建一间新教室，一间教师办公室。四个年级可以分别在两间教室里上课，有时祖母还把自己的办公室也让出来，当作教室，给学生们上课。

学生的学习条件改善，教师的工作负担也增加。祖母要上课教书，要批改学生作业，要备课，还要管理学校行政事务，大至同县教育局打交道，小至补充教室里的粉笔。她每天从早到晚忙碌，一刻也得不到空闲，走路都是小跑。

从家里到学校，走路要半个钟点，她带两个儿子上学，等于每天披星出门，戴月方归。中午饭没有时间回家吃，每天由家里女佣送母子三人饭菜到学校来。用的是一个蓝色洋瓷饭盒，一共三层，最下一层装米饭，上面两层装小菜，外面用个手制的棉套包着保暖。我的父亲后来回忆，那时期，他们母子三人，在祖母办公室，围着饭盒吃中饭，是他一

作者祖母，童为作者父亲

天里最快乐的时光，因为他终于能够跟祖母单独在一起，真的像一个家，看祖母给自己夹菜，听祖母软语的责骂，其乐融融。

祖母当时已将近五十岁，如此繁重的工作，有时身体已经难以支撑，她咬着牙，坚持下来。每天做完学校的事，顶着满天繁星，拉着两个儿子，忍着肚饥，慢慢走回家，总会觉得腰酸背痛。回到家里，她还要忙家务，安顿儿子吃晚饭，检查作业，洗脸洗脚，上床睡觉。然后还有学生作业要批改，明天的课要准备，直忙到午夜时分。

她的忘我努力，赢得乡亲们的尊敬和爱戴。一九三○年一月她被选为嘉兴县教育委员会执行委员，后又当选国民党嘉兴县党部的委员，以及嘉兴县妇女协会的常务理事。

一九三七年祖母五十五岁，先是"七七"芦沟桥事变，接着"八·一三"上海战事爆发，十一月嘉兴沦陷。那时期，我的父亲在上海读暨南大学，叔父随杭州中学流亡浙南，嘉兴老家只有祖父和祖母两个老人。他们不堪日寇在嘉兴城里的烧杀抢掠，逃到上南港乡间，靠着家里女佣一家的帮助，避难多年。

那女佣姓姚，是嘉兴圣塘港人，二十多岁就守寡，带着一个儿子，决意不再嫁。自祖母有了儿子，就请她来家里帮佣，因为她年轻，就叫她姚大姐。从此一家大小，都如此称呼，直到她老年，依然叫她姚大姐。祖母待姚大姐很好，就像自家人，也完全信任她，把家务几乎全部托付给了她。所以姚大姐也把祖母当亲人，把祖母的家当作自己的家，全心全意帮助祖母。

后来姚大姐的儿子长大成人，孙子也大了，家境好起来，要接她回家享福。她恋着祖母的家，总是不愿回自己儿子家。祖母已经付不起她工钱，她也不在乎，完全做义务工，反来安慰祖母：勿要紧的，将来官官们（嘉兴话对世家男童的称呼）做了大事情，再补我好了。

姚大姐的儿子家人进嘉兴城来看她，常带给她一些黄松糕青团子等自家做的小吃，她就留下来，给父亲叔父两个吃。据父亲和叔父后来回忆，姚大姐性格豪爽，人很乐观，会唱山歌，又会讲故事，祖母一家大小都喜欢她。炎夏夜晚乘凉，父亲叔父就依偎在姚大姐身边。她一边用大蒲扇驱赶蚊虫，一面或者给他们唱山歌，或者给他们讲故事，永远也讲不完的故事。

抗战期间，祖父祖母到乡间避难，选的住地离姚大姐家不远，穷困孤独，得到姚大姐一家大小许多的帮助，得以幸存。后来南港乡的农民知道嘉兴城里有名的校长躲在他们乡间，便来找祖母，请她帮忙办一间学校，教乡里孩子们读书。

祖母同意了，一间破屋做教室，乡民们搬来几张破桌，几只旧椅，祖父和祖母两个做教师，学校就算办起来，乡村孩子走进课堂。乡民们都穷，又在战争期间，战火不断，田都不能种，稻也长不好。学生交不起学费，有时上课提一只鸡，有时上课拎几个蛋，有时上课背一袋米，有时上课卷两棵菜，就算学费。逢年过节，乡民这家送碗年糕，那家送盘肉粽，还有人送瓶烧酒，表示感谢。祖父祖母本也没打算以此为生，有没有收入都无所谓，只要每天有顿饭吃，能给学生们上课，就满足了。

当时日伪势力，主要集中于嘉兴县城、近郊和交通干道，比较偏远的乡村，基本仍然由沦陷区国民党政府管理和领导。祖母曾对我讲，从一九三七年开始，浙江沦陷区人民，跟全中国人民一道，从来没有停止过对日抵抗，而该地区八年中所有的抗战活动，全部在国民党政府的领导之下进行，并取得最后胜利。

浙江嘉兴沦陷几个月后，暂时处于地下状态的嘉兴县国民政府，派人秘密找到祖母，传达一份《实施战时教育暂行办法》的文件，计划在全嘉兴地区复校复课。其中王江泾区地处交通要道，日伪设置了许多据点，并在当地设立伪学校十二所，进行对青少年的日伪奴化教育。县国民政府决定，越是这种地区，越要坚持中国文化教育，在四乡发展学校。经过许多努力，一年内已恢复五所小学，发展教员十八人，收容学生二百一十四名。

到一九四〇年，嘉兴县国民政府决定全面推行国民教育制度，在王江泾地区设立中心校一所，任命祖母为区署教育指导员，负责强化全区各级国民教育的行政组织，为抗战胜利后的大规模建设做准备。祖母到职后，大力恢复并发展学校，开展反奴化教育，短短两三年，就在该地建立七个辅导区，设置中心国民学校七所，辅导小学四十多所。

日伪军经常对各游击区进行扫荡和清剿，祖母指示辖下各校准备两套课本，一套是国民政府发的课本，一套是日伪政府发的课本。平常时候，各学校学生都读国民政府发的课本，学习祖国历史，祖国地理，祖国文化。听到通风报信，日伪来扫荡，便换上日伪政府发的课本，装装样子，保护师生安全。日本鬼子一走，就把日伪课本丢到地上，拿出国民政府课本，继续读祖国文化的书。

如此八年抗战，祖母领导王江泾地区几十所学校，一直学习中国语言和历史文化。抗战胜利后，祖母回到嘉兴城，她多年的爱国教育努力，受到国民政府的表彰，获颁一枚劲节高风纪念章。祖母除仍续任许多旧职以外，又当选为嘉兴县参议员，并受任嘉兴城内鸣阳门小学的校长，直到一九四八年她六十五岁时退休。

16 名门之后岁月艰难

　　祖父和祖母结婚以后，开头几年，过得还好，可算小康。祖母在学校教书，祖父因为读书中过秀才，在厘税局谋得一份师爷的工作，师爷就是现今所说的职员。后来家庭扩大，有了两个儿子，负担重起来，可还能过得下去。再后来，厘捐制度被废除，厘税局解散，祖父便失业了。过了不久，经族人介绍，算在县政府谋得一份文书小差，有了一点微薄收入，补贴家用。

　　祖父是八个兄弟姐妹中的老小，自幼体弱多病，而且刚六岁，父亲就去世，所以从小性格内向，善良而又软弱。再加他因病中途退学，举业不成，没有功名，在书香世家的沈氏门里，算是大大的失败，要受嘲笑，让人看不起。因此祖父更加自惭形秽，萎缩胆小，自我封闭。平时除了上班，极少出门，总是一个人闷在家里，捧着本书，从头读到尾。他很少跟别人来往，不喜欢热闹，与人应酬，也习惯于低三下四，逆来顺受，与世无争。

　　民国至今，中国掌实权的行政官员，都不再经由科举考核而择优录用，也都不是民众选举而产生，一概由上级任命，所以做官之人当然想不到讨好民众，也用不着买通部下做好本职工作，为民造福。现代官场的信条是：只要讨好上司，就能保住乌纱，还能升官发财。那是至今颠扑不破，永远成功的做官之道。

　　祖父在县政府里做个文书小职员，那县长上司，就是黑心的官，经常随意污辱甚至打骂下级。日复一日，祖父都默默忍受了。那时候祖母还没有被选进县政府做委员，即使后来她顶了几个县府头衔，民选官职，远非上级任命的官有那么大实权。终于有一天，祖父实在看不下去县长为非作歹，欺压善良，忍不住为百姓讲了两句公道话。不想县长老爷大发雷霆，破口辱骂，大概是骂得太难听，或者污辱了沈家的祖宗，祖父气得失控，与县长顶撞一番。

后果当然不言而喻，祖父又失业。

祖父走出县府衙门的时候，县长在身后狂吼，狠话连天。同事在旁边嘲笑，风言风语。他为之而冒犯县长的百姓，聚在街头，指指点点。秋风萧瑟，满地枯叶，祖父独自一人，昏昏沉沉，跌跌撞撞，走回家去。他后悔，他自责，他失望。祸不单行，昏乱之中，他失足跌进路边河沟，摔断一条腿骨，从此再也无法外出做事。

这个世界不公平，黑白颠倒，是非错位，善恶混淆。这个世界不容忍正直，诚实，人格，尊严。这个世界充满罪恶，阴谋，愚昧，卑鄙。不管祖父如何地愤恨，如何地冤屈，如何地呼天不应，叫地不灵，现实就是那般冷酷无情，他要面对祖母的泪眼。

祖母没有责怪他，对他说：做人要正直，穷也要穷得有骨气。他县长做事无理，路见不平，拔刀相助，天下兴亡，匹夫有责，我们为什么讲不得话。祖母安慰他说：安心养伤，慢慢会恢复起来。

讲过此话，祖母回进屋，打开她的首饰盒，拿出最后一只蟹型胸针。那个首饰盒与盒里的所有首饰，都是她从娘家带来的嫁妆。里面的金银首饰，钻戒珠宝，早已一个又一个取出，送到当铺里去了。最后一只胸针送走，盒里就只剩几枚小宝石，当不出钱，留给两个儿子娶亲做戒指。以后再要典当，已无首饰，只好拣好些的衣物。

让那些讨债的人来好了，已经几年，年年除夕，有债主上门。祖母只有拆东墙补西墙，说尽好话应付过去。那年除夕，实在没法子，债主们坐着不走，祖母拉着两个儿子，无话可说。别人家里吃年夜饭，热热闹闹，鞭炮乱响。祖母家里，冰锅冷灶，一家人枯坐，听债主们抱怨。整整过了五个钟点，两个孩子在祖母脚边，饿着肚子，睡了醒，醒了睡，不知多少次，才听得墙上挂钟敲过十二点，到大年初一。按照祖例，大年初一是不能讨债的，债主们才气狠狠地走了。祖母也没有心思再弄饭吃，陪两个儿子躺着，流泪到天明。

祖母当初嫁给祖父，为的只是一种道德，一种名教，一种殉道意识。婚后多年共处，渐渐因为祖父淡泊宁静和安贫乐道的生活信条，而对祖父产生了尊敬和喜爱。他们有共同的信念，共同的乐趣，共同的理想，君子固穷，不减其乐，遵崇忠孝仁爱廉耻的儒家道德。所以他们能够在种种逆境中，保持住一个完整的家庭，平静而和睦的家庭。

扳着指头数了又数，学校又要开学，两个儿子的学费，像每年一样，早早筹齐。很大的一笔钱，家里日子再艰难，绝对不能动用其中一分一厘。这是祖父和祖母完全一致的意志，生活再苦，孩子们上学更要紧，这决心他们两人从来没有动摇过。幸亏她想到今年不容易，把孩子们的学费交给姚大姐，让她带了学费和两个儿子，回她乡下的家去暂住，不到开学不许回嘉兴。这样就算他们老两口饿死在家里，开学时候，两个儿子还是有学费可交，有学可以上。想到这里，祖母微微笑了，她想她的儿子，儿子过几天就回来了。

祖母于是开始盘算，儿子们回来，怎么给他们做些爱吃的东西。老大从小爱吃鸡蛋，而老二是猫嘴，喜尝荤腥。谁得了病，还得想法弄点火腿、酱蛋、皮蛋等等，补养身体。祖父虽无嗜好，做读书人，偶而坐坐茶馆，品一杯香片，总免不了。一年里两三回，跟一二好友小喝几盅，二两白酒，一碟豆干，一碟花生、一碟咸蛋，总是要的。人家请了几次客，祖父也不能不回请一次。家里一大二小，三个男人，都得祖母费心，尽可能满足每一个合理要求。

星期天是一家人最快乐的日子，祖母不去学校上班，两个儿子也不上学读书。大家早上睡懒觉，睡醒了还不起，躺在被里伸足懒腰。爬起来就有白米糖粥喝，又香又甜，像到了天堂。中饭有加菜，红烧肉，煎鱼烹虾，吃个过瘾。

夏天学校放暑假，祖母就去买几担西瓜，堆在堂屋八仙桌下面，瓜下垫了稻草防潮，所以西瓜可以保持得久一点而不腐烂。每天午觉睡起来，两个儿子钻到桌下，取一个出来，拿水冰一阵，然后打开，一家人饱餐一顿，又解渴又消热。

家里经济不是太紧张的年头，除夕没有讨债人上门，一家人能够平平安安吃顿年夜饭。虽然并不多么豪华，也总会弄得相当丰盛，鸡鸭鱼肉，红橙黄绿。一家大小，团团圆圆，说说笑笑，吃个尽性。饭后放下碗，不等大人吩咐，两个儿子飞奔上楼，到卧室去。每年都一样，不知祖母怎么弄的，不知不觉间，早在床前点燃两只大红蜡烛，烛台边放两份年礼，给儿子们的。一人一个果盘，盘内放了称心糖，长生果，状元糕等等，盘子四周用松柏装点，中间一个红包，包里是给孩子的压岁钱。

几十年后，我的父亲和叔父回忆起来，总念念不忘那台蜡烛，那只果盘，那个红包。祖母同我们一起居住的时候，每逢过年，她也总记得给我们每个孙儿女压岁钱，但再也没有那样的讲究，点着蜡烛，装着果盘。那些年想在街上买到蜡烛或果盘，已经不易。至于称心糖，长生果，状元糕，市面很多年见不到。祖母就是想，也办不到。

生命总是朝向欢乐，贫穷并不能消灭乐观。只要自己君子坦荡荡，不做亏心事，就总能找到乐趣，使生活充满欢乐。虽然祖父祖母一家，经济不宽裕，日子大多过得艰辛，可他们每个人都正直，诚实，从来没有亏待过人，所以从来没有过暗淡的心理感觉。祖母爱音乐，会唱会谱，特别爱昆曲，凡有昆曲剧团来嘉兴，她必带儿子赶去听戏，不光听，还拿个本子记。然后回家，跟她的弟弟妹妹一道拍曲子，一家人乐乐呵呵，像过节一样。

沈氏自古读书传世，代代科举做官。褚家自清季以来，逐渐出仕，科举功名一代比一代多。民国建立，科举制度废止，沈褚两家学而优则仕的道路中断，无可奈何花去也。可除了读书，别无谋生技能，许多人家只能慢慢沦为城市贫民，生活困苦。家庭中，贫困而要和睦，不容易做到，需要成员间相互理解，也需要勇气和忍耐。

嘉兴沈氏曾祖父有三兄弟，祖父那一辈叔伯兄弟十几人。民国以后，祖父辈已经没有几个还健在。淇泉公辞官后，一直住在上海，并不经常回家乡。嘉兴城里，祖父就有不凡的长辈地位。

曾祖父是其辈三兄弟里最小的一个，祖父又是老三房最小的儿子，虽然年纪比他那一辈兄长们小许多，可辈分却不低。嘉兴沈家人，不管老幼，都尊称祖父为八叔，尊称祖母为八婶娘。后来在北京，我几次亲耳听见二伯父衡山公，八婶娘长八婶娘短地跟祖母讲话，二伯年纪比祖母大好几岁，辈分却低一代。

虽然祖父只是个秀才，没有功名，在满清朝廷里也没有任过官职，而且一生胆小怕事，可论起辈分，旁人还是不能不尊重他的意见。沈家哪一房发生家庭纠纷，要找长辈告状讨公道，没别的地方可去，只有到祖父家来哭诉。祖父是个不会拒绝别人的人，不管谁来，什么时候来，他一定陪坐，耐心听讲。他没有能力去断别人的家务事，陪着点头叹气，讲几句安慰话，总还是会的，使生气的人心里觉得好受许多，欢喜而归。

后来几年，沈家人来找祖父，实际是来找祖母。因为祖母那时是国民党县党部的委员，又是县妇女协会的常务理事，还是县政府教委的执委，后来当选县参议员，每星期免不了到县政府去开几次会。在嘉兴人眼里，她就是个能够出入官府的人。有事情找她讨公道，她讲话就是官府人讲话，一定没错。祖母生性慈祥宽厚，不管人前人后，从来不讲任何人的坏话，所以也让人觉得安慰，心满意足。

祖父那辈排行第五的一个祖伯父，祖伯母病故之后，就把几个孩子都送到天津，托付给他的兄长四祖伯父抚养，自己回到嘉兴，过独身生活，一会儿有工作，一会儿又没有。凡他失业的日子，穷困潦倒，无处可去，就到祖父家里来避难，连吃带住，数日或数月，分文不付。祖父祖母从来没有怨言，还要天天安慰那老先生。

另外一个六祖伯母更是可怜，六祖伯父去世之后，她略懂医术，到乡间一间尼姑庵去，带发修行，靠给信徒做点佛事和行医，勉强度日。后来又领了个孩子，叫做年官，要给六祖伯父家传香火，日子就更难过。她常到祖父家来，诉说生活的不幸，抱怨沈家无情无义，又坚持要祖父做主，把年官列进沈氏家谱，讲到伤心处，涕泪俱下，泣不成声。

有个儒字辈的堂伯父，年龄比我的父亲大很多，原来在上海电报局工作，生活蛮优裕。退休以后，带了在上海养的几个妾，和妾的几个年幼孩子，回到嘉兴老家定居养老。退休金比不上正常薪水，人口一个不少，个个要吃饭，常常只好一日三餐吃粥。日子比不了在上海，家里大大小小的哭闹。那伯父老大年纪，吃不饱肚子，又不想听妻妾抱怨，就跑到祖父家里来避难。每次都是祖父祖母刚开饭时候，他走进门，祖母坚让，他推托不掉，只好坐下来，大吃一顿。

另外两个沈家公子爷，也是儒字辈的伯父，都比我的父亲年纪大，行为太劣，我做晚辈的不好讲出名字来。他们兄弟两个，本来都是大学毕业，学问是有，本事也有，可是为争夺祖上传下的家产，都不出去做事，一天到晚守在家里，坐吃山空。人闲了必然生事，不务正业，就走斜道。两个人都抽上鸦片，更加没好日子。兄弟成仇，妯娌反目，整天大人哭小孩叫，鸡犬不宁。兄弟两个，你来他去，川流不息，到祖父家里，找八叔告状。祖父只会做好好先生，各打五十大板，老大不对，老二也不对。两兄弟都不满意，便去找八婶娘评理，最后也总是八婶娘能讲得他们高高兴兴地走了。

祖父看着他们的背影，头摇得像拨浪鼓，长叹一声：做出气筒，受气甏，也不容易呢。甏是嘉兴一种盛粮陶器，两头小，中间大。

许多年间，祖父家同祖母的弟弟同住一楼，三楼三底。祖母的弟弟，我照嘉兴话叫舅公公，是浙江高等学堂毕业，性情高傲，又爱喝酒。走不了科举的仕途，又不肯低就，所以一直不在外面做事，靠祖传薄业生活。祖业用完，他外出教过一阵书，后来又失业。他本来一直最反对祖母的婚姻，看不起祖父，同住一楼，见到祖父常连招呼都不打。可是后来，舅公公家境甚至不如祖父，舅婆婆经常找祖母哭诉。祖母便从米箱里一碗一碗舀米给舅婆婆，还常给她三元五元接济。后来又是祖母介绍，舅公公找到一份差，生活才算有了着落。

祖母从一九四九年后，跟我们家住在一起，从上海搬到北京，最喜欢给我们孙辈讲家族故事，好像怕我们忘记。现在回想，那三十年间，对于中国人来说，需要记住的只有一个名字，其它一切都可以忘掉。我至今没有忘记自己的姓氏祖宗，很感激祖母。有一次大概是中秋吃月饼，讲起农民起义，朱元璋推翻元朝。祖母脸色严肃地对我讲：我们家的人，子子孙孙，讲到大明皇帝，必须永远恭恭敬敬。

原来祖母的母亲姓朱，是大明皇帝宗室的后裔。祖母的外祖父因是皇亲，世袭湘龄公。即使在满清天下，安徽泾县朱家仍旧保留着湘龄公爵府，里面一色大明王朝装置摆设，祖母年幼时曾去看过。清季三百年间，凡其母那一支朱家子孙亡故，仍然都遵照大明祖制，全身着明朝皇族服饰成殓下葬，祖母小时候也曾亲眼见过。祖母讲那些往事，神情恭敬肃穆，一派皇亲后裔的轩昂器宇，连她身上那件青色对襟的丝绸夹袄，也显得好像是大明皇家公主穿的。

我非常敬佩和羡慕祖母，倒不完全是因为她有那样的血统，而是因为她知道自己的身世，记得家族历史传统，和那些世代承传的老规矩。她永远高贵，永远保持尊严。生活的标准可以降低，但生命的价值不能降低。也许有时候她会觉得一些遗憾，怅惘，伤感，但她毕竟还会有那些感受，也有引起那些感受的回忆和比较。许多头脑清洗得干干净净的人，也许会嘲笑祖母那辈前朝遗老。可谁更可怜？连自己的姓氏祖先都毫无所知，夜深人静时发现自己除背几句诏书，头脑里什么都没有。没有任何身世可回忆，没有任何往事可伤感，也没有任何家族历史可自豪，他大概是世间最寂寞，最贫困的人。

朝代总是要换的，即使大明王朝那般的强大，也有终结。三十年河东，三十年河西。可是家族血统，祖辈亲情，不能改变，无法抛弃。清军入关，为改朝换代，杀了不少汉人，可他们继续在北京建都，接着住明代故宫，也没有毁坏明十三陵。显然清室皇帝，灭了明朝，但很尊重朱家帝王。清季三百年，祖母的母家至少十代子孙故世，一直按明朝祖制下葬，没有招惹灭九族之罪。忠义之人，在任何时代，都受到尊敬。那是一种惺惺相惜的高贵情感，市井小人无法理解。

没有深远的家族传统，缺乏强固的文化根基，就如浮萍飘叶，东风强了跟东风，西风烈了随西风。明祖当朝，高呼明祖万岁而得势。清帝主政，高呼清帝万岁而获宠。这种人，不讲立场，不讲信仰，不讲是非善恶，不讲忠孝信义，只为一时荣华富贵，峨冠高戴，什么都可以抛弃，什么都可以出卖，什么都可以背叛，认贼做父，助纣为虐，卑劣无耻，丧尽天良。历史的教训是，无忠无义之人，任何时代都同样的受鄙视。数十年间，多少批曾经红极一时的宠臣权贵，一夜间烟消云散，谁把他们当回事。

改朝换代之后，新的政治势力排山倒海。在这种岁月里，如果还

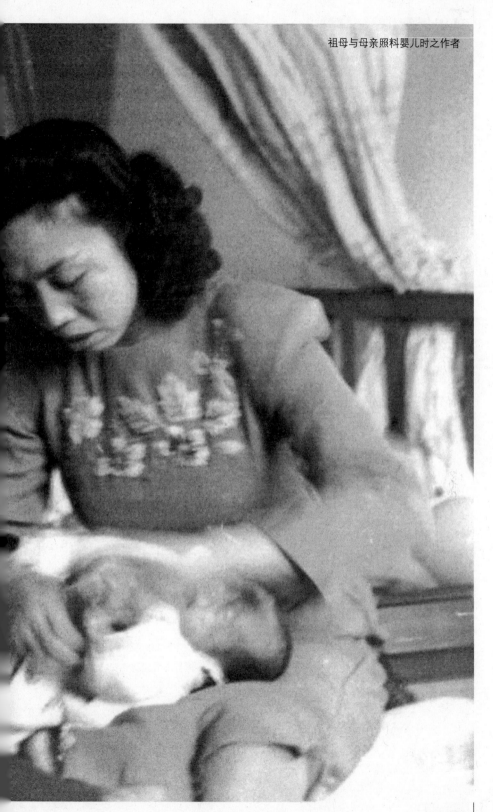

祖母与母亲照料婴儿时之作者

有些人，仍旧记得自己的家族身世，自己所受到的文化教育，自己的道德观念，能够保持尊严，人格，忠义，仁爱，礼仪，信义，善恶分明，始终如一，不以荣辱待己，不以成败论人。那么他就算是被当权者踩在社会最底层，贫穷困苦，孤独寂寞，甚至监禁入狱，他仍然高居于当朝权贵之上，是永远的英雄。

那种不随时代潮流而轻易演变的尊严意识和品格修养，需要一个家族许多世代的积淀和陶冶，才能够遗传和凝聚在后辈的骨血之中。贵族气质，不是权势和金钱能够换取的。世家子弟从小受到粪土当年万户侯的教育，懂得一时成败并非人生价值之所在。流芳千古或遗臭万年，历史做出的结论，才是公正的。我想，这是祖母给我讲述其母家世的用意。

祖母于一九六五年去世，享年八十三岁。也算不幸中的万幸，她没有看到后来多年，儿辈和孙辈所遭受的种种劫难。否则老人家那么善良的心，真的会粉碎。

17 大清帝国县太爷的苦日子

我的母亲姓陶,我没有找到一本像沈氏那样完整的百代家谱。关于陶姓由来,一说上古尧帝是陶唐氏,居陶邑,以地名为姓。又一说周朝初年武王弟康叔受封为卫侯,掌管制陶的工匠,以官为姓。中国历史上,陶姓中最有名的一个,是东晋时代的陶渊明。据外祖辈人说,母亲那支陶家,就是陶渊明后裔,从江西迁到湖北定居落户。

元代末年,陶姓一个叫做陶胜六的祖先,受任蕲州路总管。他的一个儿子陶仁,落籍于黄冈县阳逻东北数里的湖滨务农,此湖故而得名为陶家大湖。陶仁的第六个儿子,不愿坐守父辈开创的家业,顺着倒水河往上游走,走了四十余里,觉得那里河湾地势好,便停留下来,在沙滩上开荒种地,成家繁衍。他给自己选择的定居之地,命名为陶胜六,表示自己尊敬朝廷里做过官的祖父。

以此可知,对于湖北黄冈的陶姓祖先而言,能在朝廷做官,哪怕是很小的一个官职,也有多么了不起。从江西迁至湖北黄冈县定居的陶氏,凡十余代,数百年间,累世务农,男耕女织,直至清初,从无一人读书识字,自然更无一人在朝廷里做官。

清朝初年,某日晚间,湖北黄冈陶胜六村的陶家子弟,聚在稻场上乘凉谈天。忽一人问:把扁担横在地上,是个什么字?大家笑答:那是个一字。又问:那么把耙子倒在地上,是个什么字?没人答得出,大家面面相视。不料人后有声应道:那是个而字。众人回头看去,却是陶家雇的长工老李。

陶家人问:你识字么?老李答:认得几个。自那日起,老李不再种田做工,陶胜六村成立私塾,请李先生教习一班陶家幼童读书识字。原来李先生是明末遗老,清军入关后,隐名埋姓,躲避乡间,拒不出科应试,不肯为满清效力。自此陶胜六村的子弟,慢慢学会写信记账,而后更加知书达理,到外面参加科举,求功名,走上学而优则仕的读书人道路。听外祖父讲，湖北黄冈陶胜六的陶家祠堂里，供奉着一个李先生牌位，年年要擦净祭祀，就是为后世人永远记得李先生对陶家做下的功德。

我外曾祖父名讳炯照，号月波，在武汉的两湖书院做精舍生，治汉四史（《史记》《汉书》《后汉书》《三国志》），兼杂作（诗，赋，杂文）。两湖书院是张之洞任两湖总督时开设的，浙江沈氏祖辈大儒寐叟公，曾受聘主持两湖书院，并在那里提出治学必实用于人心世道，利弊当探本清源的主张。

月波公弟兄三个，他居中。长兄镇武公光绪二十年，公元一八九五年甲午乡试，考中经元，即榜首第三名，取咸安宫官学汉教习，任知县，做江西巡抚柯逢时募宾。三弟公迪公，取公案首取为秀才，在四川做新都知县。辛亥革命后，回鄂任湖北军政府民政司总务科长。后受工业思潮影响，开发矿业，任大冶源华煤矿董事长兼总经理。

月波公是光绪二十三年，公元一八九七年丁酉科拔贡。光绪二十五年，公元一八九九年进京，朝考进士。不第，入选八旗汉教习，就是清廷特聘的汉人学士，留在京中教满人皇亲国戚子弟读书。月波公因此不能回乡，困居北京黄冈会馆，教读之外，用功研读《资治通鉴》及各种史书和兵略，学习治国之术。

第二年逢庚子年，义和团乱起，八国联军入侵，清廷两宫西狩，月波公也不敢继续留在北京。他或步行，或搭车，辛辛苦苦，到达太原。当时山西布政使李廷箫，代理山西巡抚，是外曾祖母的舅父。他挽留月波公小住避难，可一介布衣，在巡抚老爷大衙门出入，很被众官员公差们看不起。不过几日，月波公便辞别而去，到了西安。

当时的陕西学政，又称提学使，是浙江嘉兴沈氏淇泉公，前有专章讲述。他刚在陕西开办宏道大学堂，很需教职员工，便留月波公在学政衙门里做幕府，任阅卷师爷，并协助管理宏道大学堂。当时于右任先生是宏道大学堂的学生，也曾与我的外曾祖父月波公相识。据说在台湾时，于右任先生还讲过月波公的故事，给我外祖父希圣公听。

第二年，光绪二十六年，公元一九〇一年，签定辛丑和约之后，清廷开始实行新政，开经济特科。陕西学台淇泉公，推举月波公进京应试。发出榜来，月波公名列一等第四名。不料慈禧太后不喜欢榜上头名梁士诒的姓，责为梁头康尾，将一榜及第人士，全部废弃不用。月波公官运不济，进士及第而未取，只好到河南去做地方官。

光绪三十年，月波公受任河南夏邑县长。他本是个文人，八旗汉教习出身，虽读过些治国理政的书，可实际做县长跟舞文弄墨谈今论古大不一样。所以他到任，第一件事是拜会绍兴师爷。古时候，县官主掌一县行政，主要是刑名和钱谷两项要务，而这又是两门特别学问，据说自古只有浙江绍兴人专门研究过，所以大多地方的县衙，都请绍兴人做师爷，处理这两类事务。其它地方的人，哪怕用心学过这两门学问，也还要找一个绍兴师爷拜为师父，然后再出山，才名正言顺，县衙里的公差才听那外地师爷调遣。月波公到夏邑，当然也聘到一位真正绍兴人做师爷，每天拜会一两小时，请教学习。

夏邑位于河南、山东、江苏三省交界点，所谓鸡鸣三省闻，匪患特别多。因为响马刀客做案之后，可以迅速逃到另一省躲避，通常省县捕快不会越省捉人。

月波公到任之后，下定决心治理匪患，先动手组织一支捕快小队。应征之人，看过拳脚功夫，又了解经历背景，再提些问题，测验急智应变能力。最后选中十来人，个个机警果敢，武艺高强，骑马打枪，擒拿短打，样样精通。当时官府捕快捉拿响马，多追赶，少对打。响马虽然结杆子，一杆数十或数百人，但作案从不出动大队，还是一两人动手而已。而且尽管他们马术和枪法很精，但绿林有规矩，见官兵捕捉，只准脱逃，不准抗捕。因为如果一个响马抵抗，会引起官府调军队围剿，难免玉石俱碎，众人同受其祸。

清代律例，制度上重视人命，地方官府不准轻意杀人。县官拘捕一名罪犯，若处死刑，须先报府衙批准，然后再报道衙批准，还要报按察使司核查，最后经三法司裁决，即中央朝廷的刑部、大理寺、都察院三部门联席会议，确定是斩监候，就是缓刑，还是斩立决，就是立即执行。就这样，也还要再报请朝廷批准，才能砍下一颗人头。

因为判死刑程序如此繁复，当时盗贼丛集的地方，比如河南夏邑，或者湖北黄陂，县官们就想出一个立斩的办法，就是站挂笼，名义上那不是处死刑，不必上报各级和三法司。犯人站在一个木笼里，头在笼顶枷锁之外，脚下垫四层砖，尚可喘息讲话，一旦将脚下砖抽去，身体下坠，喉间自然窒息而死。通常县官堂谕站挂笼，犯人已经面无人色，站进挂笼，只剩半口气，及到抽砖，早已先自死了。因此县衙仪门两边，立两只挂笼，显得十分阴森恐怖。

月波公到任以后，虽捕拿盗贼很严厉，但不多判死刑，也不常罚站挂笼。有次捕到一个刘姓大盗，在大堂上说：您是青天，今天捉到我，是为民除害。那公案上的各桩案子，都是我做的，我来一一划押认罪，要杀要砍，无须多问。月波公要他交代同案犯人，他答说：绿林规矩，一人做事一人当，不攀扯旁人，自己认罪，听候处死，过二十年又是一条好汉。他站进挂笼之后，还是不停大声讲话，直到抽砖，面不改色。他死后当夜，挂笼下面，烧纸敬酒，哭泣致祭者百数十众。月波公嘉许他们的义气，也不拘捕，只当不知。

可也曾有一个大盗，名曲五妞的，受捕之后，马上供出旁人行踪，而且是他的兄弟曲六妞，使之就捕受刑，原因是曲六妞犯了绿林不准采花的规矩。采花就是搞良家妇女，绿林好汉凭的是武艺，杀富济贫，采花是欺侮弱小，品行低下，有伤绿林名声。所以绿林好汉都信仰，采花者一年之内必遭捕。曲六妞犯禁采花，其兄曲五妞马上与他断绝关系，并且自己被捕后，主动交待，引官府灭了兄弟。绿林里都是好汉子，容不得采花贼。

月波公在洛阳任内剿匪，也遇到过危险。有次他带十余人往外乡查案，行经高地，发现岗下四周有人集结，知是盗贼，便领卫士列为方阵，无烟钢装好子弹，却不发放。那时武器，有弓箭、刀枪，也有火统和快枪。最好的快枪是五响毛瑟，叫做无烟钢。好枪手打毛瑟，不用标尺，抬手就放，百发百中。过大半天，岗下盗贼越聚越多，毫无退却迹象。若真大战起来，寡不敌众，难免县太爷受伤。

跟班里一个叫朱富安的小厮，下马跪在月波公面前，请求回城求援。富安只有十五岁，是月波公家中一个老佣妇的儿子，骑马打枪技术很高，所以跟着老太爷出巡。他飞马出阵，众盗贼当然知道是去搬兵，便派人马追赶，都提着一响的毛瑟。富安机警异常，晓得如果回射众匪，必引起枪战，那就求援不得。所以一边飞奔，一边举枪朝天，连放六响。后面追兵马上停下，不敢再前。当时最好的连发快枪，只有五响。如今听见富安连打六响，不知是何等好兵器，只得勒转马头，退回自己阵去。后来富安说，他是连放五响毛瑟之后，紧跟着补了一响快枪，听似六响连发，吓退盗匪，果是机警异常。

月波公因为在河南捕匪有功，名声大振。当时的湖北省都督黎元洪，获知自己家乡湖北黄陂匪患日重，便把月波公调去做黄陂县长。月波公到任，擒贼先擒王，头一个下令捕捉罗和尚。罗和尚武艺高，名声大。特别是他专门杀富济贫，虽犯王法，却得人心。因为月波公下令捕他，罗和尚便几次想刺杀月波公，因为捕快们保护得好，没下得了手，双方僵持一段时间，谁也捉不住谁。

当地还有一个人，叫做王策安，家富万贯，蛮横无理，传说私下打死一个婢女，民愤很大。月波公去查案子，在王家府上里里外外搜，找不到证据，姓王的便开口大骂。月波公一时下不了台，在院中踱步。经过院内鱼池，灵机一动，下令放水挖池。那姓王的一听，脸色发白起来，月波公一看，便晓得是挖对了。最后在池底挖出那个女尸，当下把王策安拘捕下狱。他家使钱买通上司衙门，替姓王的说情，下来几道文书。月波公不从，最后把王策安挂笼处死，大快人心。

罗和尚听到这消息，对旁人说：这样为民除害的清官，我为什么要刺杀他，从此再不见他的踪影。有次月波公坐船出门，在舵楼后面看见罗和尚，众人发一声喊：陶老爷天天要捉拿的罗和尚，远在天边，近在眼前。月波公不许捕他，请他过来一起喝茶，问他在船里做什么。他说：当年黄天霸侍候施公，我罗和尚也可以给陶老爷做保镖。月波公自然放了他。从此月波公每次出门，车前轿后常有一阵小旋风跟随着，只见风不见人，那就是罗和尚。

调湖北黄陂之前，月波公还曾任过一阵新野县令。从夏邑到新野，经过商丘、开封、许昌、襄城、裕城，都是历史名城，《左传》和《三国演义》里经常提到。月波公带了全家大小，行程千余里，到处所见，尽是古迹，一天到晚的讲，他的两个儿子从这一趟搬家所学的历史，比他们念十年书都多，所以小兄弟两个到了九十岁，回忆往事，总要提到那次搬家经历。

到了新野，住进县衙门上房院，一色青砖瓦屋，古色古香，所有房间的窗纸都被捅破，一派千疮百孔。那是古时官场习俗，前任交印搬迁之前，要把衙内所有窗纸撕破，叫做明进明出，后任到职，再把窗纸重新糊好，叫做除旧布新。当然都是为图吉利话而已，好官不搞这一套，照样清廉，坏官整天弄表面文章，还是贪污受贿。古今如此，越是贪官恶官，越要大搞各种虚假欺骗活动，以为谎话重复一千遍就变成真理，自己明明贪污受贿，无恶不做，可整天大言不惭地夸口，说自己多么多么清廉，多么多么勤政爱民，就好像自己真的成了好官，好像百姓也真的相信那些谎言。历史经验反复证明，中国政界官场，漂亮话越是讲得多，就越要小心，事情肯定不好。最声嘶力竭，信誓旦旦，最会讲漂亮话的官，通常怀有最贪婪和凶恶的内心，为一己私利，最敢横行霸道，祸国殃民。

新野旧县官个个撕破所有窗纸，明出明进，新县官也个个重糊窗纸，除旧布新，可新野官场陋习一点没变，盘剥百姓，贪污收贿，制度依然。县衙二堂以内，几十人吃饭，粮行每天送米两斗，合六十斤，吃不完就要粮行不再送米，折价送钱，趁机私捞。衙门办公要点灯，杂行每天送二十蜡烛。衙门一日三餐要吃肉吃菜，屠行送官价肉，禽行送官价鸡鸭。太太小姐要擦粉，关行每月送粉钱。上房老妈丫头的工钱，也都由百姓官司的收款里开支，每人每月可分五六百至两三千制钱。总之是县衙开支少，油水多，进贡稍慢，衙门捕快就上门抓人问罪，难怪三年清知府，十万雪花银。如果是贪知府，可就捞肥了。

月波公到任，各行各业按照旧制度进贡。糕饼行托人送来两盒点心，特别重，打开一看，里面糕饼当中，端端正正镶嵌一枚硕大银元宝。月波公觉得自己刚到任，毫无政绩，收这份礼，问心有愧，也有辱自己名声。再说自己刚到新地方，不大了解当地情况，也怕别人安心做手脚陷害，便派人把糕饼全部送回。然后下令，今后各行各业，不准给县衙进贡送礼，连太太小姐的花粉钱也一概免了。

那时候，官场上把那些能够赚大钱而又不大出名的县职，叫做暗缺，新野县就是这样的暗缺。该县每年地丁税约为一万两银子，百姓每两银子地丁税实交二千七百文制钱给县衙，县衙上交省府藩库一两一银子，藩库上交户部国库一两。按光绪乙巳年银价折算，一两银子值一千二百文制钱。百姓交的二千七百文制钱，合二两二五银子，交藩库一两一，县衙还余一两一五，每年一万两银子地丁税，就余一万一千五百两银子，除全县行政费用支出，一年还余八九千两银子，轻而易举，落入县官腰包。当时清廷发放县官年俸一百两银子，哪里比得了近万的余税收入。权力的腐败功能，表现得淋漓尽致。

月波公原没有想到新野县暗缺如此肥厚，一年下来能拿到近万两银子余款，心里打哆嗦，不敢饱私囊，就把那钱全部拿出，办起新野有史以来第一所中学，叫做白水中学，也算给新野百姓做件好事。

县衙送交省府的公文，叫做上行文。新野县衙里有个书办姓陈，很文静，专门替月波公写上行文，每天伏案书写。他的小楷书极好，用墨极浓极黑，不透纸。有字误笔，他不涂改，把薄薄的白宣纸放在一块小木板上，拿小刀将错字轻轻一刮，就能把墨刮净，然后重写。县里公文很多，陈书办一天忙到晚，不声不响。偶而得空，会给县太爷两个公子讲些江湖上的故事，声很低弱，从来不激动。

忽然一天，衙门里上上下下，人人面色苍白。月波公换了整套朝服，顶戴花翎，神色严肃，动作紧张，到大堂接朝廷发来的八百里加急钉封公文。所谓钉封公文，是公文封套四角加钉封牢，表示机密和严重，只有收件命官可以开启。封套上方两角的钉上又插两根羽毛，表示紧急快办。送这钉封加急公文的马，颈挂一串大铜铃，飞奔起来，响彻云天。沿途各驿站，老远听到马铃，就立刻备好一匹快马，也绑好同样铜铃，站在大路边等候。送信官差背着钉封加急公文，飞马赶到，跃下骑来的快马，又飞身跨上备好的快马，换马不换人，继续飞奔，日夜兼程，所以叫做八百里钉封加急公文。

公文到了，月波公接过看后，一声令下，便将衙里陈姓书办捉起来，上枷带镣，即刻解往省府。一路走出衙门，男女老幼站在边上看，没人讲一句话。陈姓书办低头走路，也不跟任何人讲一句话，就那么消失了。原来朝廷查出，姓陈的书办是革命党，八百里钉封加急公文，是一封海捕文书，将陈姓书办捕捉归案。送到省府，当然就杀头。那以后，月波公连着叹了好几天气，可惜一个好人材。

又过两年，月波公调任开封知县，刚才上任，又接到一份朝廷发的八百里钉封加急海捕公文，要捕捉旅汴中学的龙姓英文教师，说他是革命党，每天上学，借讲拿破仑，向学生宣传反清革命。这次没有捉到人，虽然钉封加密，还是走漏了风声，龙先生早向全校老师和学生道过别，辞行而去，无处寻找。时代终于不同，反清革命浪潮汹涌，深入人心。朝廷下来海捕文书，地方官除非迫不得已，不大肯拘捕革命党。龙先生走了，没有捕到，月波公倒是心里暗中高兴。

接着到光绪三十四年，公元一九〇八年冬天，光绪皇帝和慈僖太后先后驾崩。坊间盛传，是慈僖自知快不行了，怕自己死后光绪皇帝又翻案变法，灭满清祖制，所以先下毒，害了光绪帝，然后自己才咽气。由此百姓们也就都晓得，那王朝的气数已尽，死期不远。

开封城北龙亭后面，有个内城，里面驻扎满人官兵。两宫噩耗一出，满人子女年纪当婚嫁的，连日连夜成婚过门，只恐天下守孝三年，不得婚娶，误了子女。其急其忙，蒙着头盖，甚至有把女儿送错人家的，过一夜才发现错误，木已成舟，只好认账，总算女儿有了人家。

全县官民，学校师生，到行宫集合，在大行皇帝的牌位前，俯伏举哀。满人必须劈面，就是用手指把两颊划破流血，以示悲痛已极。汉人只需双手蒙面而泣，大家都在手心里涂薄荷油，往眼上一蒙，就出泪。没人哭得出来，干嚎几声算数。

宣统年间，革命声势更加壮大，开封城里也如干柴，好像时刻就会起火。河南巡抚宝芬，拘捕革命党，至为严厉。每次出巡，走在街上，他从轿窗望出，看见打团辫的青年，马上下令拘捕，检查团辫，辨别真假。满清时代，中国不分满汉，人人前半个头顶剃光，后半个脑袋拖一条长辫。就为这条辫子，中国不知死过多少人。满清建政，强令留辫，汉人不从，遂有留发留头的选择，死了不少人。民国建政，实行剪辫，许多汉人也不从，又有留发留头的选择，再次死了不少人，那是后话。

却说宣统年间，依然人人留辫。可出于热衷革命，青年更多打团辫，就是把脑后长辫盘在头顶，团团围起。虽然辫子还在，至少不拖在脑后，以此表示对清廷的厌恶和反抗。许多留日的激进青年，更早早在日本把脑后的辫子剪掉，归国后要出门，为了掩护，不得不戴上一条假辫。那假辫的前端，必须用团辫套在头顶才行。所以河南巡抚宝芬出巡，见到打团辫的青年就拘捕，查出是真团辫，就放人。是假团辫，就捉进巡抚衙门，严刑拷打，逼问同党，然后入狱或者杀头。

就在月波公调到洛阳任县长的日子里，满清近三百年的政权垮台了。而月波公自己的长子，恰是义军一员，对父亲所效力的朝廷造反。

18 辛亥小兵做省长

宣统三年，公元一九一一年春天，外曾祖父月波公奉调，两个儿子跟随着从开封迁到洛阳。长子名讳述曾，字翼圣，是我的外祖伯父，不足十五岁。次子名讳汇曾，字希圣，是我的外祖父，十二岁。

历史名城洛阳，自汉代起，做过九朝都会，曾经繁荣昌盛数千年，到清末，只算一个府治，昔日的王朝威风，荡然无存。月波公到任后，由妻兄陪同，巡视地方。我的外祖母家姓万，祖母的叔伯二哥名讳耀煌，字武樵，我称外祖舅武樵公。月波公赴洛阳上任那年，他在保定军官学校读书，趁假到洛阳来看月波公。

他们在贪狼峰右侧，发现一个地方，叫乳头穴。外祖舅武樵公介绍，那是九曲来潮水，到此而终，此为正穴，风水极佳，他很想买下来做家人坟地。听这一说，月波公也起了念头，想买下旁边一处骑龙穴，将老父坟地迁来安葬。一打听，那两处穴，同属当地一个乡绅。月波公便给那乡绅写信，询问可否购买两处地面。乡绅见信，马上应允：陶大老爷看中这两块地，实乃后生荣幸。当即拍板成交。两穴各占地一亩，共两亩地，借说山坡地便宜，乡绅只收十来吊钱，就送给月波公和武樵公了，还客客气气请两位买家吃了一餐。

县太爷月波公，能够在外面做到几乎一切自己想做的事情，却没有想到，自己家里两个儿子正密谋造反，想在洛阳发动一场反清起义。

那个多事之秋，十月十日湖北新军工程营揭竿而起，打响武昌起义第一枪，攻占楚望台清军武器库。城里军民纷纷响应，分三路向湖广总督署进攻。满人总督仓皇出逃，武昌遂为义军占领。消息传到洛阳，万众欢呼。县衙门里面，县太爷的两个公子也兴奋异常，摩拳擦掌，只恨自己不在武昌，未能加入义军。

第二天又传来消息，清廷命陆军大臣荫昌，调遣河南兵马，赶往湖北平叛。当时河南新军仅一个混成协的兵力，而且训练少，素质差，战斗力不强。在武昌举事的新陆军第八镇和第二十一混成协，都以战斗力强著名。荫昌带河南新军，到广水，就不敢再前进，不愿拿鸡蛋去碰石头。清廷无奈，只好请隐居河南安阳的袁世凯重新出山，领军作战，镇压革命。

这时陕西也发生兵变，清廷赶紧又命北京驻军第二镇，经由河南，赶往陕西，镇压叛乱。此军到达洛阳，往西走，再无大道，只好步行。四门野战炮，每炮需六匹马拖拉，当然无法前进，还有大量辎重弹药，都留在洛阳，派一个宪兵营守卫。

那个宪兵营营长，名叫徐吉阶，也是湖北黄冈人，跟外祖陶家同乡，跟外祖父的堂兄绍曾公很熟。绍曾公是我外曾祖伯父镇吾公之子，跑来找到翼圣公和希圣公两兄弟，说是天赐良机，他们也学武昌新军，说服徐吉阶，在洛阳发动兵变，举义反清。翼圣公也想起，那宪兵营的一个连长，名叫金尊华，曾在旅汴中学三年级同班，后来考进士官学校，做了军官。如果得到他支持，举义一定能够成功。

小兄弟们早忘了自己的父亲就是朝廷命官，洛阳县太爷。如果洛阳发生兵变，就算被朝廷镇压，县太爷也一定要问罪的。如果朝廷查出，发动洛阳兵变的，竟然是县衙门里的两个公子，县太爷还不得杀头么。十几岁的青年，热血沸腾，想不到那么多。他们只想，如果洛阳发动起义，将在清廷胸肋上插一把刀，能够牵制清军对武昌和陕西起义的镇压军力。洛阳是陇海铁路上的重镇，地势险要，易守不易攻，如果策动宪兵营起义成功，就算清廷派兵平叛，他们依恃重炮和大量弹药，也能够抵挡一阵，等待他处义军援兵到达。

他们商量妥当，甚至又复习了几章《孙子兵法》，嘴里背一通天下将有大难，子弟不可不知兵之类，就匆匆出门，不料却一头扎进月波公怀里。老爷子神情严肃，对儿子们说：这么晚了，哪里也不准去。现在外面兵荒马乱，没事不许出门。时局不稳，你们年轻，血气方刚，生性好动，千万不可到外面鲁莽行事，惹事生非。洛阳不安定，我要让人带你们回湖北家乡去，那里平静些。

一通话训得三个少年垂头丧气，退回屋中，苦坐一夜。等到第二日天明，绍曾公一人跑去宪兵营找徐吉阶营长。翼圣公和希圣公两兄弟，有老父亲家命，不敢外出，只得在家等候。直到晚上，夜深人静，绍曾公才慢慢回来。他进了屋，往椅上一坐，长叹一声：真没想到，那个徐吉阶是个窝囊废，还是营长呢。

原来徐营长下不了决心，一是自己刚从日本士官学校毕业，到河南任职不久，又非行伍出身，对手下两个连长把握不住。二是要尊重月波公，在洛阳地盘起义，是给月波公惹事，最好先征得县太爷同意。而小兄弟心里明白，父亲大人一定不肯同意。那金尊华连长呢？早被调走了。朝廷已查出他在中学时代，就与同盟会有接触，对他根本不信任，拔了他的兵权。

陶家三兄弟，于是在洛阳县太爷衙门里，因为反清举义计划不能成功，痛哭失声，哭了许久。

想必是月波公觉察到两个儿子心神不定，隔日便真的让夫人带他们回到湖北黄冈老家陶胜六村，而且下令陶家众人，严密看管两兄弟。湾里出去读书的继元和继凯两兄弟，从保定军校毕业，来到武昌参加革命军，做了将校补充团的中队长。消息传来，外祖伯父翼圣公耐不住了，给家里留个条子，背个小包袱，趁夜逃出村子，一口气赶到武昌。他找到继元继凯兄弟，加入将校补充团，成为辛亥武昌义军一员，那年他十五岁，中学还没有毕业。

将校补充团是后补队伍，团员们学孙中山共和理论，受基本训练，等待分配到各作战部队服役做军官。没多久，清帝宣布退位，革命就算成功，仗也没得打，起义军队自然不再需要许多军官。将校补充团解散，年轻些的留队，组建武昌军官学校，翼圣公被分配在军官学校第一中队工兵科。教官都是日本士官学校毕业，课业安排很紧，有战术课、筑城课、爆破学、地形课、数学几何等。

在中国传统文化体系中，人生的价值以社会地位为标准，通俗地讲，就是做官。官做得越大，其人生价值就越高。中国人心目中的最高成功，就是做皇帝。餐厅喜欢自称帝苑或者皇宫，酒店最喜欢打的广告是帝王享受，宫阁楼阁会摆出帝后服装供人照相。当不上真皇帝，吃一回皇宫帝苑可算满足，照一张帝王服照片也高兴。所谓帝王享受，不过嫔妃如云，玩玩女人而已，也实在把帝王生活看得太下贱了。不过中国农民缺少想象力，别的也想不出什么来。

而在中国，提升社会地位，实现人生价值的道路，有两条。一是读书科举，进考场，人人平等，学而优则仕。二是从军，在你死我活的激战中，机会均等，勇者取胜，获得提升。中国三千年历史，经商，做工程，研究科学，都远不如做官那么得到社会的尊敬。祖冲之和李时珍对中国的贡献，远比一个碌碌无为的宰相大得多。可历朝正史，一个宰相不漏，个个记载，而科学工程人员如果没有官职，就不值史家注一笔。名医扁鹊因为给吴王看过病，华佗也因为给关云长刮过骨，沾上帝王官宦事迹，所以才进正史，名垂千古。

我的外祖伯父翼圣公陶述曾，身材高大，雄伟英俊，一眼看去，就是个天生的将军材料，他自幼抱持从军愿望，渴望实现自己的人生价值。武昌起义给了他机会，满足他从军的志愿。但具有讽刺意味的是，也正是在武昌军官学校，他听地形课陈教官讲授，才懂得马背将军，杀敌建功，夺权立国，固然英雄；和平时期，为民造福，建设家园，开发经济，富国强民，同样也是英雄。而且相比之下，后者比前者更艰难，所以也更伟大。我想此言有理，夺取政权，有胆量拼十几年命，可能做到。守业不是十几年的事，要守千秋万代，绝不是敢拼命就做得到。

正在翼圣公观念转变之际，一场无情的伤寒病，把他赶出军官学校，彻底粉碎他从军的梦想。第二年他满十八岁，便由父亲做主，在家乡完婚。婚后，翼圣公在家赋闲养病，读杜工部的诗，庾子山的赋，学柳公权的字，做论史谈兵的散文。那时期，刚好其弟希圣公在武昌外国语学校读过一年英文，也回到家乡，每天读《王船山全集》，闲来与长兄吟诗和唱，自得其乐。

冬天月波公从任上回家过年，看到两个儿子在家游手好闲，很生气，教训他们：我们祖传读书人家，尊重儒家学说，讲究入世，不要出世，更不要隐士。你们如此下去，意志消沉，就糟糕了。北京大学计划要招预科班，你们兄弟两个准备一下，开春北上。

父亲的话就是命令，第二年春节过后，两兄弟一起，北上京城，投

考北京大学。一九一五年，翼圣公十九岁，希圣公十六岁。结果两兄弟一起以同等学历考中北大预科，翼圣公准备日后进土木工程专业，希圣公打算读法律。

一九一七年蔡元培先生就任北京大学校长，实施改革，与天津西沽的北洋大学合作，把北京大学工科学生并入北洋大学，把北洋大学的文科学生并入北京大学，因此翼圣公便成为北洋大学的学生。两年后北京爆发五四运动，北洋大学学生群起响应，翼圣公是学生领袖之一，发动游行示威，罢课抗争，一连数日，闹得两个校长辞职。最后学生派代表到北京，找教育部长请愿，翼圣公又是其中之一。

学生请愿没有结果，第二年开学，一百八十名学运积极分子被北洋大学开除，达全校学生总数一半，包括翼圣公在内。离开北洋大学，翼圣公和被开除的其他学生，跑到北京大学，面见蔡元培校长，要求回北大读书。蔡先生理解青年，热爱学生，看到如此之多青年俊才，被北洋大学开除，心里当然不平，马上同意接受他们到北京大学继续学习，为此跟教育部进行一年多的斗争，终于得到承认。

一九二一年夏，翼圣公从北京大学毕业，获得土木工程学位，中国的土地上，多了一个成功的建设者。

浙江嘉兴沈氏书香世家三千年历史，湖北黄冈陶胜六陶家读书传世也三百余年，可是两姓世世代代的读书人，或舞文弄墨，吟诗作词，或科举出仕，管辖一方。不管做什么，从来都是君子动口而不动手。只有到外祖伯父翼圣公，不仅满腹诗书，而且也动手，建造铁路桥梁。他开始了我父母两大家族，一代新读书人的生活道路。

翼圣公大学毕业后，或河南任教，或做些地方小工程，积累实干经验，度过几年时光。一九二七年，国民政府招考技术人员，勘测韶赣国道，翼圣公考中，参加连接广东和江西的国道勘测，后转广东，任公路工程技术员。一九三〇年翼圣公参加修建粤汉铁路，负责修筑全程最艰难的一段韶关到坪石的铁路。一九三四年后，翼圣公连续在黄河与汉水两大河，领导防洪堵口水利工程，从此成为水利工程专家。

从一九三八年花园口南流以后，黄河就成为完全失控的河流，连年

左一陶述曾抱作者小妹，左二作者弟，右二作者母亲，右一为作者

泛滥伤人。抗日战争胜利以后，一九四六年春国民党政府决定在花园口堵口，使黄河归道，任命翼圣公为堵口复堤工程局总工程师。他经过勘察，运用经验，提出堵口方案，被联合国总部派来的美国专家塔德否定。国民政府偏信洋人，翼圣公愤而辞去。美国专家塔德趾高气昂，指手划脚之后，一事无成，下结论说堵口是不可能的，从此再没有外国人愿意接手。最后堵口工程局只得又请翼圣公复职，而且在他的策划和领导下，堵口成功，黄河回归故道。外国人做不成功的事情，翼圣公做成了，他应该觉得扬眉吐气。

一九五四年长江中游发生特大洪水，水面高出江堤一米多，如果抵挡不住，一夜间武汉就会被淹没，房屋倒塌，人员伤亡，也许偌大的工业重镇武汉，从此在地图上消失。紧急时刻，又是翼圣公出马，担任武汉防洪总工程师，策划领导三镇军民，日夜奋战，终于挡住长江洪水，保住武汉城。此后翼圣公受任湖北省水利厅厅长，全面负责全省内长江汉水等江河的水利工程建设。他担任湖北省副省长后，仍兼水利厅长，继续管制长江汉水。新世纪初，武汉市内科技园区建立十二座湖北著名科学家铜像，其中有李时珍，李四光等，也有翼圣公一座，持帽挂杖，朝世人走来。

艰苦卓绝的八年抗日战争期间，翼圣公先受任修筑广西灵川大桥，后担任滇缅铁路总段长、副处长，赴云南和缅甸，勘测并修筑滇缅铁路和公路，开辟大后方的惟一对外通道和物资供应线，几度险些牺牲，滇缅铁路中最艰难的一个路段，被称做陶氏线，以彰其功。滇缅路完成后，翼圣公任中印公路工程处副处长、总队长，策划中印公路建设。之后翼圣公调任军事委员会工程委员会副总工程师，负责领导大后方机场建设。

他在昆明、重庆、贵州、广西、陕西等地，设计指挥修建了四十八座大小机场，替中美两国空军对日作战提供基地。名闻中外的美军航空兵援华志愿者组织的飞虎队，由陈纳德将军率领，就是以翼圣公所修建的巫家坝机场为基地，起飞降落，对日作战。美军航空兵不断增派军力，加大飞机吨位，几个主要机场需多次扩建，增加或延长跑道。而且日军为阻断中国大后方的对外空中联络线,几乎每天对翼圣公修筑的机场进行轰炸。为保证大后方物资供应和美军航空兵对日作战,翼圣公和机场工人日日夜夜奋战,随炸随修,直到中美取得制空权,日机再不敢进犯。

随着中美航空兵的节节胜利,对日作战的空中战场渐渐东移,翼圣公修筑军用机场的重任,就伸入中日作战区域,甚至敌后,湖南、湖北、江西乃至浙江。翼圣公有一张特别通行证,可以随时调机飞往任何机场,指挥各种作业。每次飞行,都冒着日军袭击的危险,也可能发生飞机失事。翼圣公将个人生死置之度外,只要某机场电报一到,二话不说,拔脚就飞。

抗战八年中,虽然日军占领武汉、广州等地,第三战区国军部队在司令顾祝同将军率领下,一直守卫着钱塘江以南浙赣两省大部地区,英勇无畏地对日作战,牺牲惨重,功勋卓著。在此战区,筑有十一座空军基地。美军航空兵经常从这些基地起飞,空袭日本长崎、大阪、广岛等地。美军第一次轰炸东京的机群,从大黄蜂号航空母舰起飞,完成任务后,就降落在浙赣诸基地。据史料记载,抗日战争八年,中美两国航空兵协同作战,共击落日军战机二千〇九十一架,炸毁日军战机五百〇九架,击沉击伤日军战舰四十四艘,击毙日军六万六千七百余人,战果辉煌。

翼圣公毕其一生,铺设铁路,可他很少坐火车在自己铺设的铁路上行驶。他修筑桥梁,可很少从自己修筑的桥梁上走过。他建筑河堤,可他并不居住在自己筑堤的河岸边。他修建机场,可很少坐飞机在自己修建的机场上起飞降落。翼圣公和同他一样的工程人员,永远餐风露宿在荒山野岭,享受不到他们辛勤建设的成果。当一条新铁路或新公路通车,一座新桥梁架起,别人得到便利的时候,施工者们就开拔了,再千里跋涉,到达一片新的荒山野岭,去建设一条新的铁路、公路或桥梁。在我眼里,这样的建设者,才配称作是真正的英雄,伟大的英雄。

建设者们铺设铁路,而不破坏铁路。建设者们架设桥梁,而不炸毁桥梁。建设者们修筑河堤水坝,而不爆破河堤水坝。破坏是轻而易举的暴力行动,没有学识和意志,蛮干一气,也做得到。而建设则是异常艰难的事情，必须要有深厚的学识，要有足够的勇气和坚定的意志。建设一座桥梁或一条铁路，可能要花费多少年的脑力设计、勘测、施工，才能成功通车。而破坏，只要一包炸药，趁着夜黑风高，往桥基或路轨上一放，导火索一拉，就完了。

令人悲哀的是，中国传统的英雄崇拜，始终朝向破坏者，而背对建设者。中国历史，大禹之后，不再书写建设，而只歌颂破坏。我没有读到过史料记载，建设者们怎样修造三百里宏伟辉煌的阿房宫，却知道马背英雄如何一把火将其焚为灰烬。中国历史上的每一场战争，都有详细的破坏记载，动辄死伤数十万众，好像人是蚂蚁。城池被焚烧，百年建筑被破坏，矗立千年的城墙一句话拆得痕迹全无，眼不眨，心不跳，好像古迹也只是蚂蚁。而那些不惜屠城毁物，因而得胜成王的英雄，却受到后世千秋万代的景仰。

直系军阀吴佩孚，自任北洋军十四省总司令，被蒋介石领导的北伐军打得落花流水，逃到中岳嵩山隐居。嵩山有七十二峰，其中黄盖峰有中岳庙，御书楼，寿星石等古迹。吴佩孚住在中岳庙，某日梦见寿星石上书有介石二字，吓得出一身冷汗，忙跑出去一看，连日阴雨，寿星石上绿苔如织，他偏认出介石两字，因而大怒，命人即刻将寿星石砸毁。如此无知，如此野蛮，如此毁灭自然和建设之人，带领数十万大军，横冲直撞，中国会成个什么样子。可至今，中国很少有人会指责马背英雄肆意破坏的种种罪行，如果他们坐了天下的话。

为祖国建设和人民生活，翼圣公奔波忙碌三十年后，中华人民共和国建立了。一九四九年，翼圣公任湖北省政府建设厅厅长。兵临城下，战火中，他运用自己的职务可能，竭尽全力保护工业重镇武汉的工商设施，于中国是有功之臣。历史最终要唾弃破坏者，人民需要建设者。一九五五年翼圣公出任湖北省水利厅厅长，一九六二年当选湖北省副省长。他是第二、三、四、五、六届全国政协委员，第五、六届湖北省人大常委副主任。

因为他是个建设者，我终生尊敬外祖伯父。翼圣公于一九九三年逝世，终年九十七岁。

19 — 五四时期的青年学生

他没有翼圣公那么魁伟，他个子并不低，但因身体单薄瘦弱，所以不显高大。他颧骨突出，额头宽阔，而且发亮，好像智慧和学问在时刻放射出来，给予世界。他的眼睛不大，而且习惯性地有些眯缝，连带总在唇边的微笑，显得态度谦恭，那是中国儒家书生的传统。可是当他偶而朝人一瞥，从眼角闪出的光芒，却是明亮的，咄咄逼人。特别是当他不满意于什么事情，直接了当注视对方的时候，目光就像火团一样烁热和激荡。

虽然外祖父二十几岁，就成为中国历史和法律界名人，不足四十岁成为政界新星，但权势和声名，并没有把他异化成一个冷酷的政治机器。他的内在，永远保持着强烈的人性本质，火热心肠，是非分明，崇尚真理，疾恶如仇，绝不为权势或利益而出卖原则。因为他从小在一个尊崇儒家的书香世家长大，自四书五经开始认字，而后熟读历代儒学经典，铸造了他思想情感的基础。青年时期，动荡的社会浪涛，五四运动、北伐战争，更陶冶净化了他为生民请命的灵魂。

外祖父名讳汇曾，字希圣，生于光绪二十五年，公元十九世纪的最后一年。三岁时随其父月波公任职河南，搬到开封县衙居住。五岁又搬往夏邑，开始启蒙读书。他不愿读《三字经》，又不能读《四书》，所以除认几个字，别的什么也没学。搬回开封，由父亲月波公执教，授《诗经》和《论语》，才开始正经读书，也开始习字。月波公是个好老师，他不只单单让希圣公认字背书，他给儿子讲历史故事，从中讲述人生道理。特别是他调任新野，搬家路上一个月，古迹不断，希圣公几乎从父亲口里，听到从春秋至三国的大半历史。

儿童的记忆大多从六七岁开始，他们的人生意识也在那个时期形成。那几年，希圣公在河南几处县官衙门里度过。半个世纪之后回忆，他记得最清楚的一件事，是当时其母做县太爷夫人，对监狱里犯人的极度关怀。清代监狱，极端冷酷和悲惨。曾外祖母规定，县狱中每日每餐饭粥，须先送上房，由她亲自看过，饭要新鲜，粥要浓厚，才许送到监狱中，分给犯人们吃。如果饭粥不合规定，管监狱的官卒要受到夫人的严厉责罚。

一日三餐，天天如此，当然在年幼的希圣公心里烙上深深的印记。人都是人，人性不容忽视，就算坐监狱，也还是人，应该受到基本的人的待遇。每次月波公调任，狱中犯人们最感伤心，会痛哭甚至号啕失声，跪在地上，望着知县夫人离去。那情景重复过三四次，每次都在希圣公的心灵，造成巨大的震撼，永不能忘。

希圣公没有太多小学记忆，因为他九岁就跟随兄长翼圣公，开始读中学。他讲起在新野的小学生活，只有一次开运动会，参加算学竞走，学生比赛走二十码到目的地，在黑板上做算术题，然后走回原地。小孩子都穿制服，是黑色的羽绫绸衣裤，胸前一排金色钮扣，上面刻着龙徽。他穿了制服，晋见到会的南阳府知府，很觉骄傲。

那时中学，教师和课程都很严格。国文分两门，一是义，一是论。所谓义，就是经义，授《春秋》和《左传》，取一句话加以解释。希圣公听讲左传故事，喜极而手舞足蹈，其中经义却一字不懂。有次老师出题元年春王正月义，两小时交卷。同学一个个答完，希圣公一字写不出，最后教室里只剩老师和他。希圣公坐在凳上，两眼流泪，还是写不出。老师无法，只好走来，在纸上写几句，要他抄上试卷了事。二十年后希圣公在北京大学讲授中国政治思想史，讲到元年春王正月，引经据典，讲了两个多小时，再不必双目流泪。

所谓论，就是策论，对某事某人某语，发表自己见解。希圣公自认不喜欢发空论，也做不好起承转合，论总写不好。但写史论，则是他的长项，因为他熟知战国和秦汉史，每篇都可得九十分。有一次题目是《刘备不取荆州而取益州论》，希圣公自信是自己拿手好戏，半个小时写三百余字一篇大论，把庞士元被射死在落凤坡也写上去。老师批改下来，把希圣公好生训斥一番。他从此晓得，做史论是严肃事情，须得小心谨慎，从正史中找资料，不能听信演义小说。

全中学丁班年龄最小，希圣公又是丁班最幼一个，代数课老师要学生上黑板演题，总第一个叫希圣公，因为头一题最容易，从来做不错。英文课老师问题，也从易到难叫学生回答。但英文课座位按上学期考试成绩排列，考得最好的坐最后座位，回答最难的题目。希圣公每学期考优等第一名，永远坐最后一个座位。一次他见最后一题很难，前面第三个座位同学缺席，偷偷坐到那座位上。老师叫到第三题，他站起回答。老师不准坐下，大加申斥：陶汇曾以为年纪小，自恃聪明，要是不痛改，将来要误一生。希圣公站在那里，汗流浃背，不敢抬头。那班只九个学生，他换座位，如何骗得过老师。从此希圣公懂得不敢取巧，要下真功夫，学业方有大长进。

辛亥年后，希圣公兄弟返回湖北黄冈故里，父母在仓埠镇榨油街买下一所房屋，与后来大名鼎鼎的徐震旦将军公馆对门。仓埠镇座落武湖之滨，当时是方圆百里最大的集镇，交通枢纽，商贸发达。据说太平天国长毛造反，曾有大军，经略鄂东，破了黄州府城，击败黄冈八团练，围攻仓埠，打了四十余日，终于攻不下来，反被仓埠团练击败而逃。那仓埠的寨门，长年摆着当时击破长毛的巨炮数尊。

房子很讲究，三进大院，画栋雕梁，还有精工雕刻的木隔十六扇，清静宽敞，优美雅致。希圣公在这里重修汉四史，每日写小楷四百至一千字。后来他的兄长翼圣公偷去武昌，参加反清起义的革命军，希圣公年纪太小，不能从军，难过很久。民国元年，月波公领希圣公到武汉报考学堂，顺便拜会湖北省民政长仲膺公讳夏寿康先生，他是希圣公的母舅，后来民国初年大大有名的人物，我的又一祖辈。

希圣公考中武昌博文书院，没有去读，而去了武昌英文馆，读过一年多，然后按月波公旨意，同兄长翼圣公一起，到北京考入北京大学预科，那年希圣公十六岁。预科之后，他进入北京大学法学院读书。

北京冬天冷，下雪结冰。希圣公租住一个很小的公寓房子，早上走路上学。风极大，有时顶风走不动，只好转身退走。他平时路上，在街角买一套烧饼果子，即烧饼夹油条，边走边吃。冬天刮风走路吃不成，掖在怀里，到教室才能吃。上课晚到了，也就没有时间热吃。教室设备不好，冬天墨水毛笔都冻住。教授要学生写文章，写不成，只好让学生到教室前头的大火炉边烤墨水瓶。每次都得十分钟到二十分钟，学生正好在炉边取暖，希圣公就吃烧饼油条。

不过当时大学生生活，很自在，很有文化情趣。学生们会听戏，会下棋，懂品茶，懂字画。大学期间，希圣公最喜爱的名角，是谭鑫培，因是湖北同乡，又是京戏宗师，连满清皇上都爱听谭老板唱戏，慈禧太后赏过他黄马褂。有天希圣公跟同学去听谭老板告别戏院最后一场演出，击鼓骂曹。照说这样一场戏，必会有很多达官贵人捧场，可那天奇怪，场子里见不到一个。

谭老板出台，正演到中间，有个人从边幕出来，到谭老板耳边讲了几句话。那人走后，谭老板停顿几秒钟，然后继续唱。他站到台前，开始大骂。一口气不停，激昂慷慨，比平时多骂几十分钟。他不停，鼓也不敢停，跟着谭老板，不停地敲，胡琴不停地拉。他加了一百多句唱词，旁边两个角儿站着发愣，不知该怎么办。谭老板骂够了以后，发出一阵大笑，一转身，下台走了。戏还没完呢，也演不下去了。因为听谭老板多唱了许久，戏迷也没不满意。出戏园的时候，听人说，窃国大盗袁世凯那天死了。半路上台的人，是告诉谭老板这消息。所以谭老板开口大骂一顿，冲着袁世凯去的，痛快极了。

希圣公听戏是行家，下棋就差多了。他下象棋，一被将军，就免不了跟对方打架。下围棋输三四十目，看不出来，不至打架。后来自以为棋术高了，便到东安市场，找个茶馆棋社，泡壶茶，大模大样跟人布子走棋。过一阵，一人走来，站在旁边看了片刻，摇几下头，长叹一声，扬长而去，大有孺子不可教也的模样。希圣公看在眼里，从此再不敢到棋社去下棋。

希圣公自小是个敏感的人，父母家人，师伯同伴，不管谁的一点神情，一个动作，一句话，一顿训，都会在他心灵造成震动，并常常会影响到他的终生。敏感的人，是因为对自己有高标准要求，渴望自己具备理想的品格，渊博的学识，完美的人生，才关切他人言行，以他人为镜，看到自己。也由此，得以时时刻刻修正自己的品行，日趋完善，最终达到理想。

民国六年，月波公调任河南省汝南道道尹，官升几级。翼圣和希圣二公在北京大学，又是少爷，又是大爷。照他自己的话说，大学期间只是勤学，而非苦学。勤学就是不废学，每次考试，名列前茅。后来读过宋明两代学案之后，才开始有点苦学的意思。再后到上海，卖文为生时期，才有真正的苦学岁月。

大学三年级过年前两天，北京的报纸出了十七个题目，征修订民法的文章。希圣公决定应征，马上起草。初稿完成，十万字。高一班同乡黄先生也应征，与他讨论，看过希圣公文章说：法学文章不可太长，要有条有理，简洁扼要。别人说十句，你说一句。你说一句说不清，说十句还是说不清。希圣公觉得有道理，就修改文章，缩成三万字，每段加小注，说明引文来源。改好以后，用小楷抄清，钉成一册，送到民法修订馆。那天是腊月二十九日，为了这篇文章，希圣公误了火车，所以没有回家过年。

同公寓住一位陕西同学杨先生，那年也没回家，在住处煤球炉上炖一锅牛肉汤。他用汉中家乡法子，把三斤牛肉，放在砂锅里，加清水，不用盐，从上午炖到夜间，牛肉烂熟，再加盐。年夜饭时，他邀希圣公一起，二人围炉而坐，各用筷子在砂锅挑肉，用汤匙在砂锅喝汤，一直吃到天亮，很是过瘾。

大年初一早上，希圣公身上只剩一块银元和两吊票子一张。公寓伙计来请安，那一块银元只好赏他。两吊票不过值铜板二十枚，不好意思拿出手，只有自己留了过年。没回家的几个同学约好出东便门，逛东岳庙，大家身上都没有钱，只好走路去，也算一乐。

公元一九一九年，第一次世界大战结束。中国是战胜国之一，可在法国巴黎和会上，中国受到不平等待遇。西方列强一意瓜分中国土地，不把战败的德国在山东的权利还给中国，却都转让给日本。北京大学的学生得知了，不能答应。

五月初的一天，学生在食堂吃过中午饭，一个名叫廖书仓的同学跳上桌，挥着胳膊大声说：今天晚上我们在法学院的礼堂集会。我们要把国家兴亡担在自己的肩上，要么中国，要么死。这学生大家都认得，都听他讲话，希圣公也觉浑身一股热血冲腾。那天晚上，北京大学学生，还有很多外校学生，聚在法学院礼堂。有些同学上台发表演说，台下人也在喊叫，大家怀着相同的心情。一个同学跳上台，咬破手指，把衬衫撕下一块，用血写下四个大字：还我青岛。他满脸是泪，在空中挥舞血书，所有的学生都哭了，拼命呐喊：还我青岛！还我青岛！

第二天五月四日一早，北大和许多大学学生上街游行，走去天安门。他们拿着小旗，呼喊口号：中国的土地不给日本。中国人民宁死不低头。学生原计划到天安门南边的东交民巷外国领事馆去抗议，警察封锁了道路，学生就转向赵家楼，去两个中国代表的家门前示威。

他们在门前停下，把小旗隔着墙丢进曹家院子。有学生爬树，跳进院子，打开大门，大家一涌而入。希圣公个子小，挤不进去，在门外面急得要命。一排警察挡在房子门前，要挡住人群，但是做不到。

一个穿学生装的高个子同学举着手，大声问那些警察：你们是不是中国人？他从树上跳进院去时受了伤，大股大股鲜血顺胳膊流下来，滴在地上。那是希圣公生平第一次看见人体流血，腿都发软，可他不能离开。他也根本离不开，身边全是人，挤在一起，谁也动不了。学生人群在街上、院里，挤来挤去，人人脸上是泪，个个喉咙喊哑。突然院里墙角起火，烈焰往空中蹿。有人喊起来。有人吓坏了。有人想离开。有人叫找水救火。有人嚷要抢救书房里的书。火燃起来，借着风，一下子上到房顶。院里院外的学生都慌了，涌着挤着往街上跑。帽子、小旗、书包，丢了一地。

马路上新开到的大批警察，排着横队，端着长枪，向学生人群逼近。学生中有人摔倒，拼命叫救命，有人挺着胸膛要挡住警察的枪，有人在人群里找哥哥弟弟。警察一路走，见人就用枪托子或者警棒打，打倒了就铐上手铐逮走。学生四散逃跑，可是没地方跑。马路本来窄，人又多，警察堵住马路两头，谁也逃不出去。希圣公挤到马路边房檐下，跟一群妇女小孩子躲在一个门洞里。他个子小，钻在孩子堆里，显不出高。警察走来，见是一群看热闹的居民小孩，便走过去，他才算躲过拘捕入狱。

第二天早上，北大学生集合在法学院礼堂。蔡元培校长来了，穿着黑色长袍，不像平时那样带笑，铁青着脸，走上讲台，问：昨天你们有多少人受伤？没人回答。怎么数呢，大约每个人都多少受了点伤。蔡先生又问：有多少人被逮捕？有人喊：昨晚我们大概数数，至少有三十多人。有人应：就是三十多人。

蔡先生像是自语，又像是对大家说：三十多人，三十多个我的学生，三十多个中国将来的栋梁。他们怎么能下手……礼堂里静悄悄的，听得见低低的抽泣声。蔡先生静默一会儿，又说：现在，这不再是学生们自己的事了。现在这是学校的事情，是国家的事情。我做校长，有责任保护学生。我要救出这三十几个学生。你们现在都回教室，我保证尽我最大的努力。大家听了，静静地走出礼堂，都低着头，没有人说话。蔡先生站在台上，一动不动，直到最后一个学生走出礼堂。

那天的课，没法子上。教法律的张教授，是国家检察院总检察长。他不能讲课，学生都围着他，问他昨天发生的情况合不合法。张教授说：我是在职法官，对昨天的事件，不便发表个人意见。我可以说的，只有八个字：法无可恕，情有可原。第二节课是宪法。钟教授走进教室，把书纸放到讲桌上，低着头，什么都没说，足足五分钟，才抬起头，说一句：我们中国……就停住。教室里静极了，能听见窗外的风声。钟教授又抬起头，说一句：我们中国……

五四运动本身的起因，与白话文或文学运动并无直接关系。五四运动以后，各地风潮继起，才开始中国青年民族意识的觉醒。民族意识是一种政治意识，同时也是一种文化意识，所以民族意识的觉醒，也就是政治意识和文化意识的觉醒。五四运动之前，中国已有不少人留洋归国，但他们从海外带进中国的所有观念，没有引起国人的注意，就好像一个沉睡者感觉不到身外之事。现在沉睡者觉醒了，开始感觉到世界的不同。于是海外的各种政治理论和文化思潮，都涌进中国，并影响了中国的青年。

在所有如春风般吹入中国青年心灵之窗的世界新兴思想之中，一个全新的观念让中国青年学者们精神振奋，那就是知识分子的观念，与中国传统的读书人完全不同的定义。

中国古代社会，读书人形成了一个独立阶层，是构成社会政治领导和统治阶级的一个部分。中国传统的读书人，从小到大，不习工，不学农，不经商，只读书。他们读的书，也很专一，不涉及科学，工业，农业，或商业，只是政治、历史和伦理，以备日后治国之用，统辖工农商学兵。中国历代，学工学农学商等阶层，不论成就多高，财富多大，都不如读书人社会地位高。寒门子弟，一旦进士及弟，马上跃入治理国家的强权阶级，高人数等。所谓科举考试，考的也都是政治、历史、伦理，说好听了是治理国家的理论技能，说难听了就是权术。总而言之，中国传统的读书人，十年寒窗的目标，是进入政治统治阶级，而不是做个科学家，工程师，或者医生。

更早些时候，受春秋战国时代士大夫理念的影响，还可能有一批读书人，保持着自我独立，不肯受独裁君主的驱使和奴役，比如沈氏祖先的郢，拒绝受聘为秦始皇的丞相，或沈氏祖先戎，不接受汉光武帝封侯。但自汉代以降，儒学独尊，春秋之风尽灭，读书人只有一条科举之路可走，从此读书人只能依附于强权阶级而生存。

中国传统读书人，始终是一对分裂的组合。他们既是国家统治阶层的一部分，依附于强权而存在，又保持着正直和尊严的理念，希望能够独立于强权，远离朝廷。那是一对永远无法统一的矛盾，正直要求诚实，而政治无诚实可言。所以中国历代读书人的心灵，总是充满痛苦的挣扎，不断地在两个选择中间摇摆，抵消自己的力量。由于中国读书人的灵魂，具有正直和尊严的一面，五四运动之后，他们能够接受西方知识分子的观念体系，试图改变自身。但也由于其依附强权的传统作祟，最终不能形成完全独立的社会阶层，没有能力同专制统治者顽强对抗，终于恢复为依附强权而生存的可怜虫。

西方知识分子，自古希腊和罗马开始，就形成为独立的社会阶层，不依附于强权，而且以不与强权合作为其标志，以与强权所对立为其安身立命的原则。西方知识分子的传统，是站在强权的对面，毫不留情地监督强权，批判强权，保护社会公平和正义。古希腊的戏剧家，受到极高的尊敬。古罗马的哲学家，甚至比君主更受敬重。西方知识分子，因为不以加入强权阶级为目标，用不着单一死啃政治和伦理。他们可以终生远离政治实用，研究戏剧，哲学，医学，宗教，美术，音乐，天文，航海，同样获得社会的承认和尊重，甚至君王也会屈驾，向他们请教，或者讨好。

西方知识分子的传统，文艺复兴之后得到更迅猛的发展和升华。莎士比亚的戏剧，直接而无情地揭露和批判独裁君主的凶残和罪恶，欧洲国王们拿他毫无办法。达·芬奇创作《蒙娜丽莎》，从此断绝美术仅以宗教与宫廷为主题的传统，一转而让平民进入高贵的画廊，王宫贵族也无可奈何。最英勇伟大的当然是布鲁诺，他为捍卫天文学真理，走入宗教和王室点燃的熊熊烈火，用自己年轻的生命，向旧世界提出最无情的挑战。

我想中国人最应该深思的是，布鲁诺的献身，没有被欧洲人民轻易忘记，没有被欧洲政治强权阶级强行贬低，也没有被欧洲史家们奉旨而刻意编造或抹杀。布鲁诺的牺牲，在欧洲布满干柴的土地，投放了一粒真理的光辉火种。欧洲燃烧了，最终结束愚昧而残暴的中世纪，走入现代工业社会时代。

那些雄壮的西方知识分子事迹，那些激昂的西方知识分子独立观念，深深打动了五四运动以后中国青年学生的心，也培养起一批不同于传统读书人的中国知识分子。他们不再以进入政治强权阶级为自己读书的目标，他们开始怀疑国家统治阶级的合理性，他们坚决地向强权挑战，不惜杀头坐牢，甚至粉身碎骨。如果那段时光，能够像欧洲早期一样，经历上三百年，那么现在的中国将会比欧洲更加先进得多。

就文化和思想界而言，五四运动之后，确是中国现代史上最光辉的时期，几乎可以与两千多年前的春秋时期媲美。那三十年间，几乎一切思想潮流都可以公开发表和争论，三民主义，马克思主义，国家主义，实用主义，尼采哲学，无政府主义，基尔社会主义，劳工主义，科学主义，教育救国，各种学说，形形色色，共存共荣，没有一种思想和学说居统治地位，凌驾于其它思想和学说之上，压制或禁止任何其它思想和学说的生存和发展。中国青年，随自己所好，要读什么书就读什么书，或者同时读几种不同学说的书。要信仰什么主义就信仰什么主义，或者同时信仰几种不同的主义。

当时的北京政府仇恨一切主义和学说，因为所有新兴的主义和学说，没有一种同于使中国独裁专制社会得以延续三千年之久的儒家和法家两种传统学说。几乎任何一种新兴思想，甚至就是教育救国论，扩展开来，也有可能发展为无可阻挡的革命力量，足以推翻北京政府。可是不管如何地恐惧和仇恨，北京政府毕竟没有能力控制民众特别是青年的思想，无法让已经觉醒的民族，再回到沉睡中去。

我的外祖父希圣公，正是在中国现代史最辉煌的时期，从旧式读书人转变为新型知识分子的一个。虽然他后来为参加抗日战争，为救国救民，离开北京大学教授的席位，投身政治，而且后来也曾权倾一时，但他身处国家权力核心，却终生以学问家自居。至死，他对自己在北京大学任教时创办的经济史学杂志《食货》的关怀，远远超过其任何政治活动。他为日本学界评价上世纪三十年代中国社会史大论战为陶希圣时代所感到的自豪，远远超过他替蒋介石写成《中国之命运》，或其它任何一篇文告。希圣公九十岁时，再次总结自己一生，仍然是两句话：书生论政，论政犹是书生。

也就由于希圣公并非冷血无情的职业政治家，而是集政经法史文五者于一身的大学问家，所以才得到世人的尊敬，包括我自己的尊敬。对于我，希圣公仅仅只是一个中国知识分子，而我也以自己的脉管里流淌着他的血液，所以能够独立于世，感到骄傲。

20 ——一状告倒北京市长

　　民国七年，公元一九一八年，外祖父希圣公与外祖母成婚。我的外祖母姓万，湖北黄冈万家大湾人氏。

　　湖北黄冈有三个大家族，陶胜六的陶家，万家大湾的万家，龙王墩的夏家。这三大家族，分居于仓埠镇东南北三侧，隔武湖而相望。三个家族，都是书香世家，代代出名士，相互之间也世代联姻。陶家是我的外祖父，万家是我的外祖母，夏家是外祖母的母家。

　　仓埠镇北，井字山下，是龙王墩夏家。夏姓古时有人说是陈姓之后，春秋陈宣公之孙，以父王的字子夏为姓，所以得夏姓。也有人说，是远古姒行夏后氏之后，被周王分封于杞，未得封者以夏国为姓。总而言之，夏姓也是古已有之，经历了两三千年历史。

　　清朝末年，夏家出了父子两代翰林，一时轰动。那位父亲翰林，名讳耀奎，是我外祖母的外祖父。据传说，这位太祖公公幼年异常聪明，记得前世的事情，说他前世就是秀才。十岁时自己去查访前世家门，见到族人家属，似曾相识。十三岁后，才不再谈论前世的事情。

　　光绪二年，公元一八七六年耀奎公乡试中举，光绪七年湖北黄州知府督修黄冈县志，聘耀奎公与同邑钱崇兰等为纂辑。当时太平天国长毛大乱刚平息，纂修县志的一个重要工作，是采访咸丰和同治两皇帝年间，本县在与太平军作战中阵亡的将士，或殉难的乡民，特别是抗贼不屈而被杀的烈女，投水自溺的节妇。太平天国军队所到一处，烧杀抢掠，奸淫妇女，黄冈县宁死不从长毛的节妇烈女，不下数千，在县志里辑为忠义传和烈妇传。

　　耀奎公和诸纂辑，工作繁重，白天执笔，夜间讨论。为如何判断是否节妇烈女的标准，耀奎公与钱先生发生争执。钱先生主张从严，少辑为好。耀奎公则主张从宽，多做表彰。宽严之间，关乎多少死难妇女的名节，不可等闲。后来钱先生早早死了，耀奎公中进士，点翰林，乡间传说是报应昭彰。那当然并不一定，但可知乡民对妇女名节的重视，也可知乡民对耀奎公宽以待人之厚道的景仰。

进士及第后，耀奎公官至浙江省杭州府知府，病逝任所。耀奎公有二子三女，长子名讳福康，字伯渠，乡试中举，民国初年出任江西省税务官。次子名讳寿康，字仲膺，就是夏家两代翰林中的儿子翰林。

仲膺公，史称其名讳夏寿康先生，是我外祖母的二舅，清末进士及第，宣统三年受任湖北咨议局副议长。辛亥革命后，仲膺公任湖北省民政长，奉调入京，任肃政史，相当于现今的总检察长。

那时期，仲膺公做出一件轰动天下的大事。袁世凯做民国大总统后，任命王治馨为京兆尹。京兆是个地名，其位置相当于现今北京，统辖附近几县，满清时称顺天府。民国后废除龙廷，北京没了天的地位，一九一四年改顺天府为京兆府，直隶中央，相当于现在中央直辖市。尹是官名，秦汉唐三朝，称郡太守，宋明清三代，叫知府。后有改称尹的，辖区仍为郡或府，如顺天府的行政长官，不叫知府，而称顺天府尹。民国后，顺天府改京兆，顺天府尹官名，也就改为京兆尹。用现代语汇来说，就是北京市市长。

王治馨本来是袁世凯家的账房先生，一人当道，鸡犬升天，袁世凯做民国大总统，以为北京市就是他家，委派自家账房先生做京兆尹，管理一国都城的钱粮出入。从前袁家的公子们用钱，都找账房先生要。现在王治馨是京兆尹，袁家公子们用钱，还是找他要。京兆尹靠袁世凯自家钱库，自然供不起，又不敢得罪大总统的公子爷，只好到国库里去拿。久而久之，京兆尹便背了挪用公款的控告。

肃政史仲膺公，当时住在京城北池子宅第，听说此事，细心调查清楚情况，连夜写手折，第二天亲至总统府密呈袁世凯。密呈的手折，列举京兆尹渎职罪行，要求弹劾王治馨。第三天袁总统下令，将京兆尹王治馨绑赴天桥刑场，立即枪毙。那是民国初年有名的弹劾案，古今中国官场弹劾部长级官员，确实极为罕见。当然也是王治馨倒霉，替袁世凯的儿子背黑锅。伴君如伴虎，自古如此。袁世凯急急忙忙，三天内把京兆尹杀了，并非真要整顿吏治，只想马上灭口，免得王治馨讲出总统公子乱花国库银两的丑闻。

如果国家司法制度健全，首先袁世凯不能任命自家账房先生做京兆尹，其次总统公子们绝不敢去找京兆尹要钱供自己花天酒地，再次肃政史起诉政府官员也不会密呈总统，而须向法院提出控告。最后当然不至总统一句话就杀人灭口，非要公开当庭审判，把袁世凯父子的各条劣迹罪行都公开，他总统也得下台。也就因此，中国独裁皇帝和专制朝廷，总要千方百计地阻挠司法制度健全的努力，司法只许用于百姓，而不得监督中央，所谓刑不上大夫。

因此弹劾或者枪毙一个京兆尹，或者哪怕十个百个省长部长，吏制也还是得不到整顿，官场照旧贪污受贿，腐败渎职，无官清廉。据一份民国史稿记载，肃政史仲膺公弹劾王治馨，大总统枪毙京兆尹之后，京兆政风，继续贿赂公行，民不堪命，各县县长多勒索法外之财，以媚上官，官贪绅劣，衙役如虎狼，吏治凶残丑陋，不堪闻问。我想仲膺公天上有知，恐怕只有摇头长叹，无可奈何。

仲膺公平素不喜交游，沉默寡言，忽然之间，冒天下之大不韪，上折弹劾京府要员，震动总统隐私，足见其为人刚正，无愧肃政史之职，实在了不起。徐世昌任总统时，任仲膺公为湖北省省长，在职一百五十天，创办武昌私立法政学校、黄州初级师范、启黄中学等。仲膺公一生不茹荤酒，为官清廉，身居要职二十余年，家乡只有老屋几间，无半亩田地。仲膺公也从未滥用职权，任人唯私。其长婿曾赴京谋官，被仲膺公婉言拒绝。为官如此，前少古人，后无来者。

袁世凯去世，黎元洪任大总统，恢复《临时约法》，保持共和国体，冯国璋当选副总统，段祺瑞受任国务院总理，仲膺公先任平政院长，后任总统府秘书长，协调府院关系。其间逢第一次世界大战爆发，黎元洪和冯国璋的总统府主张中国不参战，段祺瑞的国务院则主张参战，发生府院之争，至大打出手，兵戎相向。黎元洪控制不了段祺瑞，只好请山东的张勋率辫子军入京，制约段祺瑞。

张勋到达京郊之后，黎元洪派仲膺公迎接。张勋对仲膺公发命：限黎元洪三天之内解散国会，否则不负责调停。仲膺公向黎大总统报告之后，还没到三天期限，辫子军就开进北京。张勋坐镇天津，又把仲膺公找去，下令总统马上解散国会。仲膺公在京津之间，往返奔波几日，两头受气，忍辱负重，只想免去京兆百姓战火之灾。最后黎元洪无奈，按张勋要求，解散国会。张勋入京后，请紫禁城里的清帝复辟，十二天事败。

民国初年那段历史，历劫繁多，闹剧连台，常为后世所耻笑。但如不满足于人云亦云，细想之下，袁世凯称帝也好，府院之争也好，张勋复辟也好，曹锟贿选也好，那段时间总还发生过总统讲话，下面人不同意的情况，副总统也曾多次拒绝签字附议总统令，还有国会议员集体抵制总统或总理提案的事件。而且所谓袁世凯总统，黎元洪总统，段祺瑞总理，或曹锟和张勋，不管他们想做什么，心里似乎总还顾及到共和体制和国会的限制，所以要围绕国会做文章，出争执。

那些满清旧体制培养出来的军阀诸侯，心里当然都是一色的独裁专制观念，从不把国会和民意放在眼里，敢于动辄解散国会，扫清自己独裁掌权的道路。可他们如此肆无忌惮，随意解散国会，也就将自己的暴君本质和虚伪嘴脸，暴露于天下，引起民众的警觉和反对。

连年不断的政府争权夺利，国会议员们聚聚散散，使得中国民众日益觉醒，感觉到天下终于不再是皇帝老子一人说了算，民众意愿还是有力量，能够载君，也能够覆君。所以袁世凯称帝，张勋复辟，都不足百日而败。中国民众已经懂得共和与民主，再无法容忍独裁。

那是民国之前的历史，从来没有过的。秦汉唐宋元明清，都是皇帝一人独裁专制，朝廷里没有副皇帝。皇帝下令，一人说了算，用不着副皇帝签字，也用不着担心总理宰相会反对，更从来没听说过朝廷做件事，还要民选的国会讨论和通过。民国之后，许多年北京政坛走马灯般的表演，并不是毫无意义的丑剧而已，也不仅仅是军阀间的争权夺利，凡此种种喧嚣，实际上是传统的君主独裁观念与新兴的共和民主政体二者之间，在进行殊死的斗争，意义是深远的。

如果总统同于皇帝，独裁专制，不容许一个不同意的声音。令既出，或造福于民，或灾于天下，副总统看都不看，只会签字附议。国会议员想都不想，歌功颂德一番之后，全体通过。国务院不管三七二十一，拿了鸡毛当令箭，全国实行，不顾中原数千万饿殍遍野。那当然就不会出现府院之争，因为本来是总统一人说了算，也就不会有动不动解散国会一类的事出现，因为国会只是总统手里玩弄的橡皮图章，用得顺手，可以用来欺骗天下，总统还不肯丢呢。

从数千年的君主独裁，走向共和民主政治，绝非轻而易举，不经过许多年的努力，不经过多少次的反复，不经过众多的流血牺牲，是不可能的。民国初年北京政坛，貌似玩笑，实际必不可免，而且不失为一个良好开端。当时民意能够上达，国会否决政府提案得到尊重，总统不可独裁，副总统可以不同意总统提议，总理能够反对总统主张，本是共和民主政体应有的作业，可惜那些正常的共和政治程序，以不正常的军阀闹剧方式显示于世，倒被忽视和否定，最终全被抛弃。

我想仲膺公肯定是对政局很失望，做了几年平政院长，劳郁沉积，病逝于北京任所。仲膺公的妹妹，带着同样血统，嫁到黄冈万家大湾，生养了我的外祖母。

万家也是湖北黄冈的大族，明代已经累世科举做官。我得到一册《万氏宗谱》，一九四七年修订，一九九九年重印，九百八十八页之厚。翻开封面，赫然是蒋中正题词，盖了他的大印。字为：黄冈万氏宗谱续修纪念奕世载泽。听希圣公说，蒋介石总统并不喜欢题字应酬，他竟给湖北黄冈万氏族谱题字，足见其不同凡响。

再翻下去，万氏宗谱首修序，由康熙二十四年进士，正二品吏部侍郎仇兆鳌题写。五修序由林则徐题写，当时他任从一品湖广总督。六修序由咸丰己未科状元正一品大学士孙家鼐题写，他做过湖北学政。七修序由孙科题写，他是孙中山先生的公子，做过国民政府副主席兼立法院长。居正也给七修写序，他做过国民政府司法部长和最高法院院长。二百五十年间，都是中国历史有名有姓的人物给万氏宗谱写序。

据我的这本万氏宗谱记载，万氏始祖为毕公，名高，周文王第十五子，也就是沈氏始祖聃季的弟弟。此公佐兄武王伐纣有功，封于毕，今陕西咸阳，因以为姓。周惠王十六年晋灭魏，将其地封给时任官的毕公十六世孙，以万水入名，乃万姓之始。毕万公的子孙，一直在周朝廷任官，或为大夫，或封相。第八世孙名斯，周烈王封侯，建都于魏，就是大名鼎鼎的魏文侯，任李悝为相，吴起为将，西门豹治邺，使魏成为强国。他的曾孙名子罃继位名惠王，后迁大梁，今河南开封，故称梁惠王。有名的孟子见梁惠王，就是此公。惠王侄子名叫万章，受业于孟子，最会提问题，《孟子》中有《万章》一篇。万章之后五十一世子孙，在我这本《万氏宗谱》里记录得清清楚楚。

湖北黄冈万氏始祖，名讳雄甫，因佐明太祖朱元璋鄱阳戡乱有军功，任指挥使。洪武二十一年，公元一三八八年，自江右饶州迁黄冈。其墓所在，遂名将军山。黄冈万氏第十一世孙，排行第二的尔昌公，是我外祖母的八代祖先。尔昌公于明崇祯九年，公元一六三六年，乡试中举，忧愤社稷朝政，加入复社，意图振兴大明，与顾炎武多往来。西北李自成造反，东北满人入关。腹背受敌，内外夹击，三百年大明天下就此灭亡。

清廷下令天下百姓，剃头留辫，改穿满服。剃头匠挑了担子到处走，碰见人就剃头，不剃就杀，叫做留头不留发，留发不留头，中原土地不知为了头发，死难多少人。黄冈尔昌公与兄弟尔升公二人，忠于大明，不肯剃头易服，紧闭大门，足不出户，在家读书作文，不会友，不见客，不拜地方官吏，也不应试。满人靠马背刀枪夺得天下，族人原本学识不高，自知恐难治理文化悠久发达的中原天下。刚一立朝，马上发诏开考，希图尽快延揽有学识的汉人官员。

因慕尔昌公文名，地方政府数度促其入京会试。尔昌公不得不往，途中故意跌断腿骨而作罢。次年又被迫入京，乱涂考卷，自行落榜，决不出仕。新科状元刘子壮登门拜访，尔昌公冷眼相对。刘状元走后，尔昌公马上在门坎上烧黄表纸，说：我家清白门坎，不能让他踏污了。满清初年，黄冈万家书香世族，父不会试子不科场。其忠义之心，今世之人很难理解，更难继承。

数十年后，眼见满人天下坐稳，大明无望恢复，尔昌与尔升二公也相继逝去。康熙年间，尔昌公的儿子名讳为恪公，才头一次出考，丁丑年进士及第，授遂安知县。尔升公的儿子名讳为灿公，乡试中举，却仍然不仕，回乡闲读，拒绝做满人命官。

为恪公有六子，排行居中的一个名讳绅祖，太学士，育有四子。长兄名讳年茂，字少怀，号南泉，乾隆丙辰科进士，点翰林院编修，广西道监察御史兼理山东、陕西道，辛酉年山东正考官，壬戌会试同考官。南泉公六十岁上才得一子，取名承宗，嘉庆庚午科亚魁，甲戌科进士，点翰林院庶吉士贵州大定府知府。

南泉公的二弟名讳年丰，字策臣，号武溪，乡试中举，官拜浙江石堰场盐课大使。那是个容易发财的差事。武溪公做了几年，辞官回乡，行李中只有几方砚池，其清廉美名，颂扬乡里。武溪公曾孙讳裕鹏，号翔云，道光年举人，咸丰己未、庚申两科明通进士，授兴国州学正，做了十三年教育官，逝于任上。翔云公只一子，号丹丞。丹丞公的长子，名讳信民，字锦章，号镜明，是我外祖母的父亲。

丹丞公多年隐居不仕，乐善好施。乡亲有家贫之人死亡，无以为葬，他就亲自领上死者家属，到阳陂庙乡集上去看棺木。有族人统计，他一生施过棺木三百六十付之多。遇有病人来求医，丹丞公就施药。病人太多，他一个人忙不过来，就会到外面请个医生来家居住，协助施医施药。有时外边医生来住十几天，家中如同医院，大门内外，病人坐卧一地，这个要吃粥，那个要喝茶，再加煎汤熬药，家里女人忙得出不了厨房。

从康熙年万家子孙开始重新出考，到光绪年间，湖北黄冈万家大湾，出了九位进士，其中翰林院编修与庶吉士四位，另有举人贡士六十五名。科举时代，地方上的规矩，子弟中一人进士及第，家族祠堂就立一根旗杆，以示荣耀。黄冈万家，因为功名太多，万家大祠堂要立旗杆，就像芝麻林了，徒占许多地，所以不如干脆一根都不立。

翰林本是学衔，名字好听，却无实权，是个穷职。进士而点翰林，留住北京，家里如果没有财产供应生活，就要靠外放做官的同乡，一年三节的节敬，夏天冰敬，冬天炭敬。每节送几两银子，勉强度日，叫做困京，不是好事。贫寒人家子弟，中了举，或中进士，都不愿意困京守穷，要争取外放做县官，那才是发财转运的肥缺，到处来钱。

在万家大湾，几乎家家都有子弟中举，或进士及第，困京的有，外放县官的也有。哪家子弟做县官，去职回乡，两袖清风，就有清廉的名声，受乡里尊敬。如果做县官发了财，家里起楼盖屋，就算他没犯过法，宗族众人仍然看不起，骂他不是清官。如果真为贪财犯了法律，甚至朝廷判刑杀头，死后也不准进万家宗祠，子孙不拜。

黄冈万家的族规，对为官清廉的要求，非常严格。万家子弟读书，有了功名，不做官，回乡务农，受族人尊敬。做了官，依然退职返乡，干做布衣，才是高尚。所以阳陂庙乡集上，很少万家大湾购屋居住的，因为万家的人大多穷苦，买不起集镇上的房屋。

乾隆丙辰年乡试，万家的武溪公及绵祖、缙祖、廷望，叔侄弟兄四个同榜中举。第一条报表送到，锣鼓喧天地进了门，院内没有桌子可放，就摆在磨盘凳上。正忙乱间，第二条报表又送到了，还是没地方放，只好压在第一条报表上面，还在磨盘凳上。跟着第三条报表也送到了，继续压在前两条报表上。尚未摆稳，第四条报表又来了。四个送报表的差人，垂着手站在院门外请赏，四个新科举人老爷，八手空空，无钱可赏，差人们只得叹着气走了。

河南省西南部几县，如光山、商城、固始等地，世家大族，年年到湖北黄冈万家大湾来请家塾老师。差人拿了东家的关书，到万家西席先生的院子，看见老师吃饭，没有桌子，将箩框倒过扣在地上当桌子，一碗烂菜下饭。来人请问先生何时动身，先生说明天一早。次日早上来人挑了担子，先生甩着两手，跟随上路。走过几日，到了东家，主人来拜望先生，进门只见桌上破砚一台，银朱一包，羊毫几管，不见有书。东家奇怪，何以黄冈西席如此有名，便说原来先生并无奇书。先生听了，把手在自己肚子上一拍，答说：书都在这里面。

黄冈万家的西席先生，在光山固始，不知教出多少举人进士，达官名臣，那些地方的世家大族，是越来越发达。万家的先生，还是一样穷，回家照就烂菜下饭。

族里虽然尊崇清贫，子弟教育却从来一丝不苟，绝无简慢。万家一族，多的是教书和读书人，自家子弟读书，不必请外人发蒙和教学。万家子弟，幼年多有各家父母、兄弟、姑嫂教授认字读书。如果父兄外出游学或做官，子弟就到伯叔家里搭学。长到十岁头上，要考幼童，再大就考县学或府学，跟着族里的专门老师读书作文。

万家规矩，男女少年是一样的读书作文，不过子弟专心读书，别的不做，而女子以学做家务为主，读书只是副业。子弟读书为应试科举，所以诵五经，做时文，读古文和诗。女子不应科举，除听讲四书外，以读女诫列女传为重，也不必做时文，只读古文和诗，为的是出嫁以后，可以相夫教子。

族中女子，自幼帮助母亲做家务，粗活如舂米、磨麦、筛米、晒酱、喂鸡鸭、喂猪、打扫房屋，细活如纺线、浆线、牵布、织布、染布、做鞋、裁衣、缝衣、挑花、刺绣等等。只有做完家务以后，才可上学旁听子弟们上课。乡下话说：养女不要贴娘骂。女子出嫁以后，不会做家务，没有生活能力，要让人笑骂娘家。

黄冈陶万夏三姓家族，世代通婚，我外祖父自己的曾祖母和伯祖母，还有堂嫂，都姓万。夏家姊妹两个，大姐嫁给万家的震东公，三妹嫁给万家的镜明公。镜明公的长女，就是我的外祖母。

震东公身体不好，从未应试，也少出远门，到晚年更是久病。祖宗本没有留下什么家产，到他手上只剩旧房怀经堂一座。儿女七个，再加病父，生活十分艰难。有人劝震东公把房产卖掉，他夫人不答应，把四大房叔伯都请到家里坐好，自己跪在当中地上，恳求：讨饭也要有个落脚地方，这是我家祖屋，我们母子决不离开。否则只有流落他乡，再无下场。如果一定要写约卖屋，我现在就死在各位叔伯面前。话到此处，已是涕泪交流，不能成声。万家叔伯感其诚，愿做见证，保守怀经堂祖屋。

震东公的儿女，在这里出生，在这里长大，也从这里发迹，扬名于世。震东公有三子四女，长子玉拂公早年在巴河学生意，后来随仲膺公做事，做诠叙局主事、佥事，湖北汉阳县长等职。震东公二子名讳耀煌，号武樵，光绪十七年，公元一八九一年生，早年投陆军小学，升保定陆军军官学堂，最后毕业于北京陆军大学，做了中国有名的将军。西安事变是武樵公夫妇冒死秘密转信，情动少帅，化解危机。淞沪大战，武樵公率二十五军，与日军血战八十余日，几乎全军覆灭。

武樵公为人正直，忠义道德，是标准的将领典型。他一生不嗜烟酒，不沾牌赌，事母最孝，侍姊如母，待兄弟姊妹仁爱，极重乡情。抗战胜利后，武樵公做湖北省政府主席，每回故乡，必携夫人探访全村每户农家。来南京外祖父家聊天，仍以大妹称外祖母，兄妹之情，不弱早年。

21 —北伐军中校做教授

　　湖北黄冈陶家和万家，世代读书做官。有人以为，那种家族的子弟，自小养尊处优，五谷不分，四体不勤，好吃懒做，不学无术，骄横无理。中国流行过一种观念，叫做高贵者最愚蠢，低贱者最聪明。

　　在某些缺乏传统文化教养的官府家庭，在某些一夜间暴发致富的市俗家庭，或者在某些靠武力威势而取胜于人的行伍家庭，为父母者自己在家是奢侈腐败，傲慢无理，学识短浅，其子弟自然不读书经，不习礼教，耀武扬威，仗势欺人。那样的高贵者及子弟，确实最愚蠢。

　　对陶家和万家那样书香世家的子弟来说，上下多少代，爷爷爸爸，伯伯叔叔，亲戚朋友，个个都是朝廷命官，读书做官成了平常的事，起码的事，再没有什么了不起，哪里去生出势利眼来。再说长辈都是谦谦君子，往来彬彬有礼，谁对谁从不盛气凌人，子弟又从哪里去学那一套阔少衙内的坏习气。这样的高贵者及子弟，绝不愚蠢。

　　听说上海永安公司大老板的女儿，平时买东西，总到别家店去。很多人想不通，为什么她不去自家店买东西，不是买，是拿。人都以为，大老板女儿到店里，当然想拿什么就拿什么。中国千千万万夫妻店，都是如此，儿女进店可以随便拿，反正羊毛出在羊身上，儿女买也是父母的钱。如此家教出来的子弟做了官，就会把国家企业当做自家小店，把国库当自家腰包，就敢为所欲为。

　　那就是小市民心理与世家子弟教养的不同。永安公司老板的家教，是不管谁到店里买东西，都要照规矩付钱，儿女也一样，没有一点特权。制度就是制度，大老板的儿女要遵守制度，大老板自己也要遵守制度。不管祖上做多大的官，湖北黄冈陶家子弟，都照规矩，三岁始读四书五经，背不出来先生照样打手板。万家女子，从小跟母亲学做家务，十岁上机头，一天织下一条布，五条脉。世家子弟不多养成高人一等的观念，倒常从小根植一种危机感：不可辱没家族的美名，必须永远诚惶诚恐，小心谨慎，勤苦努力。《红楼梦》里的贾政，是这方面最好的典型。他承祖上福荫，袭荣国公爵，一生勤政，日夜不敢怠慢，哪里有丝毫高干子弟的不可一世。

历朝君主为表彰功臣名将，都实行世袭制度。虽然为选拔有真才实学的国家栋梁之材，科举考试十分严格，寒门学士和万户侯公子平等竞争，举人进士不是走后门能够拿得到的。但皇帝可以赐封世袭公侯爵位，甚至能够钦赐名誉功名，允许名门子弟取得做某级官职资格。但有了世袭爵位和恩赐功名，并不表示名门子弟真能在朝廷里做官，更不一定能够做大官。中国历史上，守着世袭爵位而穷困潦倒的名门子弟很多，公侯世家几代之后败落如烟者也不少。俗话说创业容易守业难，世家子弟要想守住祖业，就不能躺在世袭爵位上睡大觉，更不能顶着世袭爵位欺压天下。他们要读书，要知礼，要考科举，要进朝廷做官，而且勤政为君也为民。《红楼梦》里贾宝玉虽可世袭公爵，但其父贾政逼他读书何等严格。不幸他终于被祖母宠成公子哥，不懂得如何继承祖业，不求上进，因而断了名门的香火。

希圣公从湖北黄冈的村落陶胜六，走进南京总统府，替蒋介石书写文告，经历了漫长而艰辛的岁月。他不是世袭而成为蒋之"文胆"的，他也没有进士及第一步登天。从迈出北京大学校门之后，希圣公和他的家人，就像当时大多中国知识分子一样，在激烈的社会动荡中漂泊起伏，甚至数度挣扎于生死存亡之线。成功不会天赐，要靠自己艰辛而不屈的努力。中国书香世家的古训，在希圣公身上获得又一次耀眼的闪光，照亮后辈的人生道路。

自希圣公与外祖母成婚开始，在社会和家人眼中，他们就不再是孩子，而是大人了。虽然媳妇的亲生父亲，也在朝廷里做官，陶家的婆婆还是照样管教，一点不手软。老太太的责任，是教养出一个合格的媳妇，未来能够主持家政。她打，她骂，她训，她教，媳妇从早到晚，手脚不停地劳作，还会被打得吐血，死去活来。

希圣公到安庆法政大学做教师，月薪不高，过年回家，买许多土特产孝敬母亲。到了家中，不能进自己屋看妻女，先直接到上房堂屋，对母亲跪拜请安，所带衣箱一概交由母亲查看。得母亲许可起身后，须脱下外面棉袍，经家仆挂好，自己上下衣裤拍打一遍，表示未曾带有任何一物。可以回自己屋，仍不许闭门久坐，须先领女儿，在前后几进院落走一圈，让家族几房兄弟姐妹家人都看清楚，自己两袖清风，无一私藏，然后他才能够回屋与妻子聚会。官宦家族的礼数规矩，繁琐而严格，今人无法想象。

当希圣公领了妻女，冒着正月的严寒，离别故乡，迁往上海，安顿自己的家以后，他们获得了自由，但也付出惨重的代价。他们再没有家乡千顷良田的供应，也失去大冶源华煤矿的资产。在那对二十岁的年轻夫妻背后，一无所有，而在他们面前，是一条荆棘密布的人生之路。他们惟一的求生手段，就是希圣公手中的笔，和脑中的学识。

外祖父当时在上海商务印书馆做个小编辑，书馆编译所的编辑以学历定待遇。美国哈佛大学博士，又在国内哪所大学做过教授，可任一个部的部长，月薪二百五十元。英国或美国其他名牌大学博士，没有在国内做过教授，月薪二百元。日本帝国大学博士，没有教过书，一百二十元，日本明治大学毕业的一百元。国内上海同济大学或东吴大学毕业的九十元，北京大学毕业的六十元。

希圣公在安庆法政大学做过一年教员，薪水比北大刚毕业的学生高一些，也不过每月八十元。一个同事周先生，到编译所已经两年，什么也做不出来，只看看法文书信，每月拿二百元，只因他从法国留学回来。希圣公没有出过洋，薪水低一半还多，可他一个月打夜工，能够编出一部书来。生活是不公平的，可是没有理由抱怨，只有咬紧牙关奋斗，披荆斩棘向前走。

那是一段清苦的岁月，希圣公每天晚上加两小时班编书，为多拿些钱养家。外祖母每日在家缝补洗衣，几个孩子从小到大，没有穿过外面买的衣服，里外都是外祖母手缝。希圣公在家，每夜伴灯，或读书或写作，至午夜而不熄，为长学问，也为拿稿费。外祖母为省下一文铜板，寒冬腊月跑远路买柴，两个儿女已经冻僵，气息几无。

希圣公一年到头，永远一件退色长袍，外套一件两袖油光的马褂，

陶希圣在北大任教时全家合影，
右二为作者母亲

上班如此，见人亦如此，幸好上海没有亲友，用不到应酬，也无所谓，希圣公不在乎身外之物。直到上海学界书界都熟知陶希圣大名，他领全家到南京路，书店门口挂大招牌卖陶希圣的书，还有人把外祖母当佣人，叫娘姨，还把希圣公当做讨饭，赶出书店。遇见熟人，对方也都掉头跑掉，不愿让人看出与希圣公相识，足知其看去如何的落魄和穷困。

外祖母做家庭主妇，心里过不去，东一个铜板西一个铜板，积攒出十二块大洋，要希圣公去买一件长袍衣料回来，她自己缝制。希圣公到大马路绸缎庄，要买线春，店员见他身上旧袍，认为他买不起线春，要他去买便宜的洋布。其实希圣公口袋里的大洋，足够买两件长袍的线春，他咽不下那口气，扬长而去，到隔壁书店买了十二大洋的书。回家把外祖母气得出不来气，希圣公只好照旧穿他的破长袍。

正是那些书，每天给家里的桌上摆出饭菜来，让一家大小能穿上衣服，也把希圣公推上社会潮流的浪尖，显示出他惊人的才华。中国人人晓得一九二五年发生在上海的五卅运动，但从小学到大学，即使现代史专业，也几乎从来不提希圣公在五卅运动中的所作所为，或有因或无意，也无奈。

五卅惨案发生第二天，上海商务印书馆和文学研究会，邀请希圣公从法理方面对惨案发表评论，抨击英国巡捕行为违法，分别在商务《东方杂志》和郑振铎《公理报》上发表，引起上海各界极大轰动，市民工人都觉得出了气，长了志，奔走相告。英国领事暴跳如雷，到上海法院，起诉希圣公，控告他有辱大英帝国尊严。官司打了许久，一个中国书馆的小编辑，面对大英帝国领事馆官员，一点不低头，在中国历史上很少见到，可称是五卅运动的一道闪光吧。

不管后世人是否愿意记得五卅运动有过这么一幕，几篇评论和一场官司，却使希圣公一夜间成了上海名人，成为英勇和正义的代言人。从此上海名流的联合宣言，都有希圣公的名字在里面，许多社会组织也都聘希圣公做他们的法务顾问。一九二七年北伐战争爆发，希圣公受聘为黄埔军校武汉分校政治教官兼军法处处长。武汉北伐军校，设于原来张之洞创办的两湖书院旧址，希圣公的父亲曾在那里修四史。故地重游，江山已非，不知引起希圣公多少怀古幽思。

虽然授衔中校，穿军装，打绑腿，希圣公从来没挂过一天军刀，戴过一天手枪。他从军的整个期间，只上过一次前线。一九二七年五月，唐生智将军领军北上，继续讨伐北洋军阀残部。武汉兵力薄弱，驻扎宜昌和沙市的夏斗寅部队，背后受杨森川军攻击，撤退东进，移师武汉。夏斗寅军的先头部队，是万耀煌将军指挥的一个师，战斗力很强，迅速进占纸坊，离武汉不足四十里。

武汉北伐军政府下令，将恽代英领导的武汉军政学校师生，与毛泽东领导的农民运动讲习所师生，合并为中央独立师，侯连瀛任师长，杨树松任副师长，与叶挺率领的十一师会合，由武昌出发，西往迎战万耀煌部。希圣公也入编，随着武汉军校队伍，奔赴前线打仗。

万耀煌将军，我称武樵公，是外祖母的二哥，从小读军校出身，一直读到陆军大学毕业，论打仗是很有一套，武汉军校的一班文人墨客和讲习所一批农民，哪里是他的对手。所以希圣公随军出发，外祖母也早交代，如果军校打败，乖乖举手投降，叫夏军捉去，只说是万师长的亲戚，见了二哥一定有救，说不定二哥还会留希圣公在帐下做个文书，与在北伐军校里做教官还不是一样。

希圣公前边走了，多日不得音讯，又见前线一批一批送回伤兵，外祖母在武汉心急如火。她便跑到汉口万家亲戚的宅子去打听，大嫂二嫂还有几个妹妹，都在一起，招待外祖母，安慰她莫急，笑着对她讲：我们在外面是敌人，在家里还是亲人。可不是么？就算武樵公打进武汉来，还不是会保护自己的家人，难道只因为政治理想不一样，人情也可以剿灭，变成六亲不认的畜牲么。人如果能够抛弃政治纷争，那会多么的亲热，多么好呵。

结果空急一场，希圣公上前线，一枪没放，就回来了。夏斗寅为保存实力，并不想真打仗，一见武汉出兵，就把武樵公部队撤走了。希圣公没有见到夏军的面，却险些被农运领袖捉起来杀头。他随军西进，沿途继续参加当地革命运动。在咸宁县，碰见开农民大会，农会书记报告会前枪毙五个农会叛徒。那五个穷困乡民不过是先参加农会，后来不想干了，农会就把他们捉起来，枪毙示众。农会书记说，每次开农民大会，都要枪毙叛徒。

希圣公听后，大发雷霆，禁止农会书记随便枪毙人，还警告那书记，如果得知他还敢枪毙，就把他抓起来枪毙。农会书记大吃一惊，匆匆赶到武汉，报告农运领袖。不过几天，武汉政府就把希圣公五花大绑捉走。幸亏当时陈独秀先生的主张仍然主控局面，希圣公总算留下一条性命。希圣公因此对独秀先生终生感激，多年后独秀先生遭同志出卖，被捕入狱，希圣公曾悲愤欲绝。独秀先生出狱，在武汉期间，也一直由希圣公照料。

那些经历，浇灭了希圣公的革命激情，让他看到火光后面的残酷。上海"四·一二"和武汉"七·一五"政变之后，希圣公脱离军校，既不从汪精卫，也不随恽代英，远离政治，独自回到上海，专心研究中国社会史，希望弄清楚民族本性，找到一条真正的救国救民之路。

出于对中国社会性质的挖掘和分析，希圣公的独特见解引起中国学界的好奇，继而开始发生一场大争论。特别上海左翼文化界和左派学界，对希圣公发动猛烈攻击，从史学或社会学理论，发展到政治甚至人身攻击，大有一棒子将希圣公打翻在地，再踏上一只脚，要他永世不得翻身之势。但上世纪三十年代，是真正的现代百家争鸣时期，言论罪和文字狱都极罕见。而且那时中国没有任何一个人，能够凭他一

外祖母与她的四个儿女摄于一九三四年。
左一为作者母亲

句话，就置某人于死地。左翼文人铺天盖地的谩骂，倒把希圣公抬高起来，成为中国社会史学界的顶尖人物。南京中央大学校长朱家骅先生聘请希圣公做教授，一学期后北京大学法学院院长周炳琳先生，又聘希圣公做北京大学教授。

除在北京大学教书，希圣公还在北师大、燕京大学、中国大学、清华大学、北平大学等处兼课，三年之内编辑出版《中国政治思想史》四卷，七十余万字。还创办经济史学杂志《食货》，精于学问，独树一帜，乃至后来中国史界和经济界有了一个食货学派。同时他与胡适先生一起，主编《独立评论》，胡适先生当时在北京大学任文学院院长。教授编刊外，希圣公还经常外出演讲，济南、青岛、太原、汾阳、泰山、武昌、开封、天津、南京，有时一天开讲四五场之多，最后讲出怔忡症，心跳急速，两眼发直，多亏北平名医林葆骆先生治好。也因演讲，希圣公得以结识冯玉祥将军，很觉荣幸。

那些之外，希圣公仍然继续中国社会史大论战，在上海、北平、天津各地报刊发表文章，曾有一口气写作发表四十篇文章的纪录，一时天下闻名，日本学界惊呼陶希圣时代到来。

此一争论的结束，是因为延安特派一名大员，名叫凯丰，到北平约见希圣公，说明延安已决定服从国民政府领导，共同抗日，请希圣公停止社会史论战。此番谈话后，一夜间，再无左派发文章骂希圣公。虽然关于中国社会性质和革命问题的争议并没有解决，但读不到责骂，总还是让人觉得心安。来而不往非礼也，希圣公便也停止争论。

同上海五卅运动几乎无人知道希圣公的参与一样，一九三五年北平发生"一·二九"学生运动，也几乎无人提到过希圣公做出的贡献。本来当时驻扎北平的二十九军军长宋哲元提出冀察自治的主张，北京大学诸教授，包括胡适、傅斯年、孟真、希圣公等，已经准备联合反对。不料第二天发生"一·二九"学生游行，宋哲元下令逮捕北京大学、清华大学、中国大学等三名教授和三十多个学生，而且军警开进北平各大学，进行大规模搜捕行动。

教授、学生被捕入狱，希圣公写信给当时北京大学蒋梦麟校长，提

陶希圣1967年访美时，左为高宗武

议校方出面与二十九军调解。随后希圣公专访胡适先生，讨论解救被捕师生之事。当年五四运动学生被捕，蔡元培校长以救学生为己任。现在希圣公自己的学生被捕，他也绝不可坐视不理。胡适先生与希圣公商讨了一夜，第二日希圣公前往北京市政府，面见秦德纯市长，提出和解建议，包括释放教授和学生，停止校园搜捕，学校与二十九军将领见面商议等。秦市长接受建议，提交宋哲元军长。第二天军警撤离北平各大学，被捕教授、学生获释，一场大危机才算化解。

上世纪三十年代初期和中期，在北平做大学教授，是体面又舒适的事情。当时流行一句话：做法官到杭州去做，做教授到北京去做。北平与上海有所不同，历来尊重文化和历史，所以大学教授在北平很受尊敬，社会地位很高。琉璃厂的书店，定期往各大学教授家里送书，请教授老爷们坐在家里挑选，不必伤神费时跑路。而且买书不用当时付钱，只管留下使用，过两三个月，到个什么节气才送来账单。北平各处比较好的餐厅饭庄，有大学教授喜欢，经常光临，就会特设某某教授专座，随到随坐，清静典雅，甚至有该教授的专门菜单，都是他喜爱的菜肴。那时候北平各国立大学教授，真有那份学问资格，受得起社会的尊敬，也有那份收入，担得起那份富贵。

不管当时国家面临多大困难，各国立大学的经费，一定保证，大学教授薪水从来不拖欠一个月，而且资历稍高的教授，薪金相当优厚。所以北平一般大学教授，都可以住两三进的大院，至少有上房五间，加两侧厢房，一客厅，还有两三间下房。窗明几净，树绿花香，除学校授课外，大部时间可在家里读书写作。家中佣人两三个，还有包月洋车，出门代步，生活相当舒适。希圣公是其中一个，在北京大学做教授，月薪四百大洋，在其它几家大学每兼一课月薪一百大洋，再加书文稿费，每月都有千元以上进项，钱是够用。在北平做教授，就是平生最得意的事情，如果不发生意外，希圣公可以舒舒服服过日子，快快乐乐读史写作，满满足足著书立说，成就一个大学问家，了此一生，照样的名垂千古。

芦沟桥一声炮响，惊碎了他饮茶读书的美梦。中国传统读书人身心,可能存有各种各样的糊涂和毛病,但有一条基本古训却不会忘记:国家兴亡,匹夫有责。古今三千年,每当国家和民族面临危机,头一批觉醒而发出救国呼号的,都是读书人。这一次面对日寇侵略,也是一样。蒋介石和汪精卫在庐山召开抗日战略会议,邀请全国知识界名人会商救国大计。东南西北的读书人闻讯而往,毫无犹豫,抛弃自己丰厚的薪资,豪华的家宅,舒适的生活,优越的地位,稳定的教职,奔去庐山,出谋划策,投身救国战争。

当时日寇已经占领北平周围,封锁交通,从北平南下的火车都停开。希圣公背个书包,从西直门坐火车到丰台,趁夜深人静,偷越铁道,换乘从东北去往天津的火车,再于天津换车南下。其间如被日军发现,只有死路一条。北京各大学受邀往庐山开会的教授,同样冒着生命危险,赶到会场,如蒋梦麟先生、张伯苓先生、梅贻琦先生、胡适先生、傅斯年先生、罗文干先生。还有蒋百里先生、黄炎培先生、沈钧儒先生、梁漱溟先生、晏阳初先生、张君劢先生、曾琦先生、陈启天先生等,也在那个庐山会上。希圣公还在期间会见延安派的代表周恩来、林祖涵、秦邦宪三先生。周恩来先生再次肯定当年凯丰先生在北平传达给希圣公的信息,表示中国各方应该联合,中共从此服从国民政府领导,一致抗日。

从那之后,希圣公再没有机会,重返安静的校园,做他一生最热爱的学术,过他舒适富贵的生活。其后五十年,他卷入政治生活,千般火烤,万端油煎,历尽人间所有艰难困苦,平生荣辱皆抛脑后,几度生死系于一线,抛妻别子,死里逃生,忍辱负重,遍体鳞伤,所为何来?

从政之于他,除了伤害,并无一点好处。论权,他终生不过一枝笔,文章天下,连一张报纸也管不了。论名,他至死只有学术之尊,如果不曾从政,或许成就会更高。论财,他最富有的时期,还是在北平做教授。从政后,他两袖清风,身无分文。在南京总统府做官,蒋纬国将军来访,家贫如洗,外祖母只能煮两碗清汤面,打发总统公子。时任湖北省主席的武樵公来访,更连一碗面都没得吃,兄弟两人饿着肚子谈天。

希圣公一生,描划出现代中国读书人的典型。他对自己的总结是:书生论政,论政犹是书生。希圣公于一九八八年逝世,终年九十岁。

22 满清进士热心民主

　　小小的个子，打一手八卦掌，虽不动而惊四海，出神入化。长长脸，飘着长长的须髯，优柔儒雅，又凛然威严。高高额头，光彩照人，内存八百神州，千载乾坤。他与鲁迅至交，覆盖伟人灵柩之"民族魂"三字，乃其手笔。他生死置之度外，坐在牢中，高悬"还我河山"巨幅。他一生舞文弄墨，喜好石头，不曾指挥千军万马，沙场争战。开国大典他立于天安门城楼，在毛泽东与周恩来的身边。他是浙江嘉兴沈氏现代传人的骄傲，是我天下扬名的一个父辈。

　　伯父名讳钧儒，字秉甫，号衡山，光绪元年，公元一八七五年元月二日，生于苏州。因为他在嘉兴儒字辈里排行先，年纪大，社会地位也高，家里前辈如我祖母，也称之衡山，父亲叫他二哥，我们晚辈呼之二伯。社会上凡与他比较熟悉的名流，为表示亲热和尊敬，也称他为衡山先生，或者衡山公。

　　依照我有的这本《沈氏家谱》记载，衡山公的父亲名讳翰，字厚安，号藻卿。衡山公出生时，藻卿公在苏州做知县。他承袭家风，为官清廉，收入低微，家境不丰，但绝不阿谀奉承上司，保持书生尊严。他喜书法，善篆刻，能画花鸟，酷爱石头。深厚的文化和艺术修养，在家里造成良好的成长环境，使孩子们随时随地受到文化熏陶，衡山公继承父亲的嗜好，终生与石居。

　　衡山公兄弟五个，他排行第二。长兄名保儒，字惠甫，号定九，大衡山公四岁，府学贡生出身，任两淮补用盐大使，做得好，升山东补用知县，并署理寿光县知县。民国元年，调任财政部会计司主事，荐任金事，期间获颁四等嘉禾奖章，六等文虎奖章。民国五年，简放江西赣关监督，一年后调任四川成都关监督。

　　三弟炳儒，号蔚文，小衡山公一年，县学附贡生出身，分省试用县丞，随使韩国，任驻韩国釜山正领事官，兼管马山浦事。后于安徽省立法政学校毕业，民国后一直在财政部门任职，也曾获颁五等嘉禾奖章，二等金质奖章等。四弟恺儒，号元甫，小衡山公两岁，县学附贡生出身，江苏试用县丞，署督粮道库大使。五弟彬儒，号质臣，小衡山公四岁，县学附贡生出身，议叙同知。

衡山公的母亲潘老夫人，江苏吴县人氏，也是名门淑女。她的祖父名遵礼，号紫涯，嘉庆戊寅年考中副贡，已卯年中举，候选太常寺博士，后任安徽广德州学正，主管一省教育行政。潘老夫人的父亲原名燕先，又名馥，号筱雅，在杭州府学读书，道光庚子年乡试中举，授四品卿衔，任刑部主事。潘老夫人是第四个女儿，自小在家读书，贤淑典雅。她小藻卿公两岁，生于咸丰八年，公元一八五一年。藻卿公二十岁时，潘老夫人十八岁，两人便成婚。六年后潘老夫人二十四岁，生下衡山公。那时藻卿公二十六岁，在江苏做知县，他的祖父五十八岁，还在江苏苏州府知府的任上。

衡山公满三岁，在家受母亲启蒙，开始读书识字，研读诗文。他天生资质优秀，又极好读书，据说才五岁左右，便能够指物成诵，出口成章，家族中有衡山七岁能诗的赞语。古时人用农历讲虚岁，所以衡山公能诗的年龄，才刚五岁。看来是母系家传，衡山公长大之后，也热心法律，在刑部供职。

衡山公五岁入私塾就学，十五岁时，即光绪十六年，公元一八九〇年，从苏州回到祖籍浙江嘉兴应试，考中秀才。当时江苏吴县三品花翎中书张廷镶公，喜爱衡山公才华，聘他住家教读子弟，后又将自己长女许给衡山公为偶。光绪二十年，公元一八九四年，衡山公十九岁，两人结为夫妇，从此同甘共苦数十载。民国二十三年夫人逝世，衡山公悲痛万分，几不欲独余残生。他替夫人写墓碑时，也同时给自己写好一块，并嘱家人，死后定与夫人同葬一墓，双碑并立。

光绪二十六年，公元一九〇〇年，衡山公二十五岁，随叔父淇泉公到陕西，在三原学署做文案。当时淇泉公在陕西做四品学政，创办宏道大学堂，提倡新学。三年间，衡山公一边从淇泉公学习，一边帮助淇泉公做事，宣传西方新思想。光绪二十九年，公元一九〇三年，衡山公到

北京应顺天府乡试，考中第十九名举人，时年二十八岁。次年，衡山公不足三十岁，考中甲辰科第五十一名贡士，殿试榜列二甲，进士及第，签分刑部贵州司主事，正六品顶戴花翎。

当时中国内忧外患交并，朝内朝外，人人忧虑国事，思索和寻求救国之道。衡山公自不例外，而且他在陕西已接受许多西方新学，知道要救中国，只有学习西方思想，所以刚到任，马上奏请派往留学日本。第二年衡山公三十岁整，去日本东京私立法政大学学习政治。

在日本期间，衡山公与主张君主立宪的杨度和熊范舆等人交往很多，也与浙江革命党人章太炎、陶成章、徐锡麟等往来密切。光绪三十二年，公元一九○六年，清廷颁谕实施新政，预备过渡君主立宪制度，中央设立资政局，各省设立咨议局。曾经考中状元郎的张謇，是个积极的立宪派，觉得时机到了，便联合郑孝胥、汤寿潜等人，在北京成立预备立宪公会。衡山公听说，马上由日本回国，希望参加立宪改革，逗留数月后，不见朝廷有改革立宪的大动作，便又回到日本。

光绪三十三年，公元一九○七年，杨度和熊范舆在东京成立宪政讲习会，衡山公参加活动，并与熊范舆等四人领衔，联名百余上书朝廷，奏请实施民选议院制度，而且将此上书于国内《中国新报》和《大同报》发表。光绪三十四年夏，衡山公在日本学成归国，继续在刑部任主事，写出《预备立宪要旨》折，上奏朝廷，同时与杨度等人，在北京创立宪政公会。

该年冬衡山公回浙江嘉兴省亲，被浙江巡抚增韫留住，奏请朝廷调衡山公任浙江咨议局筹办处总参议，兼理浙江地方自治诸事，时年三十三岁。宣统元年，公元一九○九年，浙江咨议局成立，衡山公当选嘉兴府咨议员，浙江省咨议局副议长，并当选为中央资政局议员。

辛亥年武昌起义后，衡山公积极参加组织发动浙江独立。杭州起义成功，浙江成立独立军政府，衡山公受任临时警察局长。民国元年，公元一九一二年，衡山公被南京临时政府任为浙江军政府教育司司长。五月由同乡慧僧公介绍，加入同盟会。十月，当选参议院候补议员。

民国初期几年，北洋军阀各派系争权夺利，政府走马灯般更迭，衡

一八九五年沈钧儒结婚照

山公一直在浙江参加护法斗争，担任参众院议员，或省议会议员。虽然当时政府由军阀主持，本性独裁，胡作非为，但因民选议会刚起步，深得民心，势头很旺，军阀们似乎并不敢直接得罪于议会，至少表面上对议会有所顾忌。而且议员们的民主意识很强，正义感也很强，敢于对抗军阀强权。衡山公做参议员时，曾在选民大会上揭露省县选举中政府官员舞弊，迫使当局重新选举。政府官员动用警察，殴打和监禁衡山公和慧僧公等，议员们也不屈不挠，继续公开提倡民主，对抗政府独裁专制，揭露北京政府如曹锟等的非法行为。那个时期，国民议会确实起着表达民意，监督政府的作用，因此袁世凯称帝，段祺瑞卖国，张勋复辟，曹锟贿选等等丑行恶迹，都能大曝于光天化日之下，引起人民的公愤和历史的清算。

衡山公做律师，在上海声誉很高，先后任中国民权保障同盟上海分会法律委员、执行委员。该中国民权保障同盟，是宋庆龄和蔡元培等人创办的，其间衡山公曾多次舍生忘死，营救当时处于地下的若干中共党员。他与宋庆龄、杨杏佛等一起，在南京营救罗登贤、陈庚、廖承志等中共高干。也曾与章士钊等一起，营救因抗议上海市政府和国民政府而被捕的《新生》杂志创办人杜重远。

而且衡山公自己也曾遭政府多次逮捕，从未丝毫改变自己的人格意志和正义精神。他曾被北洋军阀政府监禁过，孙传芳也曾发通缉令追捕他，上海"四·一二"政变他又遭蒋介石逮捕，在南京坐监牢。更为著名的是抗日战争期间，他同邹韬奋、李公仆、史良、沙千里、章乃器、王造时七人，被国民党政府逮捕，史称爱国七君子事件。其中章乃器，是条了不起的硬汉，上过天堂也下过地狱，其人格之伟大，堪为万世师表。此七君子在狱中坚贞不屈，照片和消息不断传出苏州监狱，震动全国。后因"七七事变"发生，获释出狱。衡山公遂应蒋介石之邀，上庐山参加抗日战略会议，受聘为国防参议会参议员。之后在武汉和重庆，衡山公一直是参议会里最敢于对蒋介石政府提出异议的参议员，为保卫中华民族和实现民主政治，不遗余力，斗争不辍。

他的正直和不畏强暴，赢得中国知识界和全国人民的尊敬。衡山公在浙江兼任浙江两级师范学堂监督期间，聘鲁迅先生到该校任教，二人从此结为至交。一九三六年鲁迅先生逝世，衡山公是治丧委员会成员，出殡时走在队伍最前面。

民族意识，爱国情操，是衡山公所以一生奔波，数度入狱而不改的初衷。他早年写过一首诗，最典型地表现他的爱国激情：

> 浙江古越国／勾践人中杰／尝胆卧则薪／我是浙江籍
> 苏州有胥门／炯炯悬双睛／怒视敌人入／我是苏州生
> 哀哉韬奋作／壮哉戈先生／死犹断续说／我是中国人
> 我是中国人／我是中国人／我是中国人／我是中国人

衡山公与邹韬奋是老友，曾一同坐牢。他读到邹韬奋悼戈公振先生的文章，有感而成此诗。每四句一节，书毕第三节最后一句我是中国人，开始第四节首句，又写下一遍我是中国人，然后再写一句，还是此五字，再写下去仍是这一句。此节四句写完，只一句我是中国人，泪如雨滴，湿透纸背。

爱国忧民，追求国富民强，上个世纪的中国知识分子，喜也于此，怒也于此，乐也于此，哀也于此。为古老而苦痛的中华民族之生存和振兴，中国知识分子流了多少泪，淌了多少血，贡献了多少青春，牺牲了多少生命。衡山公从满清进士而图民主国体，基于此念。民国初年不畏强暴，多方奔走，为民请命，基于此念。抗战期间被捕坐牢，在狱中悬还我河山巨幅，也基于此念。国内战争期间，疾恶如仇，面对强权，毫无畏惧，针锋相对，仍基于此念。那是衡山公自己的人格力量，精神核心，性格亮点，意志使然。那也是三千年来，世世代代中国读书人的思想传统。谭嗣同引刀一快，徐锡麟血沃神州，古今多少可歌可泣的悲壮故事，都不断歌颂着爱国情操和民族感情。

与古代许多民族英雄所不同的是，衡山公和他那一代中国知识分子，并没有仅仅停留在爱国和民族的层次上，而是因为民国革命的伟大胜利，向前迈出更光辉的一步，登上争取国家民主，国民权利的高度。

遍观衡山公的简历，民国之后三十余年间，他参加的民主和民权斗争，不少于他参加的抗战活动。

"九·一八"事件发生，日寇加紧侵略中国的罪恶步伐，中华民族生死存亡，危在旦夕。衡山公参加宋庆龄和蔡元培组织的中国民权保障同盟，先后任上海分会的法律委员、执行委员。"七七事变"后，他受聘国民参政会参政员，第一次大会他提出《切实保障人民权利案》提议。到达重庆后，衡山公与邹韬奋、梁漱溟、章伯钧、罗隆基、黄炎培等，成立统一建国会，宣传和推动宪政运动。后来他多年领导民主政党民盟，全名是中国民主同盟。一九四六年，他在民盟周刊《民主生活》的发刊词里写道：我们愿意做人民的喉舌，用我们的笔来反映人民的公意，喊出人民的痛苦，启发人民的觉悟，协同人民前进，以发扬民主精神，实践民主生活。

我相信，衡山公从自己一生的经历，懂得只有建立起一个人民真正当家作主的民主社会，中国才能够富强起来，中国的民族生存问题，也才能得到彻底的解决。所以爱国必爱民主，民族意识也就是民主意识。

出于对民主政治的向往，对争取民众权利的热情，衡山公对蒋介石政府越来越失望，转而寄望于中共。衡山公多年站在左翼立场，利用国民议会讲坛，公开抨击国民党政府，成为中共在党外的一个坚强盟友。在重庆期间，衡山公参与发起民主宪政促进会，反对国民党一党专政，主张成立国共联合政府。多党参政，相互监督，本来是民主政治的基础，当时呼吁国民党允许中共合法化，成立两党联合政府的人士，是希望中国走上一条民主社会的康庄大道。但他们到底只是书生论政，用一种玫瑰色彩来幻想中国政治作业，结果他们的理想一个个落空。

一九四八年秋，衡山公和章伯钧等应中共邀请，往东北解放区访问，随后于一九四九年二月到达北平，参加新政协的筹备工作。当时衡山公已七十四高龄，他为实现民主社会理想的新中国建立，夜以继日，不辞劳苦，忘我献身。同年六月，衡山公当选新政协筹备会常务副主任，九月中国人民政治协商会议第一届全体会议召开，当选为人民政协全国委员会副主席，中央人民政府委员。一九四九年十月一日，中华人民共和国成立，衡山公与新中国领导人一起，登上天安门城楼，站在毛泽东和周恩来身边，目睹历史性时刻。

随即衡山公被任命为中华人民共和国第一任最高人民法院院长，着手建立新中国的法律系统和制度。一九五〇年衡山公以七十六高龄，受任中央访问团团长，访问西北五省。一九五一年又率团访苏访东德，参加国际民主法律工作者代表大会，当选副会长。一九五二年再次赴欧，出席国际民主法律工作者代表大会，访匈牙利。一九五三年大病后回嘉兴休养，了解到江南水乡地区血吸虫病危害很大。他立刻给毛泽东写信，要求政府予以重视。中国大规模血吸虫病防治工作，就是那样开始的。一九五四年离开法律建设的行政工作，当选全国人大副委员长，那时衡山公八十岁了。

衡山公生命的最后十年，雄心不减，但身体不允许他像青年时代那样奔波操劳。衡山公抗争一生，也该养老了，每天打打拳，弄弄石头，写写字。周恩来总理赞誉他是民主人士左派的旗帜，董必武副主席称他为一切爱国知识分子的光辉榜样。

23 弄石之人心本温存

　　衡山公酷爱石头，在中国近代史上他也以个性坚硬而著称于世。但在我们家族里，衡山公却饱享性情中人的美誉，嘉兴沈家人个个都晓得，衡山公本性十分温存，待人极为厚道。

　　父亲是嘉兴沈家儒字辈人，中间一个苏字。我祖父在其辈中排行第八，年纪与兄长相差许多，辈分却高。到父亲这辈，数十兄弟，年龄相差更大。所以虽然衡山公与父亲隔了几十岁，仍以兄弟相称。父亲年轻时，家境贫寒，全靠衡山公的资助，才得以在浙江读完初中和师范。那许多年间，每到期末，父亲去拜谢衡山公，拿出一张全优成绩单，衡山公高兴，就给他出下一学期学费。因此他们兄弟之间，很觉亲密。五十年代初，父亲供职的报馆被封，衡山公写信给当时上海副市长金仲华，文化局长夏衍，和出版局长恽逸群，为父亲安排工作。衡山公还亲笔给上海市妇联负责人韩学章写信，为母亲介绍，并且做出政治保证，为此父母亲对衡山公一直很感激。

　　抗战期间，衡山公住在重庆枣子岚垭，父亲在沙坪坝读中央大学。三年之间，每逢节假，父亲必挤长途公车，从沙坪坝到重庆，去看望衡山公。那些年，衡山公自己生活并不宽裕，又经常接济旁人，特别许多受到政治迫害的志士仁人如司马璐先生等。父亲看到那种情况，自然再不好意思开口求助衡山公，每次只坐一坐，谈谈天，吃顿饭，就离开了。也是那个时期，父亲同衡山公的儿女们熟识了，特别是衡山公女儿沈谱和幼子叔羊。衡山公的子女，与父亲年纪相仿，但仍按照辈分，称父亲为苏叔叔，直到现在，还是一样。

　　中国历史，风云险恶，扑朔迷离，势力消长之间，合纵联横，忽而为敌，忽而为友，令人眼花缭乱，迷惑不解，一时好像已无是非之界，善恶之分，一切尽在权术股掌玩弄之中。不过残暴的政治却未能完全异化人性，有些国人内心里的亲情并没有泯灭殆尽，那是中国的希望之所在。

血雨腥风中仍旧保持浓厚亲情的中国人里，有一个就是衡山公。光绪二十年，公元一八九四年，衡山公十九岁的时候，与夫人成婚，从此同甘共苦数十载。衡山公奔走革命数十年，夫人竭尽全力支持。不管世事沉浮，夫人始终对先生忠心耿耿，分担困苦忧愁，实是衡山公的贤内助。四十年后，民国二十三年，公元一九三四年，夫人逝世，衡山公悲痛万分，几不欲独余残生。此后多年，衡山公写过许多首悼亡诗，怀念夫人。其中一首曰：

> 一九三六年二月某日枕上。夫人既殁，我以影置其胸前，旋以遗影置我贴身衣袋中，睡则置枕上，今二年矣。君影我怀在，君身我影随。重泉虽暂隔，片夕未相离。俯仰同襟袍，形骸任弃遗。百年真哭笑，只许两心知。

虽然衡山公在社会政治旋涡里打拼一生，在某些政治人物或普通大众眼里，他似乎只是一个政治符号，但在我们家人心目中，衡山公是个活生生的长辈，性情中人。历史已经反复证明，只有满怀激情的热血之人，才能成为真正的革命者，他们才敢于为救国救民的理想而献身。

我很庆幸自己的父母两系许多长辈，都是社会名流，也都是真正的革命者，热血志士。耐人寻味的是，并不是因为父母两人结婚，才使沈陶两姓连接到一起。事实上沈陶两家族交往，渊源很久。记得曾听祖母提过一次，说衡山公一直感激陶家人。我那时年幼，没去深究祖母的话，现在想来后悔不已。上世纪五六十年代，历史在中国是个模糊而又敏感的题目，稍不小心就会获罪，乃至家破人亡。父母为了保护我们，尽量少谈他们两家的历史，而一切公开资料里都看不到有关外公的记载，我自然无处寻访沈陶两家的史料。直至我到了美国，才有机会在舅舅们那里读到外公的回忆文字，了解沈陶两家相互扶持的历史。外公到美国来时，再次亲口对我讲，他至今仍很感激淇泉公，在台湾还跟于右任先生

荪弟惠书多已收到所以少覆想能谅
我事忙而力量也弟事无不在意仲华这
群二兄本爱习闷只印之画八事全去自己
弟已尽其相当之努力之西注意嘱也望弟谅
以道之阁下为进弟信即颂
弟与弟志人阁下以治事如

　　　　有三日　兄钧儒手启

沈钧儒1951年8月3日给堂弟沈苏儒的家信

一起，回忆淇泉公老先生。外公还告诉我，衡山公拳脚了得，外公跟他学过八段锦。

读过外公的回忆，又亲耳听外公的那些话，我心里是又甜又酸，久不能平静。衡山公是几十年坚决拥共的左派旗手，外公是几十年顽强反共的国民党元老。可在他们的个人内心里，却惺惺相惜，心心相印，历数十年不曾减灭。那种真情，那种公私之分明，.现在国人怕很难保存，实在是巨大的不幸。

再早时期，沈陶两家族间是否曾有交往，已无处可查。但自祖父辈开始的世交，沈陶两家都记录得清清楚楚。衡山公的伯父淇泉公光绪年间任陕西提学使时，我的曾外祖父月波公因同期京试被废，无处可往，慕名而至陕西，投奔淇泉公门下，做阅卷文书。想来月波公的学识和才能，很受淇泉公赏识，后来清廷开放经济特科会考，淇泉公便力举月波公进京参加。月波公不负重望，考中进士，得以开始仕途。祖母和外公所说陶家感激沈家提携，便指此事。

自此开始的沈陶世交，一直延续下来。月波公在河南任官期间，有段时间衡山公曾寄居陶府。他天天练拳健身，让当时四岁的外公很羡慕，便缠着衡山公教他一两套拳法。或许为难住外公，衡山公居然教外公学八段锦，那是不容易的软功夫，几岁孩子哪里学得会，所以外公把那事记了一辈子，对衡山公保持着敬佩，到九十岁上还讲给我听。

抗战军兴，一九三七年夏蒋介石在庐山牯岭召开战略会议，邀请许多知名文人学者，共商抗战大计，外公和衡山公都应邀出席。那时衡山公是上海有名的律师，外公是北京大学著名的教授，都可谓事业有成，相互很尊重。但因政治立场相左，政见有异，两个人每逢开会，就要发生争执。而且从山上吵到山下。庐山会后，他们随国府到南京，继而武汉，再至重庆，一路上，隔三隔四，大会小会，免不了见面，一谈国事，就要争吵。

有一次会上，两个人争吵得很厉害。会散之后，在会场门外，衡山公拉住外公说：庚子八国联军的时候，尊大人由北京到西安，我和他是莫逆之交。外公闻言，马上恭恭敬敬地回答：沈先生后来到开封赴北闱，

沈钧儒五十年代写给作者父亲的亲笔信，为他找工作

寄居舍下，我叫您沈大叔，您教我八段锦，我只有三四岁，如今还记得。衡山公点头说：以后希望你我之间客气些才好。外公也点头道：世交是世交，辩论还是辩论，那才是民主。衡山公叹道：那又何必。两人相视，心如洞明，大笑良久。

到了重庆，沈陶两家隔岸相对，衡山公住枣子岚垭，外公住南岸。两人仍是经常在大小会上相见，继续针锋相对，争论不休。他们却谁也没有想到，衡山公的幼弟和外公的长女，居然会相爱起来，就是我未来的父母亲，当时他们都是重庆中央大学外文系的学生。

在正常的社会里，政治绝对敌不住爱情的力量。不管衡山公与外公两人怎样的政见对立，也不论我的祖父和外祖父家境与社会地位当时如何的相差悬殊，父亲和母亲相爱，矢志不移，定下终生。现在回想，六十余年前，山河破碎，烽烟遍地，而父母仍能突破阶级观念，门户之见，只重情感，不为政治偏见和物质欲望所动，实在很了不起。当今的中国青年，又有多少如此的纯情者呢？

将近大学毕业，母亲把自己与父亲相爱之事，告诉给外公。父亲则因为我祖父母还在浙江日占区，无法通信，便征求衡山公的意见。那么一来，就把衡山公和外公两人放到同一个难堪的境地。令我至今难以想象的是，沈陶两位先生竟然都欣然同意，并没有掀起一场你死我活的轩然大波，打得头破血流。

然后父母亲便举行订婚仪式，宴请两方家长。父亲大学毕业后在美国新闻处工作，每月薪水一百二十美元，很有钱请客了。衡山公来了，代表父亲的家长。外公作为母亲家长，自然也出席。两位老人平时在国事会上，争论不断，互不相让，可此时在家宴酒席上，却举盏同饮，欢言旧事，亲如一家。外公当时主持的《中央日报》，亦于九月十九日刊出启事，公布父亲母亲一九四五年九月十七日在家兄沈钧儒、家父陶希圣主持及双方家属聚会之下订婚。

那不过是个小小的订婚通告，但对于我太重要了。不仅仅因此才创造了一个新家庭，从而诞生了我和弟弟妹妹。更让我每看到这张旧报，就会热血沸腾的，乃其所浓缩的伟大人性之美。亲身经历过数十年残酷无情的政治磨炼之后，我特别能够体会，在当年那种你死我活夺天下的战争状况下，衡山公和外公两先生，仍能同坐一桌，公私分明，欢笑如常，视人之亲情高于政治立场，实在很令后辈人羡慕。那张报纸的印件，我至今珍留着，时常温习。

那是一九四五年秋，正是我们数十年来指控国民党政权独裁最严重的时期。但从那张小小的订婚通告，显然不难发现，当时政治局面和社会风气，还是相当的开明和民主。以反政府著名的衡山公，与政府高级官员希圣公两家，可以结亲，也可以同桌庆贺，还可以公开登报，把政见敌对的两个鼎鼎大名，并打印在报纸上，他们似乎并没有太大的顾忌。更重要的是，他们那么做了，两人谁也没有因此而获罪，外公继续做蒋介石的"文胆"，衡山公继续在议会公开反对蒋介石。

抗战胜利以后，国府东迁，回到南京。父亲也由美国新闻处派往上海，筹办上海分部业务，随即与母亲举行婚礼。他们的婚礼十分隆重，主婚人是当时上海市长钱大钧将军，父亲的介绍人是文化名流刘尊棋先生，母亲的介绍人是《申报》社长陈训畬先生，陈布雷先生的弟弟。或许因此，父母亲结婚的通告，也在《申报》上发表。蒋介石先生平时很少应酬婚丧喜事，竟也给父母婚礼送来一幅亲笔题字。可惜五十年代中时，父母亲把家里所有存留的书籍字画全部上交，蒋先生的字从此无影无踪。我想或许因为那时抗战刚刚胜利，父母回上海后的婚礼，具有相当的历史意义，所以蒋先生特别重视。或许因为外公为女儿这场婚礼，特别请假从重庆飞到上海，丢下当时准备国民代表大会的繁忙事务，也使蒋先生认识到这场婚礼的重要。

后来父母上交的众多文物中，发还了一幅丰子恺先生亲题字画，是两个儿童站在一株双杆松树下，字曰：双松同根，百岁长青，赠苏儒琴薰结婚。那幅字画在父母的卧室里挂了二十多年，我们天天看，丰子恺的公子丰华瞻叔叔来访，还谈了半天这幅字。不幸终于躲不过文革的浩劫，父母仅存的这件文物，也被红卫兵抄家当作四旧彻底毁灭。事后我想，如果红卫兵抄出的不是丰子恺先生字画，而是蒋介石先生的婚礼题词，大概我家大小五口当时就都被乱棍打成肉泥。

婚后不久，父亲经外公介绍，转入当时中国三大报之一的上海《新闻报》，跟随国际级名牌记者赵敏恒先生学习新闻报道业务。一年后受任该报驻南京特派记者，专责政治新闻报道。因此母亲便在南京总统府里做了个挂名的秘书，职责是协助外公做些文书工作。于是父母就在《新闻报》南京记者站城左营的宿舍里，安了一个平时住地，周末则仍回上海的家。

那时正逢国共和谈期间，中共派出以周恩来先生为首的代表团，常驻南京的梅园新村。很能理解的，此驻地四周布满国民党政府的军警，以及中统和军统的各种便衣特务，监视出入梅园新村的每一个人。

当时中共尚未掌控国家政权，对全国性媒体发生不了影响。那几年里，中共代表团想公开发表见解，宣传中共政治主张，或希望在全国性公众媒体上作出他们方面的报道，有时就来找父亲。当时中共代表团不愿意多在公开的记者招待会上发表讲话，他们晓得一句同样的话，到不同记者的笔下，就可能出现许多种不同的讲法，乃至误导舆论。所以中共代表团需要对外发表看法的时候，他们宁愿找父亲去单独谈话，然后借父亲的新闻报道而对外公布，以确保原汁原味。

当时南京记者云集，为什么单单找父亲？我曾想过许久，发现原因有四。一者，父亲供职的上海《新闻报》，是全中国最大的报纸之一，发一篇报道，足够造成全国性的大影响，事半功倍。其二，当时《新闻报》算是受国民政府的控制，父亲作为该报记者采访，不致太受国府情治系统的戒备。其三，父亲是当时国民党核心人物陶希圣先生的女婿，曾出席蒋介石和宋美龄的记者招待会，他出入梅园新村，国府军警特务

作者全家与沈钧儒合影，作者缺席

或许不觉太多嫌疑。

不过我想，就算国民党政府对父亲不多怀疑，对于父亲的岳父家庭背景，中共一定不会掉以轻心，必然要进行严格的审查。结果当然是过了关，父亲多年一直是自由主义者，所作所为，不失为一个正直的新闻报人，因而能够获得中共当时的信任。

中共愿意找父亲谈话的原因之四，是因为当时南京梅园新村中共代表团的新闻发言人是范长江先生。范长江先生是衡山公的女婿，在重庆时就与父亲相熟，并随他的夫人沈谱姐称父亲苏叔叔。这样范长江先生与父亲谈话，多了一层亲属关系，对双方也就增加了一些安全系数和可靠性。

那两三年里，或者中共代表团要发表讲话，或者父亲要找中共代表团采访新闻，他就和范长江先生电话联络，约好见面时间。然后父亲开了报馆的专车，按时到梅园新村去。门外两侧军警见了报馆的车，又见父亲本人，便会不加阻拦，放父亲开进中共代表团驻地。

范长江先生当时已是全国闻名的大牌记者，写的文章报道，篇篇轰动，影响极大。每次同父亲见面，他总是身穿一件长袍，文质彬彬，翩翩君子。叔侄二人相见后，父亲便载了范先生，开车离开梅园新村，择地密谈。去的比较多的地方，是南京城南一处马家回民馆，那里比较偏僻安静，人少打扰。每次饭后谈毕，父亲又开车送范先生返回梅园新村。

我能够想象，当时父亲约见范长江先生，虽有多层保护，但在那种争夺天下的战争时期，于国民党政府眼皮底下，跟中共代表团的人来往，一定要冒很大的风险。而且父亲经常能够发出独家报道，而且替中共讲话，也难免引起许多猜疑。同时范长江先生如此会见父亲，也要冒不小的政治风险。万一父亲在某篇报道里讲错几句话，范长江先生在中共党内的地位马上就可能受到威胁，当时正处战争状态，说不定性命是否保得住都是问题。

虽然有这许多风险，范长江先生和父亲仍然保持着密切来往，双方毫无猜疑，可谓公务冷如霜，亲情浓于水。后来范长江先生调离梅园新村，中共代表团新闻发言人改为梅益先生。或许是经范长江先生举荐，梅益先生继续与父亲单独联络，发布中共见解的做法，一直持续到最后国共和谈破裂，中共代表团撤出南京。他们最后一次见面，梅益先生特地送给父亲一匹山东纺绸，作为对父亲几年间甘冒风险不辞辛劳的酬谢。山东纺绸在当时相当有名，因为那时山东已在中共军队控制之下，所以能把山东纺绸送到南京中共代表处。

五十年代，范长江先生任《人民日报》社长，梅益先生任中央广播局局长，都还一直与父亲保持着来往。父亲从上海调到北京，参与筹建外文出版社，头一次去见梅益先生，专门穿了用梅益先生送的那匹山东纺绸做的长衫，两人忆起往事，格外情长。后来二十年中国政治运动不断，父亲年年月月走钢丝，随时可能跌落而粉身碎骨，许多危机都多亏梅益先生舍身相救，才算苟延下来。在北京的几十年间，每年元旦衡山公过生日，我们全家都会去东总布胡同二伯家拜寿，沈谱范长江先生全家也会在场。叔侄相聚一堂，话起当年，感叹也自然很多。可惜范长江先生未能躲过文革磨难，英年早逝。

说起如许往事，我经常感触万分。原本人们内心里的亲情，竟是那般浓厚，即使在血雨腥风之中，尚不能灭。

记得是进入六十年代时候，阶级斗争的喧嚣，甚嚣尘上，已近白炽状态。我家因为外公的关系，早被列入另册，朱笔点名，开除出中国社会。学校里几乎无人愿意跟我来往，更别说同我交朋友。我永远只是独往独来，所以直到现在也不会与人交往，还不大习惯群聚热闹的场面，而且很难轻易相信别人会真心对我好。

有一天我放学回家，转进胡同，远远看见家门口停辆黑色轿车。当时北京城里只有政府官员坐小轿车，且一律苏俄造。最高一级是吉斯牌，全黑色，高鼻子，方方正正，没有车尾，只有毛刘周朱陈林邓几人坐。低一级的政治局委员，国务院部长，人大委员长，坐吉姆牌，也是黑色，比较扁平，转角圆润，车后有尾。这两种轿车，平时马路上不易看到。一有出现，满街警察都忙，阻截车马闲杂人等，让出通道，不管红绿灯，一路放行，不得稍有停顿。

街上较多见各种伏尔加牌小轿车，单薄浅色，蓝灰都有。前头后尾

两侧，车身翘起，给各机关里的司长局长们办公务时坐，当然司局长们也都私用，官太太们常用来买菜，满街的跑。另外各机关的公用车，大饭店的招待车，也都是伏尔加，到处可见。那时期处长轮不到坐小车，都跟老百姓一块挤电车。

那天我家门口停的大吉姆，是衡山公派来接祖母去谈天的。衡山公那时是人大副委员长，够资格坐吉姆。祖母叫我同往，我很高兴。小时候在上海，经常坐父亲开的自家车，后来交公了。到北京后，坐过几次北京饭店的伏尔加，是翼圣公来京开会，带我们去六部口全聚德，或者颐和园。可从来没坐过吉姆那么宽大舒服的车，后排座位可以躺下睡觉。司机讲嘉兴话，能够跟祖母交谈。他从前排座位下面拉出一个小软椅，让我坐，很好玩。车窗挂了雪白窗帘，却不放下。窗玻璃有颜色，从外面看不到里面，从里面则可清楚看见外面的房屋，树木，和行人。

我们每年给衡山公拜寿，祖母从来不去。她把衡山公叫做衡山，说她辈分比衡山高，年纪没他大，又是平民百姓，去了衡山他怎样待她。人家拜他的寿，他倒要叫她婶娘，哪里好意思。沈家虽累世读书做官，但从来不会奉迎拍马，仰人鼻息。如果不是衡山厚道，待父亲好，我们感激他，他官做得再大，我们也不会去巴结。衡山现在请她去，一家人自己讲讲话，也是他心诚，尽尽孝道。我听祖母好大口气，只把衡山公当做自己晚辈家人，很觉惊奇。

到了东总布胡同，铁门进去，是个砖地庭院，我知道衡山公每天在那里练拳。衡山公迎出来，他个子很矮，光头发亮，前额高大，长脸美髯，一身四个大口袋的干部服。衡山公双手扶住祖母，满口嘉兴话，连声说：八婶娘好，我本当去拜望你，却烦八婶娘跑路，实在难为情。

衡山公的书房，围墙都是高大的玻璃柜，不放书，摆满一排一排石头，各种样子，各种颜色。以前每次去拜见衡山

沈钧儒弄石

公，或者拜寿或者他事，都是跟随父亲，所以特别拘谨，不敢乱说乱动，总是瞄着那些奇奇怪怪的石头，心里发馋。那次因为祖母在跟前，我猜衡山公不至于批评我，所以胆敢随心所欲地走来走去，细看书柜里的那些石头。有的石头下面压一张小纸条，说明来路。记得当时看到，有一块白色有绿斑点的圆石头，是千家驹在苏俄捡来送给衡山公的。说是玄奘法师西域取经，到过那里。还有几块，是庚子年衡山公二十七岁，随陕西学台淇泉公在西安捡来的。另外还有一块火成岩，乃淇泉公遗物。

大书桌上摆在木座里的一块大石头，说是沈家祖上传，叫做坐看云起时。细看，那石头圆形，白颜色，黑花纹，真好像有个长须老人坐在石上，抬头仰视，天空中飘浮一块白云，远处还有淡红色的山峦，很有意思。衡山公喜欢石头，因为石头不仅好看，而且也坚硬，就像衡山公的性格与为人。

回家路上，坐在车里，祖母闷了许久，忽然感叹一句：衡山到底还是我们嘉兴沈家门里的人。好像那是她对衡山公的最高赞语，全不把他的官职、名气、富贵放在眼里。后来长大些，我才明白，三千年书香传世的沈氏家族，是用一套什么标准来评价子孙后代的。

一九六三年六月十一日，衡山公逝世，终年九十岁。《人民日报》头版刊出讣告，追悼会在中山公园。那天有人安排指挥，我们所有小孩子都要轮流换班，在衡山公棺木前站立守灵，规定要低头，不许乱动乱看。棺木一边一个，站两个持长枪的礼宾军官，英武挺拔，离那么近，实在忍不住要偷眼看看。

首长们进来，周恩来、朱德、董必武、彭真等，站了一大片，袖子上都带黑箍。讲过一阵话后，我们亲属都排了队，跟随衡山公棺木，走出灵堂，送往八宝山。在我的记忆里，那是我们最后一次公开表达自己的亲情。

但我仍然坚信，无论世事如何困苦，我们心中亲情永在。

24 — 经师人师宗师

　　从我有记忆力的时候起，家中客厅就高挂一副字轴，上面字很好看，但很难读，直至我进高中，差不多什么书都读得懂，仍不能全部辨认字轴里的字。父亲说，那是章草，很古老也很高深的书法艺术。

　　中国书法经历悠悠三千春秋，自篆而隶，而楷，而行，而草。所有种类书法之中，以草书最具表现力，也最个性化。草书始于秦汉，经东晋王羲之而得以发展，唐代张旭和怀素创造狂放浪漫一派。至明清两代，草书结合古典主义传统和浪漫主义情怀，达到艺术最高峰。

　　现今人所熟悉的草书，如毛泽东书法，谓之狂草，是今草书的一种极端。今草书，是原始草书的一种后来变体发展。最原始的草书，是章草。可惜因为其难，须精古隶而后方可习之，现今书家好走快捷方式，很少钻研，难解一二，广大百姓更知之甚少。

　　章草之得名，已难追寻。或说源于章奏，大臣急书奏章，草书遂为一体。或说草书形成于汉章帝年间，故称章草。或说因书家做急就章，变草法书之，遂名章草。或说是古代写章程书用的字体，所以叫做章草。不管名自何源，其始于汉，变隶而得，是无疑问的。章草虽为草书，但字字独立，一字一格，字间分划布白，十分讲究，不似今草之狂草，上牵下引，映带连绵。但章草虽笔断，却意连，上下左右，字字呼应，血脉相通，此之其难一也。章草之难二，一字有一字草法，虽相众而形一，万字皆同，不容书家随意狂写。从技法上讲，章草书自古隶而来，形略扁平，重使点笔，多变划为点，其点之法，丰富多彩，叹为观止。

　　汉代以降，章草日衰，至明清两代，虽有草书大家祝允明和文征明，章草却显后继无人之势。清代最后一个章草大师，是浙江嘉兴沈家的先祖寐叟公，前有专章。他的亲属后辈，亦为关门弟子之王瑗仲公，成为章草的现代大师级传人，日本书界誉之为：古有王羲之，今有王蘧常。

二王并称，何其高也。

这个现代章草大师，是我的姑父。我家高悬数十年的那幅字轴，是他的手迹，不幸毁灭于"文革"时期红卫兵抄家之魔掌中。

大师姓王，名讳蘧常，字瑗仲，号明两，别号端六，阿龙，浙江嘉兴人。他一生教书，桃李天下，成为一代宗师，书界学界都以字尊称他为瑗公或者瑗翁。在家里，我的祖母直呼其名，父母亲称之姐夫，我们叫他姑父。按照规矩，我们晚辈只能以号称之，所以本书里称他明两公。

明两公于光绪二十六年，公元一九〇〇年六月二日，出生于天津三太爷庙街。他的父亲是光绪丑恩科乡试举人，做过直隶州知州，知府。当时佐北洋大臣直隶总督裕禄幕府，居于天津。明两公生时，其父正读《史记》仲尼弟子列传，孔子之所严事，于卫蘧伯玉等句。那伯玉名瑗，就以蘧给新生儿起名，常是辈行。又用书里的瑗做新生儿的字，仲表示排行二。号明两，取于《易经·离象传》，明两作，离。大人以继明照于四方。因口气太大，只说取吕览明两曰狂意。读书世家，给子弟起个名字都有种种书香故事，令人羡慕。

明两公出生，逢庚子年，八国联军攻打京津。据其父记载，明两公落地不足半月，天津遭劫，杀人盈野，白日无鸡狗声，潜行只能深夜。其母怀抱婴儿穿行尸丛，默诵佛号，乞求婴儿不要啼哭。年仅十八日的明两公竟不嚎啼，全家得以昼伏夜行，逃出天津而南下，到达浙江嘉兴故乡，已是中秋。

据《王氏谱牒》所记：郡望出于琅琊，相传是东晋右军将军王羲之次子凝之的后代。籍贯如为琅琊，则原在山东。王羲之的父亲王旷，举家迁至会稽，就是浙江。后又曾迁往安徽休宁县，明末天下大乱，再由休宁迁回浙江嘉兴，从此嘉兴即为原籍。

明两公三岁在家从母认字，辨四声。四岁从其伯父启蒙读书，五岁始诵《四书》与《毛诗》。据说他的伯父看命相，说明两公长大一定会入翰林。又见他手指细长，谓之日后能书，定步右军之迹。不料到他五岁那年，朝廷始新政，废科举，其伯父气得跳脚，大呼吾侄不逢盛世，

王蘧常展示墨宝

做翰林只能是梦想了。

知道自己祖先是王羲之后代，明两公常引为荣，又仰慕王羲之书法，年轻时曾说出要摹兰亭黄庭万本的豪言。他七岁读《礼记》、《尚书》、《左传》，八岁始习字，授《九成宫碑》。十岁入学堂，十四岁入浙江第二中学，那是公元一九一四年，民国时代了。

明两公十八岁时由其父举荐，拜晚清大儒寐叟公为师。明两公的父亲与寐叟公原是至交，常有往来，明两公幼时已对寐叟公敬仰如泰斗。拜师前，便曾化名阿龙写信给寐叟公，请教自己读书不懂的二十个疑难问题。寐叟公连他抄错的一个字都辨解出来，更让他诚惶诚恐。明两公遵父命到上海拜师，寐叟公把他挽起，称之阿龙先生，惊出他一身冷汗。寐叟公笑说：我早就猜出那个问问题的阿龙，就是你，否则怎么会托你父亲转告答案。

国学大师寐叟公，教导明两公：要治学，就不可以挑选快捷方式来走，必须寻找前人所没有走到的境地，然后勇敢攀登。比如书法学行草，唐宋诸家，已为人摹滥，即使学二王，亦没有多少新意。不如学习二王书法之源，那就是章草。章草自明代以后，渐成绝响，你能不能兴灭继绝呢？寐叟公又教导：学章草，必须从汉隶出发，赵子昂所书，虽着意发波，仍是唐宋人笔法，非其至也。又说：你爱家鸡，但不会以此为限。书法也是一样，要努力避免庸俗，偏远的野味，未尝不是医治庸俗的好药方。

年轻的明两公听从寐叟公教导，一生治学习字，用功努力，不走快捷方式。其实那些教诲，何止于治学和习字。大概对天下所有青年而言，读一切专业，做一切事情，都是同一道理。可惜现今青年，很少人尊重老者，更不敬重学问，哪里晓得要用功，只想走快捷方式做俗人而不知羞。别说章草无人继承，只怕过几年中国再无人读得懂四书，拿起古籍文献，没有标点符号，句也断不开了。

也是在寐叟公上海寓所谷隐楼里，十九岁的明两公得到机会，拜见因戊戌变法而名扬于世的康南海先生。那天明两公抱来临写碑文，请沈老批改，南海先生刚好在座，便说：四兄，让我代劳吧。他看了明两公的习作，连连叫好，一气批了四十八的圈。又对寐叟公说：咄咄逼人门弟子。寐叟公听了，脸色一沉，说：休要长少年人骄气。原来南海先生那一句话，语出二典。一是引宋代赵庚夫题曾几的诗，把寐叟公比为曾几，把明两公比作陆游。二是赵诗中咄咄逼人四字，又为卫夫人赞王羲之语，南海先生把明两公比为王羲之，大有青出于蓝而胜于蓝之意。因此寐叟公忍不住发话，杀杀青年人骄气。

康南海确实看重明两公，后来又专门请明两公到上海愚园路住宅游存庐，给他看自己收藏的法书名帖，金石鼎彝。明两公走时，南海先生亲自送到门口。过了几日，寐叟公对明两公说：你同康圣人有姻缘，他有小女尚未婚配，想选你为婿，你看如何？明两公听了，很为难，因为家里早已给他订了亲，女方是嘉兴沈氏儒字辈我的一个姑母。明两公想了想，以战国时郑忽婉谢齐侯以女相许的话回答说：人各有偶，齐大非吾偶也。

婚事虽然未成，康圣人对明两公仍然一直很好。当时曾有文章说：南海睥睨古今，王先生独得其青眼。明两公也一直把康有为当做自己的老师，南海先生论书法的名著《广艺舟双楫》，常在明两公案头，不时翻阅，受益于书法理论，执笔运毫，乃至选帖择碑各方面。二十世纪八十年代青岛重修康有为墓，约明两公为墓门书楹联，是为：

万木风高　际海蟠天终不灭
一言心许　铭肌镂骨感平生

康有为诞辰一百三十周年，明两公又书一联：

拜手谷隐楼中　霁月光风犹昨日
立雪天游门外　受衣传钵愧当年

那些楹联里，每句都有典故，细说起来，就太多了，此处暂略，请有心人自己查阅。明两公不仅是个书法大家，更是个国学大师，语出必有典，不同凡响。

戊戌维新另一领袖梁启超任公先生，与明两公的父亲同年乡试，所以是明两公的年伯。明两公遵父命，在治史及子学方面经常就教于梁任公。任公先生为明两公论先秦诸子，教导说：必先要明了流派，会其通，才能得其全。那是学术研究的分类方法，在西方受推重已百年，在中国到二十世纪还很少人懂，更很少人应用。中国自古缺少理性思维和研究方法的训练和承传，古代科学研究的操作和记录，多杂于玄学或史学等论述之中，模糊混乱，令人不知其所以然。梁任公懂得分类研究方法，实在很了不起，思想很先进。明两公听从这一学术研究的方法论，后来著书立说，得益匪浅。

一九二五年清华大学成立国学研究院，聘王国维、梁启超、赵元任、陈寅恪四人为导师，名家齐聚，阵容强大。任公先生专门写信给明两公，邀他到清华研究院深造。当时明两公已从唐文治先生主持的无锡国专毕业，赋闲在家。虽然入清华读书，无需学费，每年生活费总还要两百大洋，他不想增加伯父的经济负担，终于没有北上求学。

不过明两公一九二七年对子学做系统研究，次年为大夏高等师范讲授先秦学术，编写讲稿后，呈寄梁启超教正。任公先生复信嘉奖，并为之定名做《诸子学派要诠》。可惜一九三六年此书由中华书局出版时，梁任公先生因医院手术事故而不幸谢世，终未得见其盛。

一九五八年纪念戊戌变法六十周年，北京人民文学出版社决定编辑出版《康有为诗文选注》、《梁启超诗文选注》、《谭嗣同诗文选注》三本书，请明两公选注梁启超诗文。当时明两公患冠心病已七八年，不宜承担有时间期限的工作，可出于对任公先生的敬爱，慨然应允。他说：梁氏作品，包罗古今中外，真有望洋向若之感，不免心慌意乱，血压增高，眩晕失眠，一闭眼就是书，一张眼还是书，偶而入梦，也是如此，翻个不休。

历经如此辛苦，配着医药作用，书总算注完，却又不能出版。约写前言，其中介绍梁启超生平，戊戌变法前后，以及著作大概等等，都难不倒明两公。可是编辑部要求按照历史唯物主义和毛泽东思想，对梁启超作品做批判的论述，却是明两公难以成命的。

本来明两公出于对梁任公先生的怀念和敬爱，才接受编辑部之邀，编注此书，现在要他批判任公先生，有碍初衷，明两公做不到，也不肯违心去做。虽然编辑部根据当时政治时态，对明两公的前言修改了几次，越改越左，可还是左得不够，最后被放置一旁，达三十年。到上世纪八十年代后期，人民文学出版社重新拾起旧稿，一读之下，满篇政治，前言不搭后语，令人啼笑皆非。明两公时八十有五，再无精神改写三十年前的文稿，便委托门人代笔，删除文中编辑所加大批极左言论，力求恢复明两公初稿原貌。所以《梁启超诗文选注》出版于一九八七年，而明两公所著前言则署日期一九五八年九月，中间相隔三十年。

对于一个民族，三十年虽只记为一代人时间，却足以在三代人身心，铸造不可磨灭的影响。正面影响将有益于未来，负面影响也将有害于后代。对于个人生命，三十年光阴就更加重要，终其一生，人顶多有三个三十年，荒废三十年，就是荒废三分之一生命，何以能够容忍。明两公那样的国学大师，如果没有荒废三十年生命，他能够创造出多少宝贵的学术财富。但愿那种悲剧在中国永不重演。

除曾经拜师蒛叟公、康南海、梁任公外，明两公正式受业，则是在国学之最的无锡国专，该校由当时国学顶尖大师唐文治先生亲自创办，领导和教授。唐文治先生，字蔚芝，号茹经，江苏太仓人，光绪十八年进士，曾署理工商部从一品尚书。光绪二十七年，奉清帝之命，随亲王载振出使英国，参加英王爱德华七世加冕典礼，并考察英国教育文化事业。又赴比利时、法国、美国、加拿大、日本等国，晋见总统、国王，并做考察。可知唐先生确实见多识广，非一班耆宿硕儒所能望其项背。其母丧后，唐先生援例丁忧辞官，到上海高等实业学堂（南洋大学和交通大学前身）做监督（校长），任职十四年，成绩卓著。一九二〇年因目疾日深而辞职，稍养之后，自己在无锡创办国学专修馆，简称无锡国专，以正人心救民命为宗旨，勉励学生做圣贤豪杰，为万世开太平。

无锡国专首届招生二十四名，年龄不拘，资助食宿。广告一出，明两公的父亲立刻命明两公前往报考。可明两公有些犹豫，一因知道唐先生乃学界泰斗，招考必然不易，怕考不中。二因招生广告专门说明：唐先生与当时大总统徐世昌是同年(指同年乡试)，得其襄助，无锡国专虽为私立学校，毕业生可由政府安排出路。而做官是明两公最痛恨的职业，只怕一入无锡国专，非入宦途不可，所以不愿意报考。其父厉声斥责：唐先生是天下楷模，你难道不乐意做他的弟子？不许误了自己前程。

实在无奈，明两公只好从父命，到无锡投考。没有想到，招二十四名学生，投考者竟有一千五百之众，还有许多华发在内，足见唐先生在学界的声望之高。二十岁的明两公见状，不免泄气，但既已来，又报了名，只好硬着头皮考试。

两道试题，其一为于缉熙敬止论，其二为顾亭林先生云拯斯民于涂炭，为万世开太平，试申其义。明两公心中有数，知道题一出自《诗经·大雅》，上有穆穆文王一句，又引《大学》解释止于至善，结合而成文做答。忽然发现旁边坐个白发苍苍的老考生，不时转头看他试卷，然后回去再自己写，大概是抄他的答案。明两公怕将来改卷，发现两卷相同，双双落榜，赶紧改写古体字答题。那些字除专研习过古体字者，近代已没几个人认得。旁边抄卷的老者，再看就看不懂，只好叹几口气，早早交白卷而离场。明两公考取无锡国专后，唐先生问起何以在考卷上写古体字，明两公如实禀告，唐先生大笑不已。

开学后唐先生亲授经学和理学，督学甚严，尤重月试，不限经史子学，也考文学。每次考后，唐先生居中端坐，秘书唱名，学生起立，听唐先生评语，无不中肯，且周详生动，听而忘倦。明两公以无锡国专第一届毕业生第一名的成绩毕业后，先奉唐先生命，到无锡中学任国文教员，后调回母校任讲师，教诸子研究，直至一九二七年。

从此之后，明两公教了六十多年书，无锡国专、复旦大学、大夏大学、光华大学、暨南大学、之江大学、中国文学院等等，教过大学，也教过中学。从他头一天走上讲台，到他最后一次离开讲台，一个花甲之久。他进教室授课，从不拿讲稿，只带两根粉笔。所授之功课，先秦诸子，博闻强记，烂熟于心。上课时，黑板上写几个提纲，然后半闭双目，侃侃而谈，引经据典，《尚书》，《史记》，《汉书》等等，能够全篇背诵，连注释旁引都能一一道出，从无漏误。

据其弟子冯其庸先生记载，明两公开《庄子》，讲课不带课本，从正文到注释，全部背出，与学生带的《庄子集释》一字不差，且常在疏解各家注疏后，出以己意，发人深省。一学期下来，一篇《逍遥游》没讲完，却授与学生许多治学的门径和可达的境界。本来讲史不容易，讲经史子集更难许多，材料之浩瀚尚且不论，古文诵读之枯燥无味，对教师也是很大的挑战。可明两公讲课，因为不是照本宣科，而且腹笥宏富，得以随手旁征博引，任意发挥，离题万里，优柔自如，课上起来，有声有色，满堂惊叹。

明两公所以有如此之高的学术造诣和书法成就，得到如此众多学界名人和学生的景仰，与其高尚的人格和品德关系重大。人的生命价值观念各自有别，有以为人生以权势或财富为目的者，有以为生活享受为终极者。有追求一己私欲，争名夺利，不惜伤害他人者，也有终生奉献，默默耕耘，从不计较个人得失者。孰是孰非，一目了然，无需解说。明两公是道德高尚之人，是成就千古流芳的大学者。

上世纪三十年代，明两公仅壮年，其人品和学识，已闻名学界。当时他在上海光华大学任教，一年暑期，得知他的教席可能被某有强背景之人夺走，下学期可能失业。一家老小，生计何在？明两公难免发愁，不知如何是好。后来想到蔡元培先生与其父是至交，刚好人在上海，便跑去求助。蔡先生一听情况，当下写一信给光华大学，且为郑重起见，专请信差送往。第二天明两公到校，拿到下学期聘书，而且加薪三十大洋。蔡先生信写：经师人师，乃国之珍，望贵校执事必能重用也。

抗战军兴，复旦大学为汪伪政权接管，明两公马上毅然辞职，绝不与日本人打交道，更不替日本人做事，保持了一个正直中国人应有的骨气。而明两公之特别可贵在于，他只是默默地这样做，毫无夸张，毫无炫耀，除了学界，很少人了解他的爱国情操。因为辞去教职，明两公一

家很多年生活极为贫困，他从来没有对任何人哭过穷，也没有到处对人拍胸脯，大喊大叫自己如何为爱国而牺牲。在明两公看来，民族尊严，爱国情感，是做人的根本，不与侵略者合作，是很起码很平常的事，没有什么可骄傲自豪，可歌功颂德的。难道中国人的道德标准，已经降低到如此地步，不做卖国贼就算是英雄了么？

那时唐文治先生已七十高龄，带领师生迁校，在上海租界设国专分校，聘明两公任教务长，实际负责全校教务，延请许多名学者任教，如周予同、周谷城、蔡尚思、唐庆诒、胡士莹、王佩诤、胡曲园、朱大可、童书业等。当时我的父亲在上海暨南大学读书，为筹生活费，靠姐夫明两公帮助，在上海国专分校兼一份小差。

明两公的高尚品格，也在于他一生风流倜傥，天马行空，独往独来，无党无派。他接受孔子君子不党的教训，更重要的是他平生只爱读书和教书，无暇旁顾左右。他中学时期因病休学两年，病刚好，碰上杭州法政大学招生，其父命他去考。作文考题是述志，明两公便大发议论，极言自己不愿进官场讨生活，又备述宦海风波之险恶，陷人于不觉之中。后来许多年，也曾有不少人劝明两公加入政党，希图借其学识声望，助政治之需。他的无锡国专后届同学张寿贤，做国民党中宣部副部长，请明两公出任《中央日报》主笔，明两公摇手：我只会教书，不会办报，尤其不会办党报。张先生介绍他到上海教育局任职，明两公又摇手：我不会做官，也不想做官，我只喜欢教书。

明两公夫人是嘉兴沈氏儒字辈，衡山公为其兄，也曾动员明两公参加民主同盟。明两公同样回答，自己只会教书，对政治和党派斗争，一窍不通，对政治活动毫无兴趣，难以从命。若干年后，中共坐了天下，民主同盟成为参政党派。衡山公的子侄又动员明两公参加民主同盟，明两公回答：当年二哥劝我入盟，有被国民党逮捕的危险，我谢绝。现在民盟成了大党，我若参加，便是对不起二哥。事后他对儿子说：总算想出个理由谢绝他们。我教了一生一世的书，对无论什么党派和政治活动，都一无兴趣。

可惜的是，树欲静而风不止，明两公如此远避政治和政党，到底躲

抗战时期的王蘧常夫妇

不过"文革"浩劫，抄家几次，许多毕生之作，化为灰烬，"文革"之罪恶，真乃罄竹难书。而正是在那些黑暗的岁月，又显示明两公道德品格之崇高。数十年间，他从不因某人政治青云直上而巴结，也不因某人政治倒霉而疏远。明两公为人厚道，看重友情，不顾个人安危。戴帽右派，走在街上相遇，明两公照样立足而笑谈，如于无人之境。他的一个学生，多年后摘了右派帽子，马上赶到明两公家道谢，说数十年来，别人都把他当作狗，只明两公一个把他看作人，其恩其情，是他永生永世不能忘的。

明两公这样地待人，这样地处世，完全出于他的本性，他的人格，他的道德。他是自发的，自然而为，没有任何功利目的，也没有任何政治企图，人格力量坚强，不由外界情势所左右。这样的人是仁者。

明两公逝于一九八九年，享年九十岁，与夫人合葬于上海松江县天马山公墓，墓碑上刻明两公亲笔：琅琊家世。看来经过八十余年，作为国学大师和章草圣手，明两公所最看重的，还是王氏谱牒中所记自己乃王羲之后人的传说。

25 缺后半句的不幸

悲苦之人各有不同，而快乐之人只有一种。曾有人以为，手中握生杀大权，威严不可一世，为天下王，就会快乐。也有人以为，住高楼大厦，吃山珍海味，环千百美女，就会快乐。还有人以为，出人头地，名扬四海，得万众仰拜，就会快乐。其实那都不是快乐，任何身外之物所能带给人生的，只是种种悲苦而已。

君不见，为天下王者，怕自己手中之权旁落，日日多少忧虑。有人将死，不肯咽气，听到人说大权还在您老人家手里，才缓过气来。权重于命者，没了权，何谈生命。君不见，有人临终，不愿闭眼，见人抽掉一根灯草，才安心离世。或富贵豪门，或名流大腕，追求名利，花费多少心血，舍出多少自尊，为一点蝇头小利，不惜伤天害理，虽然人前装得风光，半夜只怕鬼敲门，难得安卧，哪里来的快乐。

上下古今三千年，只有一种快乐人生。有人可能没有权，没有财，也没有名，但他们正直而自尊，无求于他人恩赐，所以他们可以有快乐的生活。他们光明而磊落，坦坦荡荡地直立于千万人众之前，不怕有人指点后脊梁，所以可以有快乐的生活。他们诚实而豁达，自信问心无愧于世，具备足够的坚强来面对一切，所以可以有快乐的生活。

我的一个姑父是这样终生快乐的人，他经历过各种战乱血海，艰难曲折，以及不白冤狱，但他始终保持快乐的人生，因为他是一个正直而自尊的人，一个光明而磊落的人，一个诚实而豁达的人。

姑父姓陈，名讳遵妫，字志元，没有人知道他的号，所以我做晚辈的只好冒昧称他为志元公。光绪二十七年，公元一九〇一年，志元公生于福建侯官县。其母是沈姓后人，与嘉兴沈氏同宗，多少有些血缘之亲。姑母是上海国学大师明两公之妹，明两公夫人是嘉兴沈氏女儿，志元公与沈氏是亲上加亲。我的父母称志元公夫人为梧姐，我们晚辈用嘉兴话叫她梧阿伯，是因为姑母出生于广西梧州的关系，志元公叫她梧妹。

　　志元公的祖父曾做过满清的七品小官，在布司衙门任职。其父曾留学日本蚕桑学校，回国任福建蚕业学校校长，所以志元公也是出身读书人家。其母在志元公八岁时去世，家人疼他幼年丧母，多少有些宠让，所以志元公自小淘气不堪。据说因为走路不老实，曾绊倒在门坎上，咬断半个舌头，找日本医生缝合复原。又据说其祖父办丧事，灵堂里搭彩楼，志元公为玩彩楼上的珠子，踏小凳，举小刀去割，结果凳翻楼塌，刀割手破，灵堂纷乱，血流满地，他挨一顿饱打。

　　淘气的孩子，大多是因为聪明好奇，且天性快乐。志元公没有进过正规小学，从小跟邻里子弟搭学读私塾，每天背诵中国儒家经典，有四书《大学》、《中庸》、《论语》、《孟子》，和五经《周易》、《书经》、《诗经》、《礼记》、《春秋》。背不出，先生打手心。志元公每天头一名背会，抢着举手背，从来没挨过一次打。他还跟同学组织崇孔会，每天对着孔夫子灵位焚香磕头。童年教育，对一个人的终生有极大影响，儒家学说铸造了志元公的灵魂。他后来一生仁义正直，清白自尊，天下为公，重礼轻物的观念和道德规范，都得自于儒家传统的精华。虽然志元公一生从事天文学事业，是科学中最数理化的一门，可他文史之熟通，之乎者也，远胜现今大学中文系毕业，也得益于童年背诵四书五经的教育。

　　虽然没进过小学，志元公却考进当时福州全市最好的三坊中学。开学三个月，因为他骂外地学生为狗，引发全班一场打架，被学校记了一过。当时其父在北京农商部工作，闻讯大惊，忙托在轮船公司任职的舅父，将志元公带到北京，以便就近管教。一到北京，他自己变成外地人了，被北京子弟看不起，才让他感觉到自己的浅薄，从此再不敢轻易鄙视别人。

　　志元公的父亲性格孤傲，不懂吹捧，崇信靠本事吃饭。那个性格，也遗传给志元公，为他赢得荣誉，也给他添过灾难。其父自认一生任务，不管多么辛苦，一定要所有儿女大学毕业，他常说：我的女儿没有嫁妆，只有一张大学文凭。他常常告戒子女：千万不要学有钱人家的孩子，要好好读书，学有本领，才能立身。如此家教，使得志元公和兄弟姐妹都受到良好的大学教育，也都长成正直自尊的人。

在当时北京城里最好的中学师大附中读了四年书，志元公爱上数学几何，最后以全班惟一的甲等成绩毕业，那是公元一九一九年。本来因为志元公数学科目出色，是准备投考清华大学的。刚巧那年传说，本届开始，清华毕业不再保送美国。其父想，如果不能去美国读书，那么贵的学费，为什么读清华，于是命志元公报考北大法科。志元公一考，也就考取。古今中外，大凡真正智者，无文理之分。思维敏捷，理解力强，记忆力强，构成聪明之资质。学问又本相互联系，触类旁通。通常文科出色者，数理也都不至于太差。数理科强者，文科亦不会过低。何况志元公自小背诵四书五经启蒙受业，满腹经论，区区北大法科，自不在话下。如果后来没有一个偶然机遇，改变了志元公的人生，他读完北大法科，或许照样能成就一名大律师，或者大法官。以其人品之高尚，性格之正直，说不定两三场官司打下来，就名扬四海。

但命者在于天生，而运者在于机遇，二者结合，方为命运。北京大学发榜录取后，志元公尚未入学报到，忽然间日元暴跌，中国银元一块大洋，可换三块日元。志元公父亲当即决定，机不可失，时不再来，把原准备供志元公读北京大学的一年学费，全部换成日元，送儿子到日本留学。那笔钱刚够志元公留日读一年预科学费，根据当时留学制度，中国学生自费留日，读一年预科后，如果考上规定的日本帝国大学、东京高等师范大学、东京高等工业大学、长崎医专、千叶医专五所大学之一，就可以得到中国官费，一直读到毕业。

生命的历程在一年之中改变两次，而且竟然远渡东洋，那是公元一九二〇年。没有人怀疑志元公一年预科之后会落榜，从小到大都是这样，只要他考，没有考不上的。但家里规定，不准报考东京帝国大学，不是因为学费太贵，反正是官费，再贵也不怕。其父本日本留学出身，知道帝国大学学制太长，家里等着志元公早日毕业回国，工作赚钱，供养弟妹完成学业。十九岁的青年，还没有走进大学校门，就开始与父母分担起家庭生活的重担。那样的孩子更快长大，也长得更加优秀。苦难是一种清洁剂，也是一种催化剂。

如果志元公不打算读医科，一年以后他只能有两个选择：东京高等师范大学和东京高等工业大学。他喜欢数学，所以手到擒来，囊中取物，按时升入东京高等师范大学数学系，成为官费留学生。全系不足五十名学生，中国学生四人，一个徐逸樵先生，定居日本多年后终于归国，做了全国政协常委。另一个是何时慧先生，学成回国后结婚生儿，长子是做过教育部长的何东昌先生。

志元公最喜欢给晚辈讲的日本留学故事是，有段时间他每天清晨跑步，路上经过一个大花园，总有个老头儿穿着和服，拿把大扫帚，用力扫院子。有时会直起腰，慈爱地看着他跑过。一九二五年东京举行孙中山先生追悼会，西服革履的犬养毅首相上台演讲，慷慨激昂，志元公在台下一看，原来竟是那个扫院子的老头儿。

小时候听志元公讲此故事，既不觉好笑，也不解其中意思。许多年后，长大懂事，也亲身经历中国政治苦难，才明白为什么志元公喜欢讲那个故事，为什么每讲一次梧阿伯和我父母就会一起摇头感叹。中国的百姓，是绝对不会在路上跑步而遇见国家首相的。别说首相，一个省长出门，马路上车道都要封闭两条，路人不准观看，更别说自己去扫院子。

志元公自小淘气，长大性格直率更为闻名。连日本大学教授都得知，便来劝他练习书法和下围棋，磨练性情，结果志元公字没有写好，棋也没有下好，性子倒憋得更急。也因他为人正直豪爽，又热心为大家服务，福建留日学生推举志元公做官费生联合会主席，主要职责是按时到中国驻日公使馆催放官费。当时留日官费生，每月五十三元，伙食费约三十元，如果按时发放，绰绰有余。那笔官费来自美国人退还中国的庚子赔款，分到各省留学生经理处办理，又转由驻日公使馆发放，中经多道手续，或遇迟误，或被挪用，一拖期，学生们就受罪。有时学生只得当书吃饭，志元公那时就是当铺常客，身受其苦。

有一次志元公和几个福建学生代表，到中国公使馆催款，从上午等到下午三点，才见公使坐车来了，早已满肚子火。公使刚下车，听说学生代表催款，转身就走。志元公忍无可忍，抓起桌上茶杯打过去，一边大喊：好大的架子。茶杯打在公使头上，他也不顾，血淋淋地钻进车子跑了。又一次，志元公和学生代表等到半夜，公使馆代办才来，躲在厕所里不敢出来。志元公一怒之下，带学生代表，打进厕所，把代办揪出来，说妥三天后放款，才放人。

为那些事，中国公使馆要求东京高师开除志元公，日本校方当然不肯。中国外交部又要求教育部和福建省停发志元公官费，教育部和福建省说：他既有学籍，就不能停发官费。还有一年，志元公专门赶回福建省催款，面见省长申诉。志元公义愤填膺，省长竟然打起瞌睡，志元公拍桌子大喝：你个老糊涂，我刚才讲的话，你听到没有？省长给吓醒了，赶紧答应批条子取款。

那些经历让我十分敬佩志元公的正直刚勇，嫉恶如仇。国家官员做事不公，他竟敢打出手去，对省长也敢拍桌喝叫你这老糊涂。中国自古至今，凡政府官员，大大小小，不管嘴上讲得多么好听，骨子里从无一个把百姓看做自己衣食父母的，倒是百姓们要把政府官员当做父母官，清天大老爷。因此三千年历史，朝廷官府为的只是一己私权和私利，从无一朝官府，真心实意为百姓谋幸福。

如志元公所遇到的情况，政府部门挪用专款，拖欠民用，每朝每代官府都天天在做。谁又能把官府怎么样，中国百姓三千年只有忍受。志元公留日那时期，虽有拖欠的发生，却还没有少发或者干脆不发的时候，他们还算走运。说起来，就算朝廷官府一句话，官费从此不发了，志元公和学生们又真有什么办法。

我最感叹的是，志元公竟然能够找得到政府官员去讲理，也能够打得官员头破血流，还能够对省长拍桌瞪眼，而且结果是政府官员乖乖地拿钱出来发放，把志元公无可奈何，留学既停不了，官费也不能不继续发。那种事，恐怕绝无可能发生于古今任何其它朝代。在几乎每个朝代，官府拖欠民用款项，百姓都绝无可能找到官员讲理，更无可能打得官员头破血流，或对省长拍桌瞪眼。百姓对官府稍稍表示一点不满意，就是大逆不道，小则入狱，大则杀头，还怎么可能保留留日学籍，而且继续发放官费留学海外。想来想去，大概只有志元公留学的那些岁月，才真会发生那样的事情，平民百姓有胆量不把政府官员放在眼里。

志元公出于性格的正直和豪爽，后来数十年间，有过比官府拖欠几天官费更严重得多的经历。中年之后二十余载，更是蒙受漫长而惨烈的不白之冤，但他再没有能够找哪个官府去讲理，没有那个机会，也没有那个胆量，他只有忍受，默默渡过苦难岁月。我想，对于志元公那样刚强性格的人而言，默默忍受冤屈，一定是格外的苦痛。

志元公算是幸运，他留学日本早了四十年，赶上好年头。虽然他闹过官府，骂过省长，照旧月月领官费，吃饭读书，六年后完成学业，荣归故里，衣锦还乡。

其父有个好友，名叫高鲁，当时是中央观象台台长。志元公回国后，遵父命前往拜访，并受聘为中央观象台技术员。因为志元公是数学专业，专责编历工作，月薪七十元。又经一朋友介绍，志元公到北京女子师范大学做数学教授，一学期三门课，月薪二百四十元。另一远房亲戚在京绥铁路局做会计科长，介绍他做西直门车站检票员，月薪三十元。

很难想象，中央观象台技术员，大学教授，也做车站检票员。中国是个历来讲究等级的社会，从衣食住房到工作职位，样样讲究等级。对于志元公的行为，当时就有同事不理解，现今社会恐怕更找不到人能够接受。志元公不在乎，他堂堂正正，做工赚钱，全无所谓。家里弟妹小，读书要钱，他做大哥，得分担父母的负担。志元公把孝敬父母，仁爱弟妹，看得重于自己。

过一年暑假，志元公南下，在火车上又巧遇高鲁，应邀到中央政府下设的教育行政委员会主编历书。该委员会由蔡元培先生任主任委员，高鲁任秘书长。志元公在南京工作，月薪七十元。他热爱本职，从此再没有离开，天文学竟成了他终生的事业。南京紫金山天文台，是志元公参与选址筹建的。抗战期间，紫金山天文台内迁，也是志元公参与计划实施成功。云南昆明天文台，又是志元公参与选址筹建。

志元公带领全家老少，跟随紫金山天文台设备，迁到昆明，建筑昆明天文台。天文学研究的是外星太空，与战争毫无关系，但惨无人道的日本侵略军，不放过中国任何一处建设，非毁之而后快。一九三八年九月二十八日，志元公此生此世忘不掉那日子。日本空军轰炸昆明，巨大的炸弹，雨点般降落到头顶。志元公领了全家，奔到大西门外一片树林，跳进深沟躲藏。日军战机就像专门对准志元公一家，把大堆炸弹丢进那片树林。在震耳的轰鸣，冲天的大火，浓黑的烟雾，撕人肺腑的痛哭之中，志元公的母亲和六弟当场炸死，妻子和女儿重伤，随后医治无效，先后去世。在日本人的炸弹下，瞬息之间一家亲人都从此永别，只留志元公一个，独留世上，痛不欲生。

极度的悲愤中，志元公想到寻求姐姐帮助。他的大姐很早就参加了中共，一直从事地下工作，当时在延安。姐弟两亲情深厚，不管天南海北，始终保持着密切联络。那时从昆明发一封信到延安，不知要辗转多少关卡。最后志元公接到姐姐的回信，由周恩来先生从延安带到重庆发出。姐姐在信中说：延安条件不够，千万不要来。志元公苦等数月，得到那样回答，感到很失望，可也只好继续留在昆明。

生命具有无限的弹性，又具有无比的力量，而况志元公天性乐观而坚强，他便把自己消失进广阔的太空之中，分散苦痛和失望。黑暗无边无垠，但仍有细微的星辰闪烁，那就是生命，那就是希望，那就是光明。可是，哪一颗星辰属于他？

来了，他的星辰，他的梧妹。命运使然，两年后忽一日，志元公在昆明街上走路，碰见东京高师数学系同学何时慧先生。从毕业回国，他们两人再没见过面，偏偏此刻相遇。彻夜长谈，倾诉哀伤。获知志元公不幸遭遇后，何先生便介绍上海王小姐，浙江嘉兴人，师范学校毕业，十几年一直教小学，尚未婚嫁。其兄明两公，国学大师，章草名手，妹妹也写得一手好字。

志元公暗想：书香世家女子，必定知书达理，善解人意，沟通当无障碍。小学教师，一定喜爱孩子，心地善良。文笔通顺，字写得好，日后帮他著书，自然方便。三思之后，便同意先与上海王小姐通通信，相互了解一下。也是后来，梧阿伯透露，何先生信到上海，对她介绍志元公之后，明两公马上跑到上海图书馆，查阅志元公所著的书目，确信他真有相当学历，事业可算有成，学界小有名气，才准许其妹与之通信。

世家子弟择偶，当重门当户对，不可轻易败坏家风。书香门第，并不在乎权势财富，那不过是身外之物，可得也可失，而学识、事业、成就，才标志人的本质和价值。

鸿雁传情，不过数月，两人已然情投意合，如胶似漆。志元公等不得了，每日一信或一电报，催梧阿伯动身到贵阳成婚。一九四一年梧阿伯带了许多陪嫁衣物，动身离沪，前往贵阳。一路颠沛流离，天上日机轰炸，地下土匪出没，所携财物或丢或抢，一贫如洗，好歹留下她一条性命。志元公在贵阳的亲朋戚友，早听说上海来的新娘子出身高贵，还带了许多珠宝陪嫁，聚集争看。不料新娘子到时，除一身破烂衣服蔽体，两手空空。志元公毫不在意，他娶的是人，不是财物。那双夫妇从此患难与共，相亲相爱，白头到老。

抗战胜利，百业东归，志元公受任中央研究院天文研究所代理所长，并出任中国天文学会总秘书长、理事长，国立编译馆天文学名词委员会委员，中国天文学会变星委员会委员，中国日食观测委员会委员，以及《宇宙》杂志主编。国民政府为表彰他抗战期间公而忘私的丰功伟绩，颁发他一枚胜利勋章。当时国际天文学联合会，只接受中国屈指可数几位天文学家为会员，志元公是其中之一。

其间志元公收到日本天文学家、京都大学花山天文台台长山本一清教授来信，说国际天文学联合会委托他主持收集中国古代天文学史料，希望中国天文研究所予以帮助。志元公读信后非常生气，收集中国古代天文史料，为什么要找日本人来做。日本人太不知羞耻，也太不知天高地厚。从那时起，志元公便开始收集史料，花两年多时间，编写出《中国天文发达史》，交商务印书馆出版。不幸战乱之中，书稿遗失，他的第一本中国天文学史著作终于未能问世。

直到一九五五年，上海人民出版社才出版了志元公重新编写的《中国古代天文学简史》，书分七部分，系统介绍中国古代的天文学，中国历法，天象纪事，历代仪象，古人论天等。此书受到国际天文学界重视，被译成多种文字发行。日本东京天文台香西洋树先生曾发表长篇评论，盛赞此书。英国著名学者李约瑟编写巨著《中国科学技术史》，天文学部分主要参考志元公此书。

志元公一生著作等身，出版有《流星论》，《天文学概论》，《宇宙壮观》，《恒星图表》，《大学天文学》，《日食简说》，《天文学家名人传》，《中国古代天文学成就》，《清代天文仪器解说》，《中国古代天文学简史》等三十余种。

一九五五年中国科学院竺可祯和吴有训两位副院长，把志元公从南京请到北京，主持筹建北京天文馆，同时接管北京的古观象台，修缮开放。政府在首都划定建设北京天文馆的地面，原是一片杂草丛生，满目荒凉的坟场。志元公日夜奔波，事必躬亲，组织领导设计及施工。北京天文馆建成后，志元公任馆长，领导各部门工作，确立全馆日常工作程序，培养训练年轻的天文工作人员。

同年志元公以科学家身份，参加以陈毅副总理率领的中央代表团，访问西藏。次年又接受莫斯科天文馆邀请，访问当时的苏联。本来一九五七年间志元公还在东欧访问，完全不接触国内的大鸣大放。待他归国之时，毛泽东发动的反右运动早已开始。如果志元公稍微识相一点，懂得顺应政治风头，即使不与无耻政客们同流合污，至少可以佯装不知，闭口沉默，总能逃过此一劫。可是学者的正直，爱国的热情，使他看到社会不公而不能噤声。所以在几十万中国知识分子已被打成右派之后，志元公还要写大字报，给中共提意见。于是迟至一九五八年，反右运动早已过去很久了，中共天文馆党委又给志元公补了一顶右派的帽子，并撤去他的一切职务，包括天文馆长和《宇宙》杂志主编。

在陈毅元帅任外交部长期间，每年十月一日中共国庆，政府召开国庆招待会，总会给志元公发一张请帖。他被打成右派以后，国庆招待会的请帖还是照样发来。天文馆党委不满意，认为反革命分子不该获得如此殊荣，牢骚一堆。志元公不以为然，把请帖丢给他们说：你们拿着去好了。那是中共中央发的请帖，有名有姓，哪个敢顶替。党委的人憋一肚子气，最后还是得让志元公去参加国庆招待会。

一九六二年志元公又去参加国庆招待会，很惊奇地发现，往年都是周恩来出席，今年居然毛泽东也坐在前面。酒会开始后，席间忽然陈毅

陈遵妫陪同刘少奇参观北京天文馆

副总理站起来，敬酒致词。他说：在坐的教授学者们，许多人前几年被打成右派，受了许多委曲，今天我在这里代表中共中央，向各位道歉了。志元公这么一听，才晓得今天开的是中共向知识分子道歉的会，为表示郑重，所以毛泽东也来露面。

听了陈毅的话，满座皆惊，中国读书人又觉得可以宠辱皆忘，该报知遇之恩了。于是每个桌子推选一个代表，轮流去给毛泽东敬酒，表示士为知己者死的决心，志元公所在那桌便推举了他。志元公拿着酒杯，走到毛泽东面前，尚未自我介绍，毛泽东便先开口，说：你是陈遵妫先生。志元公点头称是。毛泽东又笑着对他说：陈先生是上知天文……然后就停了。志元公等下半句等了半天也没等到，只好喝了酒默默回桌。之后他想了许多天，夜不能寐，终于明白毛泽东这半句话的意思，也许是说他虽上知天文，却实在太下不知地理人和。所以他在中国的残酷政治环境中，只能成为失败者。

但是志元公生性乐观，性格坚强，曾经历过血的战火洗礼，不那么容易倒下去。人生只有几十年时间，哭也是过，笑也是过，志元公要笑着过。官可以不做，事业不能不做。那是中国读书人的千年思想传统，是那些嗜权如命的势利小人所无法理解的。没有行政工作，志元公倒觉轻松，得以静下心来，修改补充《中国天文学简史》，扩展到十二卷之多。正此时，苍天无眼，偌大国家，放不下志元公一张书桌。"文革"浩劫爆发，正直知识分子的不幸遭遇，世人皆知。文化在中国被革去生命，志元公家被抄无数次，积十年心血的书稿被付之一炬，老人欲哭无泪，只有心碎如焚。

但生命比暴力更顽强，志元公终于熬过惨烈的十年"文革"。虽然年纪日长，眼疾加重，一目失明，但他宿志不泯，七旬高龄重新开始遍集数据，再次编写《中国天文学史》。为求精准，志元公每稿完，必送上海请国学大师明两公校阅古籍，书题也由明两公手书。一九八〇年志元公七十九岁，《中国天文学史》第一册由上海人民出版社出版。然后几近十年，坎坷多多，到一九八九年底终于将四册出齐，他已九十二岁了。全书二千三百页，一百七十多万字，堪称巨著。

志元公在他的自传前言中说：人有两个生命，一是肉体，受之于父母，死后化为灰烬。另一是事业，它既是永恒的，又永无止境。一个人，在他的有生之年，必须努力为其所从事的事业竭尽全力，这是他的精神生命。同时他也必须明白，个人的贡献再大，也只是这项事业中的一小点。我只希望，自己所做的一切，对后人还有点用处。

　　志元公是那么想的，他一生也是那么身体力行的。中国有那样的知识分子，能够忍辱负重，任劳任怨，实在是民族的大幸，国家的福气。也因为中国知识分子的坚韧，三千年间不管经历多少灾祸劫难，中华民族总能死而复生，始终站立在世界上。

　　一九九一年二月二日，志元公逝世，终年九十二岁。

26 海归海不归

我从来没有见过这个表叔，我们两家同时在北京居住二十年，却从来没有来往，但他是我父辈中学术地位最高的一个。国学大师明两公，没有入选中国社会科学院。天文学泰斗志元公，也没有做中国科学院院士。而这电机专家表叔，从一九五五年起，做了四十年中国科学院院士。

表叔姓褚，名讳应璜，浙江嘉兴褚氏家族的后辈，我祖母的侄儿。在我有的这本《阳翟褚氏世系图表》中，查到他的字是渭侯，没有号。虽然大概从来没有人称呼过他的字，但我做后辈，出于书香世家之礼，非恭称他为渭侯公不可，不敢直呼其名。

渭侯公的父亲，我祖母的堂兄叔盘公，就是重修《阳翟褚氏世系图表》之人，书香世家，前有专章，此处不赘。依此宗谱所载，叔盘公有六子五女，长子就是渭侯公。次子名讳应瑞，字舜符，现年九十五高寿，国立浙江大学教育学士，美国佛罗里达大学教育硕士，曾任台湾政治大学教授，美援会教育计划主持人，起草并主持实施台湾九年国民教育及职业教育方案，功不可没。退休后移居美国旧金山，我曾有幸面聆他的教诲。我的这本《阳翟褚氏世系图表》，就是舜符表叔所赠，须做说明。

叔盘公的长女应章夫人，我称大表姑，生于光绪三十一年，公元一九〇五年。中国古代，世家子弟有名有字，女子有名无字，所以只得大不讳，直呼其名。依照《阳翟褚氏世系图表》记载，应章夫人毕业于上海金陵女中和国立上海医学院，之后在北京协和医院任内科医师多年。上世纪三十年代，曾发生一件事，成为报纸头版头条消息，称做美国铁肺人在中国，应章夫人是其中主要角色。

当时某美国要员，带子女来到中国。飞至山东青岛，儿子旧症复发，呼吸困难，生命垂危。那美国要员急得要死，到处打听医治办法。当时国际上有一种新型吸肺医疗设备，中文译名叫做铁肺，在西方的医院里，也不是很多医生会使用。整个中国，只有北京协和医院，配有一台铁肺设备，却不知是否有医生懂得设备原理，会使用。美国要员不管三七二十一，带儿子赶到北京，进协和医院。结果协和医院自运来此台铁肺设备，还从来没有用过，了解之下发现，偌大医院，只应章夫人一个，懂得那台设备的操作。于是应章夫人便成为此美国要员公子的主治医生，使用铁肺进行治疗，结果成功。那要员一家回到美国，坚持邀请应章夫人赴美，继续医治儿子疾病。

一九三九年应章夫人渡海赴美，她没有美国医生执照，不能行医。那美国要员坚持请她以中国医生身份，继续医护其子。同时应章夫人进入纽约大学深造，经过无数奋斗，终于通过美国政府医师专业考试，成为中国移民美国百余年后，头一名取得美国医师执照的华人，而且是女性。那是一件了不起的成就，应该记入史册。中国女性，只要有条件，公平竞争，在许多方面都能够胜过男子，中国男人经常自己能力有限，实在毫无理由轻视女性。

应章夫人随后在纽约最繁华也最高尚的第五大道，开设自己的诊所，叫做褚氏诊所。那个时期，亚裔在美国还受到严重的种族歧视，应章夫人专门选择在纽约第五大道开诊所，而且用自己的中国姓做诊所名字，挂起招牌，一目了然，需要极大的勇气，极崇高的爱国心。同时应章夫人也应聘在纽约卫生局任职，参与领导纽约的保健防治工作，她还在布鲁克林学院任教多年。

凡曾与应章夫人接触过的人，不管是卫生局的行政干部同事，或是布鲁克林学院受教的学生，还是诊所经其医治的病人，都非常赞赏她的正直为人，亲切态度，精确诊断，高超医术。她经常说：大多数病人以为，医药就是一切，但他们不懂，医药如果不能正确妥善的使用，对人体之伤害，会大于医治。就是说，医药并不就是一切，使用医药的人更为重要，那是中国人至今都应该牢记的一句金玉良言。因此应章夫人在诊断时，很重视查询和分析病人的心理行为和生活环境，从而得以更准确地判断病情，对症下药。

医学是人命关天的大事，而且钉是钉铆是铆，装不得假，骗不得人。古往今来，只见豪门子弟，高官后代，不学无术，蠢笨贪婪，却能仗着父兄余荫，坐朝廷高位，头戴乌纱，装腔作势，胡作非为。从来没见过哪个高干子弟，靠老爸威权，去做医生。做官不需要特别技能，阿猫阿狗都做得，也都可仗势欺人。做医生，没有真本事，只有害死人。就算能混得医学院毕业，还是没法子滥竽充数，诊得出病就是诊得出，诊不出就是诊不出，治得了就是治得了，治不了就是治不了，老爸有再大的权势，也帮不了忙。朝廷高官子弟傻到极点，这条道理总还能想得到，所以他们都去衙门里做官，而不去医院里行医。

可不是么？凡需要专门技能，必须公平竞争的行业，如医生职业，体育竞赛，音乐美术等艺术创作，建筑水利电机等工程，都很少见高干子弟有所作为。太空科技取得成功，高干子弟只能靠做副总指挥来抢功劳，却做不了哪怕最底层一个工程师的实际工作。因为那要求专业技能，而副总指挥没有专业技能，只是个行政高官而已。如果做官也要求专业技能，必须公平竞争，从小养尊处优的小衙内们，怕十个里头有九个要落马，七品芝麻官都干不成。

那道理在美国也一样强硬，不论什么种族，什么颜色的头发和皮肤，美国医生诊不出的病，应章夫人诊出来了，美国医生治不了的病，应章夫人治好了，美国人还有什么话可说。他们只能老老实实地承认应章夫人的真才实学，信服她，尊敬她。因为应章夫人开了一个好头，中国人在美国得到医生执照的，越来越多起来。据说六十余年后，美国每五名医生里，就有一名华裔，他们实在应该记住幸运始于何人。

作为一名医生，应章夫人终生保持正直和诚实的品格。她永远讲真话，从不说谎，也不喜欢夸张和虚饰。她看不起任何只会嘴上花言巧语，却从不实践承诺的人。对她来说，假装做一件事来骗人，是一种巨大的耻辱。诚实、信念、努力，是应章夫人为人处世的三大信条，也是中国大多知识分子为人处事的信条，当今世界，尤为宝贵。

作为一个医生，应章夫人心胸开阔，无所畏惧，天下没有什么能够让她感到恐慌，让她噤声不语，畏缩不前，躺倒不干。她说：我是坦白的，从来不欺骗，我还有什么可害怕的。她是一个勇敢的中国女性，抗日战争期间，她志愿为中国抗日将士医治战伤，经常忙碌一天，半夜三更，穿着沾满鲜血的手术衣，穿越日机轰炸区，独自一人回家。在她眼里，强盗的炮火微不足道。而她崇高而英勇的人性光芒，也确实威慑住凶残的日本鬼子，没有一片日军炸弹碰到她的一根毫毛。

纽约是世界最大都市，无奇不有。应章夫人医病，不分肤色种族，也不管财富地位，一视同仁。而且常常贫穷的病人，无法自己到诊所来医治，他们没有汽车，连坐公车地铁的钱都没有。应章夫人反倒要自己开车到病人家去医治，而且经常独自一人，半夜三更，闯入犯罪猖狂的纽约穷人住宅区。有一次她在那样一处，被几个黑人匪帮青年拦住，持刀抢劫。应章夫人走出车子，个子很小，只有一百一十磅，直挺挺地站在匪徒们面前，毫无惧色，大声说：我是医生，正赶往此处一个病人家里，履行我的职责。你们准备怎么办吧。几个匪徒一听，显然这医生是要医治同他们一样的穷黑人，他们的邻居和兄弟姐妹。于是他们说：你走吧，我们来保护你。

一生操劳，终于使得应章夫人晚年患上肺癌和心脏病，但她始终没有告诉家人和亲友，继续照常工作，以免大家替她担忧，直到最后她自知时日不多，才将在美国的兄弟姐妹召到病榻前，托付儿女，并作证写给护理其病的医生护士的指示：

> 尊敬的医护人员，当我处于紧急抢救状态时，请按照下列
> 指示行事：
> 一，请尽量少做抢救；
> 二，输氧呼吸，点滴等措施，不得超过两日；
> 三，不得对我使用插胃管或其它维持生命的措施。
> 医生，护士，朋友们，我的子女都完全地了解我的病况。
> 以上都是我的意愿，请各位尊重照做。

应章夫人同时指示死后遗体交医院做解剖，然后火化，不举行任何

仪式。她不愿意为自己的追悼会，使亲友们在风雨中奔波而得病。但是她以自己丈夫的名字，给金陵女中设立了一个奖学金。在她生命的最后时刻，她对亲友们说：我做了我想做的事情，没有什么后悔的。你们要勇敢些，快乐些，自己往前走。

一九八五年二月十九日，应章夫人在平静中逝去，终年八十岁。

渭侯公是应章夫人的大弟，光绪三十年，公元一九〇八年，生于浙江嘉兴。幼年在家跟从母亲读书，一进小学就上三年级。由于家中父母一直告诫他：学工程技术，日后有大出息，所以从小学开始，渭侯公就埋头算术，中学更在数理化等课用功。他在南京江苏省立第一中学读完高中二年级，就以同等学历，考取上海南洋大学（后来的上海交通大学）电机工程学院电力系。因肾病休学两年，回嘉兴休养，后返校续学，于一九三一年毕业，获电机学士学位，那年他二十三岁。

毕业后他考取上海电力公司，待遇优厚。他的大学导师挽留他在母校任教，于是渭侯公谢绝公司高薪，回上海交大做一名低薪助教。这就表现出，渭侯公保持了书香世家子弟重情谊而轻物质，重学业而轻名利的传统品格，这种读书人的精神，延续在渭侯公的一生之中。

两年后，交大教授介绍渭侯公参加上海华成电器厂的筹建，负责设计制造交流异步电动机及其控制设备。他做了两年，因不满工厂老板的作为，于一九三六年离开，受聘为建设委员会上海电机厂工程师兼设计委员。不久抗日战争爆发，渭侯公的主要工作，便是安排工厂设备内迁，先从上海到武汉，又从武汉到宜昌，再从宜昌到湘潭，一九三九年迁到桂林，一九四〇年再迁昆明，才算最后定居。那时建设委员会改为资源委员会，渭侯公任资源委员会电工器材厂工程师。

受资源委员会派遣，渭侯公于一九四二年前往美国深造，受教于美国西屋电器公司。其后短短三年时间，渭侯公先后在美国西屋电器公司的电动机厂、发电机厂、工具厂、冲压厂、绝缘材料厂、铸造厂实习，学习美国电气工业先进的产品标准、产品设计、工艺技术、工厂管理、车间管理等理论知识和实际操作技能。一九四四年他加入美国焊接工程师学会，又学习到许多先进焊接技术。从自己的实习体会，他提出组织国内有一定实际工作经验的工程技术人员，到美国系统实习，能够跟美国技术人员沟通交朋友，从而学到更广泛和更实际的先进技术，也可获得更多的工艺技术内部数据。

根据他这个思路，国内资源委员会持续派遣中国电器工程人员赴美深造。同时委员会又派渭侯公代表中国电工器材公司，同西屋电器公司进行技术援助谈判，达成协议，获得四百万美元贷款。从此渭侯公作为中国资源委员会常驻西屋电气公司技术代表，致力于培训中国赴美深造的工程技术人员，先后达八十余人。

一九四八年，西屋电气公司中国援助处的处长华莱士先生，获知渭侯公准备回国的消息，出于珍惜人材，找渭侯公长谈，挽留渭侯公定居美国，正式受聘西屋电气公司，并提出每月一千美元的薪水待遇。这个数目在当时，实在是很不菲了。华莱士先生而且承诺，公司将设法将渭侯公留在国内的一双儿女接到美国团聚定居。但渭侯公谢绝了西屋电气公司的挽留，毅然决然回归祖国，而且说服他所训练的八十多名中国电气工程技术人员，随他一起返回故乡。那一批人在渭侯公的率领下，全部回到祖国，并且在后来的国家建设中，都做出巨大成绩，奠基了中国电机工业。

中华人民共和国第一个电机厂，东北电工四厂第一期工程，是渭侯公亲自设计主持的，该厂后改名哈尔滨电机厂。之后渭侯公一直担任中国电机工业的技术领导工作，奔赴苏俄、东德及欧洲购买电器生产设备，编制中国电机产品技术和质量标准，参与制定中国科学发展规划，同时继续不断培养新一代电器工业技术人员。中国第一套八百千瓦水轮发电机组，是渭侯公在东北主持设计研制成功的，安装于四川下硐水电站。上世纪五十年代初，渭侯公主持研制的发电机还包括，三千千瓦发电机组，上海电机厂试制的中国第一台六千千瓦汽轮发电机，哈尔滨电机厂研制的五千千瓦汽轮发电机，以及用于官厅水库的一万千瓦水轮发电机组。这些成功，为中国大容量水、火电机组的研制，奠定了技术基础，可以说中国电机，是沿着渭侯公铺设的道路发展和前进的。渭侯公一九五五年当选中国科学院院士。

他是一个终生致力电机设计和制造的工程技术专家，全部智能和精力，都集中在电机研制上，别的很少去想，也没有精力日夜琢磨。他只想设计制造出更大功能，更优质量的电机，因为他懂得祖国多么需要电机，才能够富强起来，那正是最纯朴也最崇高的政治理念。那样的人，才应该是中国最受尊敬的伟大政治家。他舍弃美国的高薪，美国房子和车子，美国的舒适而稳定的生活，美国研究和生产的良好条件，回到贫穷、落后、而且不断动荡的祖国，他是中国人民最忠诚最可爱的儿子。

不能说他一点也没有得到他想得到的，他回国后若干年，得到一些机会和条件，做了一些他想做的事情，设计和制造成功一些电机，奠定了中国电机工业的基础。跟许多别的中国专家相比，他已经够幸运，可以感到满足。但是如果他能够得到更多条件，他应该能够做得更多。难怪他曾感叹：他一生中所做的主要工作，是在美国期间。到"文化大革命"的岁月，泥沙俱下，魑魅齐出，已无是非善恶，青红皂白，一切正直的中国人都被沉入地狱，饱受水火磨难，渭侯公也终于不能幸免。十余年间，他所经受的痛苦，难以述说，痛于忆及。而且因此摧残了他的身体，再没有能够完全恢复。

出于对祖国的热爱，对富国强民的渴望，渭侯公还在大学时代，就积极参加进步学生救国运动。在美国期间，与当时美国《华侨日报》总编辑唐明照先生来往，关注祖国形势，向往延安。唐明照先生也给他写了介绍信，回国途经香港，会见章汉夫，要求前往延安。到上海，一时没有机会，只好作罢，在湘潭电机厂任设计委员会委员。经过不断努力，一九四九年三月，渭侯公终于转香港坐船，到达北平，先与齐燕铭先生联络，又经王炳南先生安排，会见周恩来先生，提出发展中国电器工业的设想和建议，并主张在东北建设电器工业基地。而后他领头前往东北，任东北工业部电器工业管理局副局长，总工程师，领导东北电器工业建设。

中华人民共和国宣告成立之前，渭侯公已经参加建国工作，是中央派往上海的南下工作组成员，任上海军管会重工业处生产组副组长，之后一直担任电机工业的领导工作，并是第一、二、三届全国人代会代表，第五、六届全国政协委员。但虽然他数十年来，忠心耿耿，兢兢业业，不断申请，却一直没有被接受为中共党员。

到一九八五年春，渭侯公病重住院，自知不久于世，便卧床口述，由儿子笔录，写出最后一份入党申请，上交一机部党委。之后，党委领导来到医院，宣布批准接受渭侯公为中共党员。年迈的老科学院士，流下热泪。他一生的愿望终于实现，他终于得到了中共的信任，他的生命可以划上句号。

半个月后，渭侯公安祥地逝去，终年七十七岁。

附录1 — 我的寻根之旅：浙江嘉兴

去国二十年，再回故乡，恍如隔世。

从上海到嘉兴，跟从上海到苏州差不多远近，公路两边也都相似，田野村庄。可是几日前去苏州，看到路旁村村落落，都是新盖的别墅小楼，甚为壮观。据说都是港台商家，买地建厂，遂使昆山苏州一带农民靠收地皮税，一夜暴富，坐享其成。本以为去嘉兴的路上，也可见到同样情景，不料完全没有。此一路两边还是田野枯败，房屋破旧，不知为什么同在上海附近，古今福地杭嘉湖，却不获港台商贾垂青。

浙江自古人杰地灵，名人荟萃，非它处可比。就我浅薄所知，文学伟人鲁迅、徐志摩、朱自清，都是浙江人。《三国演义》作者罗贯中，浙江杭州人。《水浒传》作者施耐庵，浙江钱塘人。吴承恩，江苏淮安人，科举不第，在浙江长兴做了九年县丞，写出《西游记》。《拍案惊奇》作者凌蒙初，《西游补》作者董说，《水浒后传》作者陈忱，都是湖州人。《说岳全传》作者钱彩，《剪灯新话》作者瞿佑，是杭州人。还有李渔，金华兰溪人。王阳明、黄宗羲、章学诚、袁子才、龚自珍，都是浙江人。章太炎、俞曲园、周作人、蔡元培、郁达夫、许寿裳、范文澜、俞平伯、钱玄同、梁实秋、张元济、孙伏园、茅盾、夏衍、艾青，也全都是浙江人。

我的老家嘉兴，自古与绍兴和杭州齐名，据考证已有七千年历史。古时称嘉兴府，管辖周围几个县。现在是行政大市，下管二区五县，海宁、海盐、桐乡、乌镇、平湖、盐官等地，都属嘉兴。这里风光秀丽，古迹众多，物产丰富，文化积淀深厚，养出许多文化名家，故有人总结：中国近现代文学史领衔人物，浙江籍占去一半以上。而浙江名人之中，嘉兴籍又占去一半以上。

其中最大名鼎鼎的要数王国维，一代国学大师，稍有文化常识者都必知晓，不必多说。他是嘉兴人，在嘉兴启蒙读书，也在嘉兴考中秀才。

大翻译家朱生豪亦生于斯，去上海工作十年之后，又回故乡定居，专心翻译研究莎士比亚戏剧，直至生命完结。他译出莎翁全部悲剧、喜剧、杂剧作品及另外四部英国戏剧，成为中国莎士比亚研究的最大权威。巴金虽说生于四川，但牢记祖籍浙江嘉兴，曾数度回乡揭拜李氏祠堂，住在嘉兴伯祖家中。

此次去嘉兴，才知桐乡石门湾大画家丰子恺，也是嘉兴同乡。丰老先生的男女公子都与我父母中央大学同班，我三舅考沙坪坝南开中学，在丰老先生家住过。父母亲结婚，丰老先生赠了一幅画：双松同根，百岁常青。那轴卷一直挂在父母卧房，直到"文革"被抄家毁灭。还有学贯中西的蒋百里将军，嘉兴海宁人。他的爱女也与我母亲大学同班，五十年代在北京还有来往。我到嘉兴才听说，蒋百里将军原来是儒将，多才多艺，书法有晋唐气韵，于文学史学都有很高造诣，早年文学研究会还是郑振铎、沈雁冰和蒋百里等几人发起，后来蒋百里又和胡适、徐志摩等组织新月社。

其他名人如大书法家张宗祥，大画家米谷和张乐平，参加过戊戌变法的张元济，大书画家钱君匋和陆维钊，大史学家唐兰，大教育家郑晓沧，余十眉，江雪滕等，还有早年与蔡元培陶成章在上海首创光复会的章太炎长婿龚宝铨，都是嘉兴的骄傲。

怀着这样的期待，走进了嘉兴城。原以为会看到一座古朴而充满文化气息的小城，想是绿树掩映，窄巷幽深，石板铺路，小桥流水，亭台楼阁，庙宇碑林，瓦屋木窗，古色书香，那一派诗情画意的熏陶，才能走出王国维、徐志摩、朱生豪那样的巨匠来。

刚一进城区，我就感到很失望。汽车走在发亮的柏油路上，两边都是现代房屋，方方正正，粉白颜色，线条简单。这样城镇，既不现代，又不历史，没有特色。我叹口气，对同行的妹妹说，如果整个嘉兴都变成这样，我们万里迢迢回故乡，算是白来了。

前两天在上海，给嘉兴文化局蔡局长打过电话，说好今天到。蔡局长是几年前父亲应邀到嘉兴参与沈钧儒纪念馆筹备时结识的，父亲说蔡局长夫妻人都很好，很肯帮忙。到嘉兴汽车站，在门外小摊打投币电话，一拨就通，蔡局长在等我们电话。那天是星期日，蔡局长放下万般事务，专门等候，让我们十分过意不去。

电话刚放下五分钟，蔡局长就到了。他果是个豪爽热情的人，一见面便拉手说笑，好像老熟人。走不几步，过马路，有车停在路边等候，说是今天专来带我们游览的。周末时间，又劳司机不得休息，更使我们不安，也教我们体会到故乡人的亲切。不论从多么遥远的异国返回，一走入故乡，便成兄弟姐妹，不分彼此，休戚与共。

我们先到文华苑宾馆，据说嘉兴文化界接待客人，都住在这里。上到六楼，从窗中望出，看到下面街上密集乌黑的瓦房屋顶，还是那种想象中的古朴风格，使我悬了一路的心稍稍落下，相信在嘉兴一定还能够寻找得到故乡的旧貌，不虚此行。我和妹妹匆匆梳洗整理一下，就赶下楼。午饭早已备齐，蔡局长之外，还有廖局长，沈书记，南湖纪念馆的张书记，沈钧儒纪念馆的陈馆长也在百忙之中，赶来相陪。

既然我们是沈钧儒先生的后辈，首先参观二伯父纪念馆。嘉兴沈钧儒纪念馆座于二伯旧居地址，一排两层楼房，青色瓦顶，朱漆门窗，白色石墙，朴素清爽，严谨整齐。三进庭院，挂满二伯遗迹遗物，墨宝题词，令人目不暇接。记得筹建时我们曾寻出一张保存多年的与二伯合影，放大送去。不过纪念馆里展品太多，地方有限，那张照片没有展出。张书记说许多纪念品还都在库房存放，有待慢慢整理，展室扩大后再展出来。看见玻璃橱内二伯生前穿过的灰布中山装和便帽，就彷佛又见到他老人家慈祥的面容，雪白的长须。

纪念馆偏院一隅立着两块石碑，张书记介绍那是二伯为自己和夫人题写墓铭所刻的原碑，其墓前所立者则是复制。墓地里只葬二伯母，二伯的灵堂设在北京八宝山革命公墓。这么一说，勾起我的强烈愿望：看看嘉兴沈家的祖坟地。不想张书记一口答应，说他们筹办纪念馆时曾去过，所以认得。

从嘉兴城开车出去，弯弯曲曲，走了不少的路。我不解，当年交通不便，沈家如何跑这么远路来埋葬或扫墓呢？陪同人答：早年来这里，都是河里行船，上岸后就没多少路走了，我才恍然大悟。到了没有汽车路的地方，我们只好步行，走过一大片田野，进入一个小村落，侧面穿行出去，便见到一些坟墓，四周种满不高的树木。

我们手推枝干，林间绕行，最后停在一个土冢前面，看见两块碑。一块较新，便是二伯题写的那块复制碑。另一块更大些，也更古老，字迹残缺，略可辨认是沈翰公之墓，从家谱上查证，是二伯的父亲。嘉兴沈家是个大族，如何祖墓只此二碑？陪同者答：一九五〇年代农村搞合作化，这里整片墓地都经推平深翻，棺木移去不知何处深埋。只因沈老，此二坟得以保留。旁边坟墓，都是他姓后辈重修，不是沈家的。想想也是，嘉兴沈家早已很少有人留在故乡，像我甚至远去异邦，怎会葬回祖坟地，谁还在嘉兴重建沈氏墓地。归途上我心情沉重，有一种失去了根，所以飘零的感觉。

嘉兴南湖、杭州西湖、绍兴东湖，合称浙江三大名湖。南湖湖中有岛，称小瀛洲湖心岛，风光旖旎。因为时间已晚，必须赶天黑前先去湖心岛。张书记领下码头，登上一个装潢华丽的游艇，驾驶员着海蓝制服白手套，彬彬有礼。艇内小窗明亮，座椅舒适。我和妹妹坐稳，便开船了。不再等其他游客么？答曰：普通游艇在另一码头购票登船。此艇归纪念馆，只有首长或外地代表团来访才使用。最近朱镕基总理来，也是坐这条船。我们远道而来，又是嘉兴后代，所以请我们乘此艇。我听了，感激之余，肃然起敬，低头看看座位，不知朱镕基坐的哪一个。

湖心岛上的烟雨楼，建于五代后晋年间，轻烟拂渚，景色朦胧，闻名数百年。据说乾隆下江南，先后八上烟雨楼，留连忘返，题诗十五首之多。孙中山先生也曾由褚辅成陪同，游览过烟雨楼。楼后来许亭即为记念孙中山此行而建。园林之内，回廊环通，亭台林立，楼阁高耸，长芦高柳，假山重叠，两棵银杏，已有千年。庭院到处墨宝，乾隆爷、米芾、苏轼、吴昌硕、董其昌等真迹都留于此处。黄昏时分，凭栏远望，波雾纤绵，如雨似烟，水云迷漫，恍若仙境，让人感慨万千，浮想连翩。

下得山来，绕至岛侧，岸边停放一条画舫，雕龙描凤，金碧辉煌，中国共产党在这条画舫中成立。我们进去参观，里面空间极小，不知当年怎么容下那多人开会，说是以打麻将掩护，所以舱内当中摆个八仙桌。前甲板下有火炉，梢公不知舱里人干什么，只管撑船烧茶伺候。

故乡嘉兴不仅土地美，人也美。沈钧儒纪念馆和南湖纪念馆的两个讲解员，都是很美的姑娘，年纪很轻，容貌清秀，穿蓝色制服裙，身材苗条，体态轻盈。而且她们学问相当丰富，讲起来条条有理，问起讲解内容外的历史，也都知道一些，当今年轻人中，就算难能可贵。

回到岸上，便去南湖纪念馆参观。进门不久，已到闭馆时间，张书记叫服务员都回家，他亲自负责关门。然后继续陪我和妹妹观看，毫不催促，耐心讲解，谈笑风生。他讲的那些不见正史的小故事特别动人，我和妹妹都听得津津有味，很佩服他学识渊博。

晚上蔡局长宴请，除白天见过的各位领导，还有嘉兴学院徐院长作陪。相互介绍之后，略略闲谈。徐院长忽然一跃而起，扯我到一边，邀为嘉兴学院学生做个演讲，介绍美国文学和美国华文文学概况。既回到故乡，能为乡亲子弟做点滴服务，自然义不容辞，我立刻满口答应。

回到宾馆，已经九点多钟，忙打电话给小娘舅，他是婶婶的弟弟，我们便随几个堂兄弟，用嘉兴话称他小娘舅。挂断电话，我赶紧写题纲，准备明日演讲。不想才几分钟，小娘舅便骑了车来到宾馆，一进门便放下几本影集画册，要我们看嘉兴美景。小娘舅是当地有名的摄影家，在他的镜头里，嘉兴美景更富诗意。

第二天早起，张书记请客，吃五芳斋粽子。传说民国初年，嘉兴有一帮兰溪人弹棉花，夏天生意淡，这些棉花匠就裹粽子，挑担叫卖，担子一头置炭炉，架铁锅，内煮粽子。兰溪人的火腿肉粽，味道特别，很受嘉兴人喜爱。约于一九三九年间，嘉兴有人开了粽子店，称作五芳斋。虽然店门很小，可粽子质量极好，分咸甜两类，共七十多种，江浙沪一带，远近闻名。我去尝鲜，果然名不虚传，蛮大肉粽，一个足够，又美味又实惠，还不胖人，比美国的汉堡包好得多了。

早饭以后，张书记开车送我到嘉兴学院，然后他赶去安排新开的一间纪念馆。徐院长在门口迎接，引往特别安排的阶梯大教室，才刚八点钟，近百名学生早已坐好，鸦雀无声。我在美国教了十几年书，从来没见过如此秩序井然的课堂，可知嘉兴人读书，不同凡俗。我简略讲了四十分钟，学生问答二十分钟，就下课。学生出门，还有人给我塞纸条问问题。

按照昨晚约定，妹妹一早独自去小娘舅家拜访，我讲学后再去那里会合。那是禾兴路上一座小住宅楼，六十年代时兴的简易样式。上到五楼，敲开房门，妹妹对我大叫：我坐三轮车过来的呢。屋子很小，床上放满行李，小娘舅三日后便要动身赴美，到波士顿表妹家小住。方桌上摆了大闸蟹，小娘舅说那是太湖闸蟹，与上海吃的昆山阳澄湖闸蟹略有不同。还有南湖无角菱，小巧玲珑，雪白如玉。文虎酱鸭，紫红味美，是有名的嘉兴特产食品。才九点多钟，也不知是吃早饭还是午饭，反正舅甥四人围桌而坐，说笑吃喝，其乐融融。

因为当天下午我们就要离开，还有几处地方要去，饭毕匆匆下楼，走过两条街，到了当地有名的秀州书局，匾额竟是冰心老人的亲笔。范笑我先生早有所备，拿出几套书来，都是我们心爱。书局房屋老旧，桌面书架到处是书，地上也堆满书。父亲讲过，笑我先生把书局当事业，为读书人服务，自己编印秀州书讯，分发全国，传播书讯和嘉兴书友消息。笑我先生送我一期，上面就有关于父亲的消息报道。回美国后接父亲信，说是我和妹妹访问书局的消息，又已在书讯上刊出。于是我们也已加入嘉兴书友之列，很是高兴。

秀州书局对面一道石墙，后面是两排旧屋。小娘舅指给我们看，说那就是鸣阳门小学，我们亲妈早年在那学校做校长，这地上印有她老人家千百回的足迹。我知道抗战胜利后，亲妈荣获劲节高风勋章，当选嘉兴县参议员，当时是了不起的女性。我和妹妹绕过墙去，房子已经门窗皆空，断壁残垣，一派颓败景象，赶紧躲开，免得过度伤感。

小娘舅引导我们一行，先至秀城桥。拱桥弯弯，石板平坦，小阶悠然，古色古香，十分秀美，水中倒影清晰，桥洞成圆。小娘舅说：嘉兴水乡，桥很多，也很有名。早些年沿河而行，桥桥相接，姿态各异，我想父亲幼时肯定跑过所有小桥。现在为造公路桥通汽车，大多小桥都被皆空，断壁残垣，一派颓败景象，赶紧躲开，免得过度伤感。

小娘舅引导我们一行，先至秀城桥。拱桥弯弯，石板平坦，小阶悠然，古色古香，十分秀美，水中倒影清晰，桥洞成圆。小娘舅说：嘉兴水乡，桥很多，也很有名。早些年沿河而行，桥桥相接，姿态各异，我想父亲幼时肯定跑过所有小桥。现在为造公路桥通汽车，大多小桥都被拆掉，这座秀城桥是嘉兴城里惟一保存完好的明代古石拱桥了。我听了心里一阵难过，连忙前后左右拍了许多照片，也摄了录像，说不定再过若干年，这座秀城桥也见不到了。

过秀城桥，进一条狭窄拥挤的小商业街，走不多远，就到一条小巷，巷口匾刻双魁巷三字。小娘舅说，那是嘉兴城里有名的一条古巷，清末建造，但依明风格，现在仍旧完全原样，近几年常有人来此拍电影电视。走进去，石板地，木楼房，横梁立柱雕花尚存，已经残破。木制窗户，开窗是用木棍支起，小娘舅说跟百年前一样。我和妹妹看了，觉得非常过瘾，真想把美国自己家也改造成这等模样。屋子里面都是木楼梯、八仙桌，甚至那门角放着的圆形木制马桶，许多年没见过，看了也觉格外亲切。

穿过小巷，顶端横过一座过街骑楼，木格门窗，可惜不能上去看。从骑楼下走出，是一条河，我不由暗暗猜想，八十年前父亲是不是经常乘小船在河里往来。我们想多等一等，看看嘉兴人如何摇橹行船，可是没有时间，只好悻悻然离去。

下一站我们随小娘舅到中国大儒沈曾植的故居，他是我的一个祖辈。故居在紫阳街姚家埭，小巷极窄，长长的灰色砖墙，开个石库门。尺高门坎迈入，里面三进院落，青砖铺地，两层楼宅，红木建筑。正厅当中，立了叔祖的半身像，两眼注视我这个后人，大有责我不用功的神色，吓得我险些跪下请罪。小娘舅指着二进院中东侧告诉我们，那里墙角原有一石碑，上书厚敦堂三字，厚敦是我大爹（嘉兴人称祖父为大爹）的字。抗战胜利后大爹和亲妈曾住楼下多年，父亲抱我回乡时，也在那房里住过。我听了十分感慨，跑进去看了一遭，不知梁上是否还绕有我的啼声。

在椅上，手握书卷，高声吟诵，其乐何极。

站在后院，仰头可望故居背后高耸的的圣母大教堂，乳白颜色，高大伟岸，并列两个钟楼，上立拱形圆顶，依稀可辨密集的浮雕花纹，未断的一根尖柱，不屈不挠，直指青天。据说这是中国最大天主教堂，亚洲第三。一九〇三年嘉兴始建天主教会，一九一七年发起建造圣母教堂，由意大利神父督导，嘉兴人施工，一九三〇年完成。法国天主教会送来合金铁钟一口，悬于钟楼，高一米重六百五十七公斤，击之声闻数十里。当年日寇每次进犯嘉兴，此堂教徒不顾安危，登楼鸣钟，向嘉兴人民报警，听来很为悲壮。小娘舅还说，早年父亲和爷叔（嘉兴人称叔父为爷叔）在这里住时，一听教堂打钟，就从后门跑出去，到教堂讨吃圣饼。那教堂里面一定有许多雕刻和绘画，我很想去一睹风采，可惜没有时间，只好留待下次有机会回故乡时再看了。

既回故乡，时间再紧也不能不看看南门范蠡湖，西施恐怕是我们浙江历史上最为闻名的人物之一。传说范蠡帮助勾践灭吴之后，便激流勇退，辞官隐居，领着西施，从此地发棹，泛舟五湖。园中水光榭色，假山小亭，荷叶残留，钓石横卧。湖畔筑有范少伯祠，西施妆台，还有携李亭，放生碑等古迹。临湖门顶，高悬姑父王蘧常先生的章草西子妆台四字，亲切熟悉。

走出园门，小娘舅举手指着马路对面，告诉我们那一条是梅湾街，祖父母的祖居原在梅湾街上。我们很想去看看，可惜那里拦了篷布，又在拆除旧屋，大兴土木，想必将来是再也找不到祖居房屋了。离梅湾街不远，就是五龙桥，旁边原是五龙桥小学，亲妈曾做五龙桥小学校长，父亲和爷叔幼时就天天随亲妈在五龙桥小学读书。因为近，隔街就到，父亲和爷叔放学以后，经常到范蠡湖来玩耍。听这样的故事，真让我感到又忌妒又神往。

嘉兴还有许多名胜古迹，小娘舅说该去附近乌镇、桐乡、海宁和武原几个地方看看，我也真想到这些生育过文学大师的土地去仰拜。可是第二天中午约好要去北京开会，不能误期，当晚无论如何要赶回上海，只好忍痛作别，依依而去。这也是旅行的招数，留下一些遗憾，下次就一定会再来。是的，我还要回故乡，再见故乡人的。

　　汽车走上归路，两旁还是那些丑陋的现代房屋，没有线条形状的美感，没有颜色风格的独特，千房一律，单调沉闷。可是我的心情与来时大不相同，因为我已经在这里走过一圈，晓得在这排排灰白砖石火柴盒的后面，还可以寻找得到印满历史遗迹的故乡老屋。在浮华的伪现代化表层后面，故乡土地仍然没有丢失她深厚而卓绝的文化氛围。我相信，下一代故乡人正在长大起来，他们将会像王国维沈钧儒一样，给嘉兴增添更加灿烂的光辉。

附录2　我的寻根之旅：湖北黄冈

　　湖北黄冈是母亲出生之地，也是故乡。我虽去过武汉好几次，却从来没有到黄冈去过。二〇〇二年秋，有机会回国，便安排好了，和妹妹为伴，去湖北故乡走一趟。

　　到了武昌车站，车还未停稳，就看到两个表弟在窗外招手。二三十年不见，昨日毛头小子，早已鬓发灰白。到湖北饭店前台登记，才晓得现在国内已经没有两种不同价格，外国人和中国人同样房价，叫做国民待遇，百思不解其意。很好的房间，一夜只要两百多块人民币，合三十美元，比美国汽车旅店还便宜。

　　放下行李，出门过马路吃早点。煎蛋炸糕豆浆买了一桌，十分美味，三人十几块钱，不到两美元。从武昌坐出租车过长江，到汉口的武汉广场，二十几块钱，才合三美元。当晚请武汉的亲友们吃饭，二十人包单间，摆满一桌，有酒有肉，武昌鱼海参汤，三百多元人民币，才合四十几美元，在美国只够吃两个人。

　　表弟陪同到武汉东湖，看到新建的科技园区。湖北省政府在此处街心公园修筑了十二座铜像，都是湖北历史上有成就的科学家，包括李时珍和李四光。母亲的伯父我称伯公的陶述曾先生，也站在灿烂的阳光之下，一手拄杖，一手握帽。

　　第二天在表弟和友人陪同下，前往新州。湖北黄冈本为一县，母亲几十年来一直说自己是黄冈人。一九五〇年代黄冈县分割成两块，离武汉远的部分仍叫黄冈，离武汉近的部分改称新州。几年以前，新州又从独立县改为武汉一个远郊区了。从武汉出发，算是一条柏油路面的康庄大道，可惜所有来往机动车辆都不按车道行驶，随意超车躲人，不光经常骑线飞奔，甚至会开上对面车道，逆行数十上百公尺，满不在乎。再加满街的拖拉机，机动三轮车，还有马车踱步，行人横穿，真是乱得不堪。而且过不多远，就有农人在路面摊晒谷粮，借来往车辉压皮脱粒，车轮打滑，相当危险，叫人心惊胆战，反正我是绝不敢在这样路上开车。

经过几条枯干的河床，满天灰尘之中，开进新州区政府，几个领导已经站在院门口等待，一一握手问好。友人事先打过招呼，所以刚见面，就接到一本厚厚的新州地方志，惊喜之际，匆匆翻开，便见到母亲家族前辈几人，像陶希圣，陶述曾，万耀煌，夏寿康等等，均列入本区名人栏中，足见国内现在已经比较尊重历史事实，不再只讲意识形态，使我很觉欣慰。

又上汽车，曲曲弯弯，走不多远，就到了向往已久的陶盛六村庄，母亲的祖居故乡。据家公陶希圣先生讲，陶氏一族自江西迁移湖北黄冈西乡倒水之旁定居，至母亲已是二十代了。近乡情怯，老远望到，秋风萧瑟的田野，坑洼不平的小路，当年家公（外祖父）和家婆（外祖母），领了幼年的母亲，曾在这条小路上奔跑过多少次。这么想着，胸口就堵了，眼眶发酸，幸好车子颠簸，时时分散感觉，总算眼泪没有落下。

才进村口，最先经过的一个门口，是陶胜六小学。陪同人说：这小学还在一百年前陶胜六学校旧址，只是房屋近年新建。家公和伯公幼时虽然随太家公（曾外祖父）在河南任上度过，后来太家公退休回乡，不知他们兄弟在这学校里读过几天书没有。我便请求停车，走进校门，缓缓漫步，期盼或能踏上家公幼时留下的足印，心里有一番难言的感触。

村里两边房屋都是近三四十年间盖起的，有的尚新，有的已很陈旧。路边或房后许多池塘，想必百年未改，大大小小，混浊的水里稀稀拉拉散乱干枯的芦苇水草。我想不出当年外公站在这里，望着塘水，作何感想。很容易看出，这个村庄并不富足，可村长说，陶盛六在附近一片地区，还算好的，收成过得去，家家吃喝不愁。村里人说，那也都是祖上积的德。

表弟曾随伯公来过，引我们一群人，走窄巷绕田地，到了太家公故居所在地点。风水很好，一块高地，坐北朝南，面前原野广阔。陶家老屋自然早没有了，在那个地点，盖起一座两层水泥房，中国城镇最常见的农舍样式。一个老妇走出来，弯腰挂杖，牙都脱落，听说陶家的子孙回来，赶过来拉手请安。原来她曾是陶家的女佣，太家婆离开时，派她看管房屋祖业，所以一直住在这里，寸步不移。现在她是这地方惟一还活着的陶家当年情况的见证人了，可惜我没有时间久留，听她讲讲古朝。

家公在老家度过的岁月，我在长篇家族传记小说《唢呐烟尘》中有详细记述，已由台湾联经出版社出版。为写这部书，我研究母亲故乡资料十数年，所有细节烂熟于心。此刻我站在故乡祖屋所在之地，遥想当年二十几岁的家公家婆，背着一岁的大舅，领着三岁的妈妈，从这里走出去，到上海，到北京，然后经历中国现代史最惨烈的二十年岁月，几度生离死别，朝朝暮暮，恍如昨日，尽在眼前。我的胸膛涌起一种悲壮的情感，双膝发软，便跪倒在这土地上。我本以为自己对于故乡的感觉已经非常淡漠，不料真踏足其上，故乡的感受竟如此深重，如此震荡，仿佛从未曾从我身边逝去一瞬。

回故乡，当然要寻找古旧房子，最好能看到上百年，至少也要六十年以上的建筑。陪同的人都觉得奇怪，现在中国人向往的是现代化生活，只怕日子过得不新，恨不得一夜之间把五十年以上的旧建筑全部拆毁，盖起高楼大厦。可是我回故乡，为的是寻找历史，寻找可能印有祖辈身影笑音的古旧遗迹。村里人引着我们，走泥泞土路，转进还残留有若干老屋的偏僻角落。几间房子四周长满野草，斜立在那里。我看到还留有刻花装饰的门框，大小不同石块垒起的屋墙，小小的窗，灰黑瓦棱勾出一条条略微下陷的线，屋角还留个上翘的兽头。抬手抚摸那旧屋，那石墙，心情激动，或许家公当年也曾摸过这道墙壁。于是我忍不住，问明村民许可，从那墙头轻轻拿下一块旧石，用纸包起，藏进怀间。

离村时已近正午，陶胜六的小学生从学校出来，回家吃午饭。男女孩童，都穿花花绿绿的毛线衣，背着小书包，红扑扑的脸蛋，黑乌乌的头发，欢蹦乱跳，唧唧喳喳。看着他们无忧无虑的模样，我的心里暖洋洋的，这是一方养育人材的水土，但愿这些踢着土块行走的陶盛六孩子中间，又会产生出一个进士，一个翰林，一个水利专家，一个渊博学者。

在汪集镇吃过午饭继续出发，赶往家婆的娘家故乡万家大湾。从家婆回忆录看，陶盛六和万家大湾并不很远，可汽车走大路，绕个大圈子，走了几十分钟。我本想来故乡考查实地，此番一绕，又搞不清真正的距离。从大路下来，往万家大湾开的土路，居然也有好几里。我想不出，这样的距离和道路，家公家婆当年怎么来往。陪同人答，有水季节，可行船走水路，过武湖，经苍埠。冬天水路不通，只有用牛车或马车，不管怎么走法，总要约摸一天才到得了。难怪那时候家婆回一次娘家，并非易事，实在令人同情。

万家大湾比陶盛六大得多了，村头见不到村尾。我们刚到村头，就有村中几个干部等待，其中一个年轻人特别精明能干，一切事情由他前后张罗，还开了一辆崭新的日本越野车。原来他是万家大湾的个体大户，开办着一个水泥制品厂，雇村里不少人就业，还给村里谋许多福利。而且因为生意，走州过府，见多识广，所以办事麻利，深得民心，虽非村长，但逢村里有事，都由他出面作主。

几个陪同人了解我的心愿，头一站又到万家大湾旧时的学校。这学校不像陶盛六小学，它早已废置，当中空场，三面平房教室。没有学生，便没有了生命，杂草丛生，一片荒凉。我站在那里，无法想象，当年此处如何的书声朗朗。

从学校出来，径往村中原来家婆的祖屋所在。跟陶盛六一样，家婆娘家旧屋早已拆掉，也盖起那种水泥建筑的农舍。我在门口东张西望，人群中一阵响动，那水泥厂老板挤进来，递给我一本万氏族谱，砖头一样，上千页之厚。我两手捧着，觉得十分沉重，也十分神圣。

才要坐下，门外又一阵骚动，人喊声中让进一位枯瘦老人，戴副深度眼镜。旁人告知，这是村里最年长的万家老人，九十多岁了，是家婆的亲戚。他拉着我的手不放，仰头望我，身体颤颤巍巍。原来这老人当年曾做过家公的随从，自香港跟到重庆，所以我家事情知道不少。谈话间表弟过来递话，这老先生眼下家境不大好，儿女种田，衣食不足。我便晓得用意，在村中行走时，故意扯他落后，悄悄在他手心里塞了几百元钱，嘱他自去买些补品保养身体。

时间已迟，我们该离开了，万家老先生口中念念有词，从人群中冲出去。我不懂他讲些什么，村民告说他去屋里取书送我。我们只好等，不一时他走回来，手里捧了两大厚本硬皮书，交我手里，说那是他编的万家诗词集，内中也有我家婆的诗作。他保存了几十年，现在终于有家婆的后人来，送我两本，一册我留，一册带给海外的舅舅。我捧着，不知说什么好，只觉得手捧的是深重的故乡情。

归途又转去仓埠镇，陶家原在镇上有老屋一座，物业多处。仓埠镇早年是方圆百里最大的集镇，商贸中心，交通枢纽。太家公从河南任上退休归乡，再住不惯陶胜六的农舍，便常年住在仓埠镇的老屋里。到仓埠镇之前，又绕道十几里，经过孔埠中学，大铁门顶的校名，是伯公陶述曾所题。我自然要停车，照一张像留念。

表弟们说数年前他们随伯公来此，还曾见到太家公祖居木屋，可现在街上面目全非，已无法辨认。多亏徐震旦将军公馆依然高耸矗立，标志明确，所以晓得去哪里寻找。徐震旦将军公馆，本与太家公故居相对。我们停下车，走到那一堵粗陋的砖墙边查看，果然看出墙中镶嵌着一块平滑的大理石字牌，刷砖墙时流下的白粉条条，污迹满布，所刻字迹认不清。表弟确定，那就是政府设立的文物保护标记，他前次来时，见到是镶在太家公老屋的门边。

我和妹妹赶紧搜寻，找到几小块废纸，四只手用力擦拭碑上的白粉污迹，渐渐看出陶月波几个字来。我们真的找到太家公的故居了，此行不虚。我和妹妹决定今天一定将这字牌擦净，站在前面，照几张像，也就算是我们回一趟故乡，给祖宗扫了墓吧。

在武汉的最后一天上午，由表弟陪同，登上黄鹤楼。此楼名闻环宇，我以前来武汉几次，却还从未登过，这次时间紧紧凑凑，才想到要登楼了。人称天下江山第一楼，名不虚传。一千七百多年间，历代能工巧匠都曾在此留下心血智慧，宋楼雄浑，元楼堂皇，明楼隽秀，清楼奇伟。

登上麻石平台，迎面一座牌坊，四柱三间，雕梁画栋，龙翔凤舞。匾额正题三楚一楼，背书江山入画。两旁曲廊明轩相接，廊头各有一亭，二亭相对之间，留一处米黄页岩，恍若蛇山无字天书。拾级而上，才到黄鹤楼底端。那楼上自是又一番人间仙境，有刘海粟楹联为证：由是路，入是门，奇树穿云，诗外蓬瀛来眼底；登斯楼，览斯景，怒江劈峡，画中天地壮人间。

只有真的登上黄鹤楼，才能明白楼上匾额所题的楚天极目，气吞云梦，云横九派等等之所指。浩荡长江，冲决巴山群峰，接纳潇湘云水，在三楚腹地，会合汉水，造就两江三镇的要势。龟蛇二山相夹，江汉平原居西，东南丘陵余脉于平野湖沼之间起伏，江上舟楫如织，雾霭蒸腾。有道是，两水浪开东海日，五洲客醉楚天春。

自晋之后，历朝官宦显要、文人骚客、贵族富豪、庶民寒士，莫不争相登临，凭栏倚户，俯仰天地，观潮听涛，聚酒酬唱，或思国忧民，或遥吟彼和。孟浩然、王维、李白、李商隐、苏轼、岳飞、陆游、文天祥、沈德潜、袁枚、林则徐、黄遵宪、张之洞、康有为，都在黄鹤楼上留下诗文题咏。文因景成，景随文传，黄鹤楼自然名重天下。楼上每层四周各悬一匾，东西南北，表弟领我们转到北侧，仰脸上望，看到高悬的巨匾，上刻北斗平临四字，是伯公陶述曾亲笔。

黄鹤楼周围树木参天，花丛繁茂，石径通幽。楼、阁、轩、池、碑、亭、廊、苑，随处可见。想必是春、夏、秋、冬，各有奇景。风、花、雪、月，交映生辉。光、影、味、色，样样入眼。雨声、竹声，声声在耳。我们乘兴撞了千年吉祥钟，又瞻仰岳飞像，在搁笔亭方知李白也有认输时刻，看鹅池边王羲之的一个鹅字，更在诗碑廊和古碑廊间流连不已。

直到下午，我和妹妹才依依不舍，赶去火车站，北往回京，结束了难忘的故乡之行。

师桥沈氏本支世系图

周

聃季 _ 伯桓 _ 问 _ 采 _ 乙初 _ 杼 _ 庚向 _ 忽 _ 不离 _ 辛生 _ 梁齐 _ 遇 _ 楫 _

↑周文王第十子封于 沈邱是为沈子之国

衍 _ 德胤 _ 鳟 _ 逞 _ 嘉 _ 戊 _ 诸梁 _ 尹文 _ 随 _ 永中 _ 犹行 _ 安仁 _ 同 _

↑别本作名叔忠字仲达为楚司马 以国为姓是为沈氏得姓之始

秦 汉

郢 _ 平 _ 祖 _ 保 _ 遵 _ 达 _ 干 _ 宏 _ 昂 _ 奋 _ 恪 _ 谏 _ 戎 _ 酆 _ 浒 _ 鸾 _

↑字威卿光武中避地乌程之余
不乡柯田由是为吴兴沈之始

直 _ 仪 _

五 代

曼 _ 陵 _ 延 _ 贺 _ 警 _ 穆夫 _ 林子 _ 璞 _ 约 _ 旋 _ 实 _ 众 _ 纯 _ 处俭 _

永亮 _ 伟 _ 士衡 _

唐

景岳 _ 易直 _ 震 _ 彬 _ 成 _ 焕 _ 邈 _

↑景筠湖州竹沈为其后   ↑自重 子孙迁居乌程西南小敷山后号沈村

宋

度 _ 思 _ 钟 _ _ _ _ _ _ _ _ 业 _

↑钦 子孙建炎中迁居山阴是为山阴沈   ↑字显之官温州永嘉尉卒于官世居   永嘉场贴水桥是为温州永嘉场沈

元

恒 _ 晟 _ 奎 _ 克弘 _ 忠卿 _ 宝庆 _ 仲宾 _ 允明 _

↑字维时世居河南沈邱县之凤林里干道中迁居   慈谿鸣鹤乡之东北隅是为师桥沈

明

嗣生 _ 曰慎 _ 仲言 _ 譚 _ 钟蕃 _ 晋 _ 兰 _ 文雄

_ 按本图以挂线直系为准凡每世旁支除与各迁徙分支有关系者仍行著录外概从删略

_ 自聃季至文雄统宗共九十世自恒至文雄师桥本支共十六世

中国历史朝代简表

夏	公元前	2070 年——公元前 1600 年	历 470 年
商	公元前	1600 年——公元前 1046 年	历 556 年
西 周	公元前	1046 年——公元前 771 年	历 275 年
东周（春秋战国）	公元前	770 年——公元前 221 年	历 549 年
秦	公元前	221 年——公元前 207 年	历 1 3 年
西 汉	公元前	206 年——公 元 2 4 年	历 230 年
东汉（包括三国）	公 元	2 5 年————265 年	历 240 年
西 晋	公 元	265 年————316 年	历 5 1 年
东晋（十六国）	公 元	317 年————420 年	历 103 年
南北朝	公 元	420 年————589 年	历 169 年
隋	公 元	581 年————618 年	历 3 7 年
唐	公 元	618 年————907 年	历 289 年
五代十国	公 元	907 年————960 年	历 5 3 年
北 宋	公 元	960 年————1127 年	历 167 年
南 宋	公 元	1127 年————1270 年	历 152 年
元	公 元	1271 年————1368 年	历 9 7 年
明	公 元	1368 年————1644 年	历 276 年
清	公 元	1644 年————1911 年	历 267 年
中华民国	建 于	1911 年	
中华人民共和国	建 于	1949 年	

后记

国的历史不能轻视，家的谱牒更为重要。

家或扩称家族，是一个具体、准确、稳定的概念，是我们每个人的祖父母、父母、伯叔姑姨、兄弟姐妹、儿女和孙辈，随时随地在我们身边。家给予我们生命，给予我们生活，也给予我们血统。人什么都可以选择，包括选择国籍，但无法选择自己出生的家庭。人可以背叛自己的家庭，却无法否定出生于那个宣布背叛的家庭。人就算能够抽换自己全身的血液，也无法更改自己的DNA。家族血缘，千年万年改变不了，皇帝或阎王爷都没办法强迫。

人的体形、容貌、智商、思维、性格、感情、品行、学识，如果不是全部由家庭所赋予，至少绝大部分来自于血缘和家族。国对于一个人本质的形成，即使如果有什么影响的话，其影响也微乎其微。中国古圣贤人们，很懂得这个道理，文章中总是家重于国，所以有各种门第的观念，门当户对的理论，以及龙生龙，凤生凤，老鼠生儿会打洞的俗语。

中国远古时候，家与国是两个独立的词，就像英文家与国是绝对无关的两个字。后来专制政权建立，并且传世数千年，中国皇帝为了政治统治的需要，将家与国两个独立概念关联起来，并且将国置于家之先，误导民心。那是一个错误，如果非要把家与国相联，也应该是家国才对，家先于国，而不能是国先于家。

国之安危和兴亡，本身并非终极目标，民穷而国富乃无稽之谈，也无可能。中国历史有过证明，再强盛的王朝也不过三百年，原因何在？国的保卫和建设，根本目的在于所有百姓之家得到安全和幸福，民富之国，方可长久。观念模糊，本末倒置，源流颠覆，就会迷失在一种宏伟的幻觉之中，激情但是昏沉。

到了美国，发现美国人真可怜。他们实在太没有历史传统。说起家族史，溯及五代以上，就到欧洲去了。他们为保护一个上百年的破房子，舍得多花几百万美元转着圈绕道修马路。华盛顿两百年前一篇讲话，被当做宝贝，存放国家博物馆，安装保安系统，只怕遭损。

我也感觉，中国人真可悲。我们有悠久的历史传统，却不懂得珍惜。我们拆除上千年的国都城墙，眼皮不眨。国内小学开始学英语，而流传两千年的四书五经，近年大学中文系都没几个学生读全。中国知识精英，怕连四书五经书名都说不出，对毁灭古籍当然熟视无睹。

美国历史短暂，但美国人热衷于寻根，渴望清楚自己家族的历史。他们要知道自己出身于何种家族，他们要知道自己的血统，他们要弄明白自己是谁。中华民族几乎个个家族都渊远流长，但我们好像只知有国而不知有家。我们不知道自己来自怎样的家族，不知道自己祖先是些什么样的人，所以也不知道自己的血统，不知道自己是谁。因为丧失自我意识，就只能让高高在上者替我们定位。他们说我们是谁，我们就是谁。他们说什么，我们听什么。他们驱赶我们到哪里，我们就到哪里去，好像一大群任人摆布的羊。我们没有判断的能力，也没有判断的标准。

我不愿意做一只羊，我想用自己的头脑思维和判断，所以我必须知道自己的血统，知道自己源自何种家族文化，知道自己是谁。我开始收集自己的家族谱牒，坚持不懈。每当我读到一点新的家谱数据，就更清楚地懂得，我必须成为什么样的人，我愿意建造什么样的家庭，我应该培养什么样的儿女，我真切渴望生活于什么样的国度。

这不是一件容易的事情，特别远离故乡。但我有了收获，理出父母两系祖先许多线索，也了解到祖辈父辈的许多丰功伟绩，文化传统。人生一世，最大成就无外宋代名士张载总结：为天地立心，为生民请命，为往圣继绝学，为万世开太平。吾一介布衣，做不到为天地立心，想为生民请命也做不到，更无可能为万世开太平。倾尽全力，所可能做的只一件：为往圣继绝学。家族谱牒，往圣之学，再不知续，就真成绝学，后继无人。

我的父辈，还有不少健在，成就很高，对我影响很大，出于尊敬，暂不写于此书。也为保持我思想独立，并尊重家族亲属各自看法，稿成之后，没有给任何亲属读过，包括我自己的父亲，一直坚持到付印成书。

书中每一长辈之史料收集,得到各位亲属帮助,但写作时对资料的取舍和分析,仅属于我个人,不代表任一亲属之见解,也绝非替已故长辈立言。这需要强调,希望能够被我的亲属和读者理解。

也由于同一原因,此书写作的整个过程,没有经过任何专门史家的甄阅指教。写序的前辈,两位前辈,都是一校时才送清样去过目。何兹全教授是我外公的得意门生,我尊他为师舅,是中国史学界泰斗级学者,已经九十五岁,很久不再做这种应酬。隔洋电话试探,何师舅竟痛快答应,使我又感动又荣幸。吴文津教授,是家父大学同学,美国斯坦福大学博士,哈佛大学燕京图书馆退休馆长,受到陆台港三地学界极大尊重。我打电话请他为此书写序,他刚好回国了,是家父同他在北京吃饭时,代我问的,吴叔叔一口答应,让我感激不尽。

中美两位学界前辈大师为本书写序,只替我点睛而已。全书所有文字,自然由我一人全部负责。我自知个人学养有限,书中难免许多遗漏和错误,敬请中国文史哲等各界先辈与同仁谅解,并恳请惠赐指正,我在这里先致礼道谢。

沈宁 谨识
公元二〇〇四年二月十五日于美国洛基山侧

特别感谢

在我寻根的过程中，得到许多亲友支持和帮助，令我感动，永远不能忘记。在书的前面，我首先对他们表示特别的感谢：

学识渊博的父亲，每时每刻给予我许多意想不到的指点和史料；
同样学养深厚的叔父，记录下许多祖父母早年生活和工作资料；
旧金山恒生三舅和舅妈有求必应，提供有关外祖父母家族资料；
定居美国罗得岛的鼎来舅多次联络，寄来有关外祖父家族数据；
武汉建生表舅送我其著述外祖伯父传记，资料详尽，弥足珍贵；
旧金山九十五高龄应瑞表叔，给我褚氏家谱和其它宝贵数据；
嘉兴维泉舅不辞劳苦，找到几乎所有我需要的嘉兴亲属数据；
上海敏健堂姐费时出资将保存的全本《沈氏家谱》复印送我；
南京平孙表哥送我所有关于王蘧常表姑父资料、书籍和照片；
北京永汶表姐，将其编著陈遵妫表姑父的回忆录送给我参考；
启勤表姐从加拿大向我提供有关褚应璜表叔的资料及邮票；
武汉周跃表弟百忙中多次奔波，帮助我处理当地联络事宜；
慈溪王清毅和虞松泰二先生，帮助收集慈溪师桥沈氏资料；
嘉兴戴应如先生费心找到褚辅成和褚应璜数据，扫描寄我；
北京好友钟里满赠所制断代年表补遗，获得周朝确切年代；
我的妻子、女儿、儿子，在我写作期间，给予巨大支持和无限容忍。

还有从海内外许多书籍报刊和网站上，收集到不少历史资料和照片图画，在此向所有作者、编辑、书报、网站表示感谢。

最后要感谢敬爱的读者，万忙之中阅读此书，但愿掩卷之后，能够觉得没有浪费时间。